高等职业教育土木建筑类专业新形态教材

建筑企业经营与管理

（第3版）

主　编　王笃立　汪荣林

北京理工大学出版社
BEIJING INSTITUTE OF TECHNOLOGY PRESS

内容提要

本书按照高职高专院校人才培养目标以及专业教学改革的需要,依据最新法律法规和标准进行编写。全书共10章,其主要内容包括建筑企业经营管理概论、建筑企业组织管理、建筑企业战略管理、建筑企业经营预测与决策、建筑工程招标投标与合同管理、建筑企业计划管理、建筑企业技术管理、建筑企业质量管理、建筑企业生产要素管理、建筑企业财务管理等。

本书可作为高职高专院校建筑经济管理等相关专业的教材,也可供建筑工程行业经营与管理人员参考使用。

版权专有 侵权必究

图书在版编目(CIP)数据

建筑企业经营与管理 / 王笃立,汪荣林主编.—3版.—北京:北京理工大学出版社,2020.3(2024.2重印)

ISBN 978-7-5682-7674-0

Ⅰ.①建… Ⅱ.①王… ②汪… Ⅲ.①建筑企业-企业经营管理-高等学校-教材 Ⅳ.①F407.906

中国版本图书馆CIP数据核字(2019)第253336号

责任编辑 / 张旭莉	文案编辑 / 张旭莉
责任校对 / 周瑞红	责任印制 / 边心超

出版发行 / 北京理工大学出版社有限责任公司
社　　址 / 北京市丰台区四合庄路6号
邮　　编 / 100070
电　　话 / (010)68914026(教材售后服务热线)
　　　　　 (010)68944437(课件资源服务热线)
网　　址 / http://www.bitpress.com.cn
版 印 次 / 2024年2月第3版第3次印刷
印　　刷 / 北京紫瑞利印刷有限公司
开　　本 / 787 mm×1092 mm　1/16
印　　张 / 15
字　　数 / 355千字
定　　价 / 42.00元

图书出现印装质量问题,请拨打售后服务热线,负责调换

第3版前言

"建筑企业经营与管理"是高职高专院校建筑经济管理等相关专业的专业课程。本教材自出版以来，随着市场经济的发展，建筑施工企业面临的市场竞争越来越激烈，建筑施工企业经营与管理的水平也相应不断发展与提升，为使教材能够更加贴近建筑施工企业经营与管理的实际，更好地满足社会的需求，进一步体现高职高专教育的特点，根据各院校使用者的建议，结合近年来高职高专教育教学改革的动态，编者对本教材进行了修订。

本次修订是在党的二十大政策方针指导下，围绕"办好人民满意的教育""全面贯彻党的教育方针，落实立德树人根本任务，培养德智体美劳全面发展的社会主义建设者和接班人""推进教育数字化"等原则对教材进行了完善和优化，融入了建筑企业经营与管理理论的新发展、新应用的成果，改进了部分内容的叙述方式，更新了部分应用案例，融入了课程思政相关元素，使之更加符合高等职业教育人才培养要求。本次修订的总体思路是以就业导向，以学生为主体，培养高素质的技能型人才，从而使学生毕业后能够从事建筑施工生产、安装、施工、运行等一线工作，具备一定的成本意识、决策意识，以及生产技术组织管理、设备与材料管理、人力资源及信息管理的能力。

本次修订在第1、2版的基础上进行，主要进行了以下工作：

（1）根据高职高专院校学生工作就业的需要，结合建筑施工企业经营与管理工作的实际，对教材各章节的顺序与内容进行较大调整。根据理论知识够用为度的原则，对教材中的部分内容进行适当的修订，从而使教材的结构更加合理，定义更加准确，方法更加科学，教学更加方便。

（2）对教材中一些失效或过期的标准和法律法规进行了删除和更新，使之更加符合最新的相关规定，并新增加的一些次要和带有延展性的知识点以二维码方式呈现，从而增加了本教材在阅读上的生动性。

（3）在基于工作任务和工作过程的基础上，整合、序化教材内容，突出教材内容的针对性，强化工作任务的实用性，力争使学生通过本教材的学习，能够了解建筑企业管理的相关概念、性质和任务，初步掌握建筑企业经营管理的基本方法，初步具备对建筑企业的技术、工程质量以及劳动、材料、设备和工具等资源进行管理的基本技能。

（4）进一步充分体现了工学结合的原则，即"学习的内容是工作，通过工作实现学习"，实现工作与学习的整合，理论与实践的整合，专业能力、方法能力和社会能力的整合。

本书由潍坊工商职业学院王笃立、江西工程职业学院汪荣林担任主编。在教材编写过程中，编者翻阅了部分同行的著作，一些高职高专院校的老师也提出了宝贵的建议供编者参考，在此表示衷心的感谢。

由于编写时间仓促，加之编者专业水平有限，教材中难免有谬误或不妥之处，恳请广大读者批评指正。

编　者

第2版前言

随着市场经济的发展，建筑施工企业面临的市场竞争越来越激烈，企业能否在市场竞争中立于不败之地，关键在于其能否为社会提供质量高、工期短、造价低的建筑产品。为此，建筑企业应采用正确的经营策略，强化内部各项管理，完善企业经营管理工作。

企业管理是按照生产资料所有者的利益和意志，对企业的生产经营活动进行决策、计划、组织、控制，通过对职工的领导和激励等以实现企业目标的活动；而建筑企业经营是指建筑企业为了销售的建筑商品能满足业主需求而进行的环境分析、市场调查、市场预测、经营决策、投标与签订合同、工程施工、竣工验收与交付使用、售后服务等综合性活动。建筑企业经营管理在建筑企业活动中起主导作用，是企业管理的重要组成部分。

为了使教材更加贴近实际，更能满足社会的需求，进一步体现高等职业教育的特点，我们根据各院校使用者的建议，结合近年来高职高专教育教学改革的动态，组织有关专家、作者对本教材进行了修订。本教材的修订以理论知识够用为度，以培养面向生产第一线的应用型人才为目的，强调提升学生的实践能力和动手能力。本次修订主要进行了如下工作：

（1）对各章节的顺序与内容进行了较大调整。修订后的教材包括建筑企业经营管理概论、建筑企业组织管理、建筑企业战略管理、建筑企业经营预测与决策、建筑工程招投标与合同管理、建筑企业计划管理、建筑企业生产要素管理、建筑企业文化和人力资源管理、建筑企业财务管理、建筑企业质量管理共十章内容。

（2）为使教材的实用性更强，增加了部分新内容。如建筑企业管理的基础工作、企业组织设计的任务、建筑企业战略管理的类型与过程、建筑企业内部条件分析、建筑市场调研、建设工程投标报价的策略、FIDIC工程施工合同条件、索赔文件的编写、建筑企业施工生产要素管理的概念、建筑工程交工验收、建筑企业工资管理、建筑企业文化、建筑企业财务管理环境、企业资金预测、建筑企业固定资产管理、财务报表分析等知识点。此次内容的修订，注重紧跟社会发展的脚步，选取新技术、新方法，使教材内容更加贴近工作实际，更能适应实际教学的需求，从而达到学以致用的目的。

（3）对建筑企业战略的制定、实施与控制，施工索赔的程序，建筑企业计划管理，材料管理评价，建筑企业人员招聘、录用、培训及考核，建筑企业收益管理，建筑企业质量管理体系的建立等内容做了适当的修改，使结构更加合理，定义更加准确，方法更加科学，教学更加方便。

本教材由潍坊工商职业学院王笃立、江西工程职业学院汪荣林担任主编，黑龙江建筑职业技术学院王敏、福建对外经济贸易职业技术学院李建、万博科技职业学院徐家骅、吉林电子信息职业技术学院崔雪担任副主编。具体编写分工如下：王笃立编写了本书的第一章、第三章、第四章，汪荣林编写了本书的第五章、第六章，王敏编写了本书的第七章、第九章，李建编写了本书的第二章，徐家骅编写了本书的第十章，崔雪编写了本书的第八章；此外，万博科技职业学院王军老师参与了本教材部分章节的编写工作；全书由三门峡职业技术学院李赞祥主审定稿。

在修订本教材的过程中，我们参阅了部分国内同行的著作，采纳了部分高职高专院校教师提出的宝贵意见，在此对他们表示衷心的感谢！对于参与本教材第1版编写但不再参加本次修订的教师、专家和学者，本版教材所有编写人员向你们表示敬意，感谢你们对高等职业教育改革所做出的不懈努力，希望你们对本教材保持持续关注并多提宝贵意见。

限于编者的学识、专业水平和实践经验，修订后的教材仍难免有疏漏或不妥之处，敬请广大读者指正。

编　者

第1版前言

建筑企业即从事建筑商品生产或提供建筑劳务的企业，具体来讲，是指从事铁路、公路、隧道、桥梁、堤坝、电站、码头、机场、运动场、房屋等土木工程建筑活动，从事电力、通信线路、石油、燃气、给水、排水、供热等管道系统和各类机械设备、装置的安装活动，以及从事建筑装修和装饰设计、施工和安装活动的企业。建筑企业经营与管理，是对上述企业的生产经营活动按照生产资料所有者的利益和意志，进行决策、计划、组织、控制，以及对职工进行领导和激励等，从而实现企业目标的活动过程。

"建筑企业经营与管理"是建筑经济管理专业的专业课程，本教材根据全国高职高专教育土建类专业教学指导委员会制定的教育标准和培养方案及主干课程教学大纲，根据高等职业教育人才培养目标，以培养技术能力为主线编写而成，在内容选择上考虑土建工程专业的深度和广度，以"必需、够用"为度，以"讲清概念、强化应用"为重点，深入浅出，注重实用。通过本课程的学习，学生可了解建筑企业的概念、性质和任务，初步掌握建筑企业经营管理的基本方法，初步具备对建筑企业的技术、工程质量以及劳动、材料、设备和工具等资源进行管理的基本技能。

本教材共分十章，第一章为建筑企业经营管理概论，介绍了企业管理的概念、性质、任务和职能等；第二章为建筑企业组织管理，介绍了企业组织管理的概念、企业组织设计的基本原则，建筑企业的组织结构形式等；第三章为建筑企业战略管理，介绍了企业战略管理的概念、特征、过程，以及企业竞争战略的选择、实施与控制；第四章为建筑企业人力资源管理，介绍了人力资源规划，人力资源招聘、培训、考核，以及人力资源优化配置的基础知识等；第五章为建筑企业经营预测与决策，介绍了经营预测与决策的概念、内容、方法等；第六章为建筑企业计划管理，介绍了建筑企业计划管理及计划编制的概念、方法、实施与控制等；第七章为建筑企业招标投标与合同管理，介绍了工程招标投标、工程合同管理、索赔管理的概念、任务及工作内容等；第八章为建筑企业生产要素管理，介绍了建筑企业劳动、技术、材料、机械设备管理的概念、内容、控制和考核方法等；第九章为建筑企业财务管理，主要介绍了建筑企业资金筹集、流动资产管理、成本费用管理、营业收入与利润管理，以及财务预算、财务分析的方法等；第十章为建筑企业质量管理，介绍了质量管理和质量管理体系的概念，建筑企业质量管理常用的统计分析方法及建筑工程质量检查与评定方法等。

本教材内容翔实，由浅入深，系统全面。为方便教学，各章前设置【学习重点】和【培养目标】，各章后设置【本章小结】和【思考与练习】，从更深层次给学生以思考、复习的切入点，由此构建了"引导—学习—总结—练习"的教学模式。

本教材由李赞祥、汪荣林、王笑童主编，徐艳华、刘便娥、孟秋明副主编。本教材可作为各高职高专院校土建类相关专业的教材，也可作为施工企业管理人员、工程技术人员的参考用书。本教材编写过程中，参阅了国内同行多部著作，部分高职高专院校教师也提出了很多宝贵意见，在此，对他们表示衷心的感谢！

本教材的编写虽经推敲核证，但限于编者的专业水平和实践经验，仍难免有疏漏或不妥之处，恳请广大读者指正。

编　者

目 录

第一章 建筑企业经营管理概论 1
第一节 建筑企业概述 1
 一、企业基本概念 1
 二、建筑企业基本概念 4
 三、建筑企业的任务与作用 8
 四、建筑企业责任与利益 8
第二节 建筑企业管理概述 9
 一、企业管理基本概念 9
 二、建筑企业管理基本概念 10
第三节 建筑企业经营概述 14
 一、建筑企业经营的概念 14
 二、建筑企业经营的基本内容 14
 三、建筑企业经营方式 15
第四节 建筑企业管理的职能与基础工作 17
 一、建筑企业的职能 17
 二、建筑企业管理的基础工作 18
本章小结 19
思考与练习 19

第二章 建筑企业组织管理 21
第一节 组织与企业组织 21
 一、组织基本概念 21
 二、企业组织管理的基本概念 22
第二节 企业组织设计 23
 一、组织结构设计概念 23
 二、企业组织设计的原则 23
 三、建筑企业组织结构形式 24
 四、建筑企业组织设计的内容与方法 27
本章小结 29
思考与练习 29

第三章 建筑企业战略管理 31
第一节 建筑企业战略管理概述 31
 一、企业战略管理的概念与特征 31
 二、建筑企业战略的类型 32
 三、建筑企业战略管理的意义 37
 四、建筑企业战略管理的过程 38
第二节 建筑企业战略形势分析 39
 一、建筑企业外部宏观环境分析 39
 二、建筑企业所处的行业分析 40
 三、建筑企业内部条件分析 42
第三节 建筑企业战略的制定、实施与控制 44
 一、建筑企业战略的制定 44
 二、建筑企业战略的实施 46

三、建筑企业战略的控制 …………… 47
　本章小结 ……………………………… 48
　思考与练习 …………………………… 48

第四章　建筑企业经营预测与决策 … 50
　第一节　建筑企业经营预测 …………… 50
　　一、建筑企业经营预测的基本概念 …… 50
　　二、建筑企业经营预测的程序与内容 … 52
　　三、建筑企业经营预测的方法 ………… 53
　第二节　建筑企业经营决策 …………… 56
　　一、建筑企业经营决策的基本概念 …… 56
　　二、建筑企业经营决策的程序与内容 … 58
　　三、建筑企业经营决策的方法 ………… 59
　本章小结 ……………………………… 63
　思考与练习 …………………………… 64

第五章　建筑工程招标投标与合同管理 … 65
　第一节　建筑工程招标投标 …………… 65
　　一、建筑工程招标投标的概念及原则 … 65
　　二、建筑工程招标方式 ………………… 66
　　三、建筑工程招标投标的程序 ………… 67
　第二节　建筑企业投标报价 …………… 71
　　一、投标报价的步骤 …………………… 71
　　二、投标报价技巧 ……………………… 74
　第三节　建设工程合同管理 …………… 76
　　一、建设工程合同的基本概念及分类 … 76
　　二、建设工程合同管理的概念及特征 … 80
　　三、建设工程合同管理的内容与程序 … 80
　　四、建设工程合同管理制度 …………… 81
　　五、《建设工程施工合同（示范文本）》
　　　　简介 ………………………………… 83
　第四节　建筑工程索赔 ………………… 84

　　一、索赔的概念与特征 ………………… 84
　　二、索赔的作用 ………………………… 85
　　三、索赔的分类 ………………………… 85
　　四、索赔的程序 ………………………… 88
　　五、索赔文件的编写 …………………… 89
　本章小结 ……………………………… 90
　思考与练习 …………………………… 90

第六章　建筑企业计划管理 …………… 92
　第一节　计划管理概述 ………………… 92
　　一、计划管理的概念 …………………… 92
　　二、计划管理的任务 …………………… 93
　　三、计划管理的特点 …………………… 93
　　四、计划管理工作的内容 ……………… 93
　第二节　建筑企业计划体系与计划
　　　　　指标体系 ……………………… 94
　　一、建筑企业计划体系 ………………… 94
　　二、建筑企业计划指标体系 …………… 95
　第三节　建筑企业计划的管理 ………… 98
　　一、建筑企业计划的编制 ……………… 98
　　二、建筑企业计划的实施与控制 …… 103
　本章小结 ……………………………… 104
　思考与练习 …………………………… 104

第七章　建筑企业技术管理 ………… 106
　第一节　建筑企业技术管理概述 …… 106
　　一、建筑企业技术管理的概念及任务 … 106
　　二、建筑企业技术管理的内容 ……… 107
　第二节　建筑企业技术开发和自主
　　　　　创新 …………………………… 111
　　一、技术开发 ………………………… 111
　　二、企业自主创新 …………………… 113

第三节　建筑企业技术标准化管理与工法制度 ………………115
　一、标准化管理 ………………115
　二、工法制度 ………………117
本章小结 ………………118
思考与练习 ………………118

第八章　建筑企业质量管理 ………………120
第一节　质量管理概述 ………………120
　一、质量的基本概念 ………………120
　二、质量管理的基本概念 ………………122
　三、工程质量管理的特点 ………………123
　四、工程质量管理的原则 ………………124
　五、工程质量管理的过程 ………………125
第二节　建筑企业质量管理体系的建立 ………………127
　一、质量管理体系的概念 ………………127
　二、质量管理体系基础 ………………128
　三、建筑企业质量管理体系的建立与实施 ………………132
　四、建筑企业质量管理体系的持续改进 ………………133
第三节　建筑企业质量管理的统计分析方法 ………………134
　一、质量统计数据 ………………134
　二、建筑企业质量控制常用的统计分析方法 ………………136
第四节　建筑工程质量检查与验收 ………145
　一、建筑工程质量检查 ………………145
　二、建筑工程质量验收 ………………146
本章小结 ………………148
思考与练习 ………………148

第九章　建筑企业生产要素管理 ……150
第一节　人力资源管理概述 ………………150
　一、人力资源管理的概念及作用 ………………150
　二、人力资源管理的内容 ………………151
　三、人力资源规划的程序及内容 ………………152
　四、建筑企业人员招聘、录用、培训及考核 ………………155
　五、建筑企业人力资源的优化配置和能力开发 ………………160
第二节　建筑企业材料管理 ………………162
　一、材料管理基本概念 ………………162
　二、材料消耗定额管理 ………………163
　三、材料供应计划 ………………165
　四、材料库存管理 ………………168
　五、材料管理评价 ………………174
第三节　建筑企业机械设备管理 ………175
　一、建筑企业机械设备管理基本概念 ………175
　二、机械设备的合理装备 ………………176
　三、机械设备的使用及维护管理 ………………177
　四、机械设备的更新改造 ………………182
　五、机械设备的考核指标 ………………184
本章小结 ………………184
思考与练习 ………………185

第十章　建筑企业财务管理 ………186
第一节　建筑企业财务管理概述 ……186
　一、建筑企业财务管理的概念 ………………186
　二、建筑企业财务管理的目标 ………………187
　三、建筑企业财务管理的对象及内容 ………187
　四、建筑企业财务管理环境 ………………189
第二节　建筑企业资金管理 ………………191
　一、建筑企业资金预测 ………………191

二、建筑企业资金筹集 ………… 192
　　三、资金成本 ………… 195
　　四、资本结构 ………… 196
　　五、财务杠杆与财务风险 ………… 197
　第三节　建筑企业资产管理 ………… 198
　　一、资产的概念与分类 ………… 198
　　二、建筑企业流动资产管理 ………… 198
　　三、建筑企业固定资产管理 ………… 205
　　四、无形资产及其他资产管理 ………… 208
　第四节　建筑企业成本管理 ………… 209
　　一、成本费用基本概念 ………… 209
　　二、成本费用管理的原则 ………… 211
　　三、成本费用管理的内容 ………… 212
　第五节　建筑企业收益管理 ………… 213
　　一、建筑企业利润总额的构成 ………… 214
　　二、建筑企业利润分析 ………… 215
　　三、利润分配管理 ………… 217
　第六节　建筑企业财务分析 ………… 219
　　一、财务分析的概念 ………… 219
　　二、财务分析的目的 ………… 219
　　三、财务分析的内容 ………… 220
　　四、财务分析的方法 ………… 220
　　五、财务报表分析 ………… 222
　本章小结 ………… 228
　思考与练习 ………… 228

参考文献 ………… 230

第一章 建筑企业经营管理概论

1. 了解企业、建筑企业的概念；熟悉建筑企业的任务与作用、建筑企业责任与利益。
2. 了解企业管理基本概念、建筑企业管理基本概念；熟悉建筑企业经营的基本内容；掌握建筑企业经营方式。
3. 了解建筑企业的职能；熟悉建筑企业管理的基础工作。

能力目标

1. 能够区分企业管理三个层次之间的关系。
2. 能够划分建筑企业资质等级。
3. 能够选择合理的建筑企业经营方式。

第一节 建筑企业概述

一、企业基本概念

企业是指从事生产、营销或服务活动的经济组织，是为满足社会需要并获取营利而进行独立生产、独立经营、独立核算，具有法人资格的基本经济单位，是国民经济体系中的一个实体，也是社会的基层单位。

(一)企业应具备的条件

作为企业，必须具备以下条件：
(1)拥有一定数量的从事经济活动所需的生产要素(人力、物力、资本、技术和信息等)。
(2)具有健全的组织和独立财产。
(3)依法进行登记注册并得到批准，具有法人资格。

(二)企业应具备的特征

作为企业，必须同时具备以下三个特征：

(1)企业必须是经济组织。所谓经济组织,是指从事有关社会生产、交换、分配、消费等经济活动的组织。企业作为一个经济实体,既有别于其他的社会团体或组织,也有别于执行国家经济职能的经济管理机构,更有别于国家的政权机关或行政组织。

(2)企业必须是营利性的组织。有些经济组织虽然从事生产、经济活动,但不是营利性的,这样的经济组织就不能叫作企业。构成企业的根本标志是营利,只有实行独立核算的营利性经济组织才是企业。

(3)企业必须是经济法人。经济法人是指依法成立,并能按有关法律规定行使法定权力、履行法定义务的社会经济组织。它的设立必须经过工商行政管理部门批准,发给营业执照,在法律上取得"法人"地位。它能独立对外,独立地与其他经济组织签订具有法律效力的合同、协议、契约,法律要保护它合法的经济权益,同时它也直接承担在经济活动中的法律责任。

(三)企业的法律形式

企业的法律形式有多种,各有其法律和经济上的特点。

1. 个体企业

个体企业是指由业主个人出资兴办,并由业主直接经营的企业。业主享有企业的全部经营所得,同时对企业的债务负有完全责任,如果经营失败,出现资不抵债的情况,业主要用自己的家产来抵偿。

个体企业一般规模较小,内部管理机构简单。它的优点是:建立和歇业的程序十分简单易行,产权能够比较自由地转让,经营者与所有者合一,经营方式灵活,决策迅速,利润独享,保密性强。它的缺点是:多数个体企业本身财力有限,而且由于受到偿债能力的限制,取得贷款的能力较差,难于从事需要大量投资的大规模工商业活动;企业的生命力弱,如果业主无意经营或因健康状况不佳无力经营,企业的业务就要中断;企业完全依赖于业主个人的素质,对于素质低的业主,也难于由外部人员替换。

2. 合伙制企业

合伙制企业是指由两个或两个以上的个人联合经营的企业,合伙人分享企业所得,并对营业亏损共同承担责任。它可以由部分合伙人经营,其他合伙人仅出资并共负盈亏,也可以由所有合伙人共同经营。

合伙制企业与个体企业相比有很多优点,主要体现在:合伙制企业可以从众多的合伙人处筹集资本,合伙人共同承担偿还责任从而降低了银行贷款的风险,使企业的筹资能力有所提高;同时,合伙人对企业盈亏负有完全责任,这意味着所有合伙人都以自己的全部家产为企业担保,因而有助于提高企业的信誉。

合伙制企业也有其明显缺点,主要体现在:首先,合伙制企业是根据合伙人之间的契约建立的,每当一位原有的合伙人离开,或者接纳一位新的合伙人,都必须重新确立一种合伙关系,从而造成法律上的复杂性,通过接纳新合伙人增加资金的能力也就受到限制。其次,由于所有的合伙人都有权代表企业从事经济活动,重大决策都需要得到所有合伙人的同意,因而很容易造成决策上的延误和差错。再次,所有合伙人对于企业债务都负有连带无限清偿责任,这就使那些并不能控制企业的合伙人面临很大的风险。正是考虑到这些情况,英、美等国家不承认合伙企业为法人组织;而在法、德、日等国家,以无限公司形式出现的合伙制企业仍被承认是法人组织。

合伙制适用于我国城乡的小型工商企业及各种服务性企业。这些企业一般都以劳动出资型为主，本小利微，收入比较低。

3. 无限责任公司

无限责任公司是指由两个或两个以上的股东所组成，股东对公司的债务承担连带无限清偿责任的公司。所谓连带无限清偿责任，是指股东无论出资多少，对公司债权人以全部个人财产承担共同或单独清偿全部债务的责任。无限责任公司是典型的人合公司，其信用基础建立在股东个人的信用之上。

一般的，如果在公司章程中没有特殊规定，每个股东都有权利和义务处理公司的业务，对外都有代表公司的权利。公司的自有资本来自股东的投资和公司的营利。公司的盈余分派一般分为两个部分，一部分是按股东的投资额，以资本的利息形式分派；另一部分则按合伙的平分原则处理。

无限责任公司是否具有独立的法人地位，在各个国家的公司法中规定不一。如德国法律规定所有的人合公司都不是法人，因此，国家不是对公司征税，而是对股东征收个人所得税，尽管利润有时并没有实际分派到各个股东，而是留在公司的账目上，但这些利润仍然被视为股东的收入。

4. 有限责任公司

有限责任公司又称有限公司，在英、美等国称为封闭公司或私人公司，是指由两个以上股东共同出资，每个股东以其认缴的出资额对公司行为承担有限责任，公司以其全部资产对其债务承担责任的企业法人。这种公司不对外公开发行股票，股东的出资额由股东协商确定。股东之间并不要求等额，可以有多有少。股东交付股本金后，公司出具股权证书，作为股东在公司中所拥有的权益凭证，这种凭证不同于股票，不能自由流通，须在其他股东同意的条件下才能转让，并要优先转让给公司原有股东。

公司股东所负责任仅以其出资额为限，即把股东投入公司的财产与他们个人的其他财产脱钩，这就是所谓"有限责任"的含义。与无限责任公司的股东相比，有限责任公司的股东所承担的风险大为降低。

公司的股东人数通常有最低和最高限额的规定。如英国、法国、日本等国都规定有限责任公司的股东人数必须为2~50。当股东人数超过上限时，须向法院申请特许或转为股份有限公司。《中华人民共和国公司法》第二十四条规定："有限责任公司由五十个以下股东共同出资设立。"有限责任公司的优点是设立程序比较简单，不必发布公告，也不必公开账目，尤其是公司的资产负债表一般不予公开，公司内部机构设置灵活。其缺点是由于不能公开发行股票，筹集资金的范围和规模一般都较小，难以适应大规模生产经营活动的需要。因此，有限责任公司这种形式一般适合于中、小企业。

5. **股份有限公司**

股份有限公司又称股份公司，在英、美等国称为公开公司或公众公司，是指注册资本由等额股份构成，并通过发行股票（或股权证）筹集资本，公司以其全部资产对公司债务承担有限责任的企业法人。

股份有限公司是典型的合资公司，各国法律都把它视为独立的法人。公司股东的身份、地位、信誉不再具有重要意义，任何愿出资的人都可以成为股东，不受资格限制。股东成为单纯的股票持有者，他们的权益主要体现在股票上，并随股票的转移而转移。公司股东人数有法律上的最低限额。法国、日本的法律规定不得少于7人，德国商法规定不得少于5人。《中华人民共和国公司法》第七十八条规定："设立股份有限公司，应当有二人以上二百人以下为发起人，其中须有半数以上的发起人在中国境内有住所。"

股份有限公司的资本总额均分为每股金额相等的股份，以便于根据股票数量计算每个股东所拥有的权益。在交易所上市的股份有限公司，其股票可在社会上公开发行，并可以自由转让。

股份有限公司的股东不论大小，只以其认购的股份对公司承担责任。一旦公司破产，或公司解散进行清盘，公司债权人只能对公司的资产提出还债要求，而无权直接向股东讨债。

股份有限公司的所有权与经营权分离。公司的最高权力机构是股东大会，由股东大会委托董事会负责处理公司重大经营管理事宜。董事会聘任总经理，负责公司的日常经营。

股份有限公司有许多突出的优点。除股东承担有限责任，从而减小了股东投资风险外，最显著的一个优点是有可能获准在交易所上市。股份有限公司上市后，由于面向社会发行股票，具有大规模的筹资能力，能迅速扩展企业规模，增强企业在市场上的竞争力。此外，由于股票易于迅速转让，提高了资本的流动性。

当然，股份有限公司也有缺点，如公司设立程序复杂，组建和歇业不像其他类型公司那样方便；公司营业情况和财务状况向社会公开，保密性不强；股东购买股票，主要是为了取得股利和从股票升值中取利，缺少对企业长远发展的关心；所有权与经营权的分离，会产生复杂的委托—代理关系等。

二、建筑企业基本概念

建筑企业又称建筑施工企业，是生产性企业的一种，即从事建筑商品生产或提供建筑劳务的企业。具体来讲，建筑企业是从事铁路、公路、隧道、桥梁、堤坝、电站、码头、机场、运动场、房屋（如厂房、剧院、旅馆、医院、商店、学校和住宅等）等土木工程建筑活动，从事电力、通信线路、石油、燃气、给水、排水、供热等管道系统和各类机械设备、装置的安装活动，从事对建筑物内、外装修和装饰的设计、施工和安装活动的企业。它通常包括建筑公司、建筑安装公司、机械化施工公司、专业工程公司及其他专业性建设公司等。

（一）建筑企业的分类

1. 按企业规模分类

按企业规模的不同，建筑企业可分为大型、中型和小型建筑企业。大型、中型、小型建筑企业的划分标准见表1-1。

表1-1 建筑企业大、中、小型划分标准　　　　　　　　　　　　　　　　万元

项目	指标	大型	中型	小型
土木工程建筑企业	建筑业总产值	5 500及以上	1 900及以上~5 500以下	1 900以下
	生产用固定资产原值	1 900及以上	1 100及以上~1 900以下	1 100以下

续表

项目	指标	大型	中型	小型
线路、管道和设备安装企业	建筑业总产值	4 000 及以上	1 500 及以上～4 000 以下	1 500 以下
	生产用固定资产原值	1 500 及以上	800 及以上～1 500 以下	800 以下

2. 按专业类别不同分类

按专业类别的不同，建筑企业可分为以下几类：

(1)对象专业化企业，如冶金、电力、化工、铁路、石油等建筑企业。

(2)建筑制品和构配件生产专业化企业，如混凝土预制厂、金属结构厂、构件预制厂、木材加工厂等。

(3)辅助、服务生产专业化企业，如建筑材料公司、运输和机修厂、机械租赁公司等。

(4)施工工艺专业化企业，如油漆、粉刷装修、水电安装、屋面防水、混凝土搅拌、升板、滑模等企业。

3. 按经营范围不同分类

按经营范围不同，建筑企业可分为综合性企业、专业性企业和劳务性企业。

4. 按资质条件分类

企业资质是指企业的建设业绩、人员素质、管理水平、资金数量和技术装备等。为了发展工程总包与分包新的行业管理体制，《建筑业企业资质管理规定》规定建筑业企业资质类型分为施工总承包企业、施工专业承包企业和劳务分包企业三类。

(二)建筑企业的资质等级

国务院建设主管部门先后与1995年10月6日、2001年4月18日、2007年6月26日、2015年1月22日四次颁布《建筑业企业资质管理规定》，对建筑企业的资质管理规范日臻完善。

建筑企业资质分为施工总承包资质、专业承包资质和劳务分包资质三个序列。施工总承包资质、专业承包资质按照工程性质和技术特点分别划分为若干资质类别。施工劳务资质不分类别和等级，各资质类别按照规定的条件划分为若干等级。

1. 施工总承包序列企业

施工总承包序列企业是指对工程施行全过程承包或主体工程施工承包的建筑企业。获得施工总承包资质的企业，可以对工程实行施工总承包或者对主体工程实行施工承包。承担施工总承包的企业可以对所承接的工程全部自行施工，也可以将非主体工程或者劳务作业依法分包给具有相应专业承包资质或者劳务分包资质的其他建筑企业。施工总承包序列企业资质设特级、一级、二级、三级共四个等级，划分为房屋建筑工程施工总承包、公路工程施工总承包、铁路工程施工总承包、港口与航道工程施工总承包、水利水电工程施工总承包、电力工程施工总承包、矿山工程施工总承包、冶炼工程施工总承包、化工石油工程施工总承包、市政公用工程施工总承包、通信工程施工总承包、机电安装工程施工总承包等12个资质类别。施工总承包序列特级资质、一级资质由国务院住房城乡建设主管部门实施。

2. 专业承包序列企业

专业承包序列企业是指具有专业化施工技术能力，主要在专业分包市场上承接专业施工任务的建筑企业。获得专业承包资质的企业，可以承接施工总承包企业分包的专业工程或者建设单位依法发包的专业工程。专业承包企业可以对所承接的专业工程全部自行施工，也可以将劳务作业依法分包给劳务分包企业。专业承包序列资质设两个或者三个等级，最高为一级；按专业划分为 36 个资质类别，包括地基与基础工程专业承包、建筑装修装饰工程专业承包、建筑幕墙工程专业承包、预拌混凝土专业承包、古建筑工程专业承包、钢结构工程等专业承包。

3. 劳务分包序列企业

劳务分包序列企业是指具有一定数量的技术工人和工程管理人员，专门在建筑劳务分包市场上承接任务的建筑企业。获得劳务分包资质的企业，可以承接施工总承包企业或者专业承包企业分包的劳务作业。

(三)建筑企业资质管理

(1)建筑企业可以申请一项或多项资质。申请多项资质的，应当选择一项作为主项资质，其余为增项资质。企业的增项资质级别不得高于主项资质级别。企业申请资质升级不受年限限制。经原资质许可机关批准，企业的主项资质可以与增项资质互换。

(2)已取得工程设计综合资质、行业甲级资质的企业，可以直接申请一级及以下建筑业企业资质，但应满足建筑业企业资质标准要求。申请施工总承包资质的，企业完成相应规模的工程总承包业绩可以作为工程业绩申报资质。其他工程设计企业申请建筑业企业资质应按照相关规定的要求办理。

(3)选择总承包序列某一类别资质作为本企业主项资质的，可申请总承包序列内各类别资质。取得施工总承包资质的企业，不再申请总承包资质覆盖范围内的各专业承包类别资质，即可承揽专业承包工程。总承包企业投标或承包其总承包类别资质覆盖范围以外的专业工程，须具备相应的专业承包类别资质；总承包企业不得申请劳务分包类别资质。

(四)资质证书

1. 资质证书的概念

建筑业企业资质证书由住房和城乡建设部统一制定。实行全国统一编码，具体编码办法由国务院住房城乡建设主管部门另行制定。建筑业企业资质证书，由国务院住房城乡建设主管部门统一印制，正、副本具备同等法律效力。

取得建筑业企业资质证书的企业，可以从事资质许可范围相应等级的建设工程总承包业务，也可以从事项目管理和相关的技术与管理服务。

2. 资质证书的有效期

资质证书有效期为五年。有效期的起始时间：以企业首次取得最高等级主项资质的日期为资质证书有效期计算起始时间。企业资质发生变更的，有效期不变，其中涉及主项升级，或分立、合并事项的，按新批准时间作为有效期的起始日。

3. 资质证书的续期、变更及增补

(1)资质证书的续期。

1)企业应于资质证书有效期届满 3 个月前，按原资质申请途径申请资质证书有效期延续。在资质证书有效期内遵守有关法律、法规、规章、技术标准和职业道德，信用档案中无不良记录且注册资本和专业技术人员满足标准要求的,经资质许可机关同意,在其资质证书副本上签发有效期延续五年的意见;对有违法违规行为、信用档案中有不良记录或企业资质条件发生变化的,资质许可机关应对其资质情况进行重新核定。

2)企业在资质证书有效期届满前3个月内申请资质延续的,资质受理部门可受理其申请,但自有效期到期之日至批准延续的时间内资质证书失效。资质证书有效期届满仍未提出延续的,其资质证书自动失效。如需继续开展工程建设活动,企业必须重新申请建筑业企业资质。

(2)资质证书的变更。建筑业企业在资质证书有效期内名称、地址、注册资本、法定代表人等发生变更的,应在工商部门办理变更手续后1个月内办理资质证书变更手续。

由国务院住房城乡建设主管部门颁发的建筑业企业资质证书,涉及企业名称变更的,应当向企业工商注册所在地省、自治区、直辖市人民政府住房城乡建设主管部门提出变更申请,省、自治区、直辖市人民政府住房城乡建设主管部门应当自受理申请之日起两日内将有关变更证明材料报国务院建设主管部门,由国务院住房城乡建设主管部门在两日内办理变更手续。

前款规定以外的资质证书变更手续,由企业工商注册所在地的省、自治区、直辖市人民政府住房城乡建设主管部门或者设区的市人民政府住房城乡建设主管部门负责办理。省、自治区、直辖市人民政府住房城乡建设主管部门或者设区的市人民政府住房城乡建设主管部门应当自受理申请之日起两日内办理变更手续,并在办理资质证书变更手续后15日内将变更结果报国务院住房城乡建设主管部门备案。

涉及铁路、交通、水利、信息产业、民航等方面的建筑业企业资质证书的变更,办理变更手续的建设主管部门应当将企业资质变更情况告知同级有关部门。

申请资质证书变更,应当提交以下材料:

1)资质证书变更申请;

2)企业法人营业执照复印件;

3)建筑业企业资质证书正、副本原件;

4)与资质变更事项有关的证明材料。

企业改制的,除提供前款规定资料外,还应当提供改制重组方案、上级资产管理部门或者股东大会的批准决定、企业职工代表大会同意改制重组的决议。

企业资质证书的变更按照企业主项资质的申请途径办理。资质变更应书面与网上同时进行,网上变更程序与书面变更程序相同。企业报送书面申请材料前,应首先完成网上申请、数据上传。书面申请材料由市级建筑业主管部门和省直有关部门保存。

1)企业名称变更,资质条件和资质证书其他内容无任何变化的,根据有关申请材料和工商管理部门变更证明直接变更。

2)企业改制、分立、合并、重组等资质条件发生变化的,按住房和城乡建设部有关要求重新核定资质。

3)主项资质与增项资质互换,涉及不同初审部门的,按主项资质审批途径,原初审部门同意互换,现初审部门根据资质标准和有关规定审核同意后报审批部门批准。

(3)资质证书的增补。企业领取新的建筑业企业资质证书时,应当将原资质证书交回原发证机关予以注销。

企业需增补（含增加、更换、遗失补办）建筑业企业资质证书的，应当持资质证书增补申请等材料向资质许可机关申请办理。遗失资质证书的，在申请补办前应当在公众媒体上刊登遗失声明。资质许可机关应当在两日内办理完毕。

三、建筑企业的任务与作用

1. 建筑企业的任务

在国民经济建设中，建筑企业的任务就是在不断提高工程质量、缩短工期和增进效益的基础上，全面完成承担的建设任务，并为满足社会扩大再生产、改善人民生活条件作出贡献。具体来讲，其任务包括以下两个方面。

（1）建筑企业应满足社会生产、生活对建筑产品的需要，包括社会需求者即用户的新建、扩建、改建或维修的需要，以及社会建设和环境保护的需要。

（2）建筑企业应不断提高经济效益，保证营利，具体表现为：为国家提供积累，为企业发展创造更多的经济收益，并为生产者即职工的物质文化生活水平的提高提供收益。

建筑企业生产经营活动这两方面的任务都不能忽视，它们不可分割。

2. 建筑企业的作用

建筑企业在国民经济中发挥着重要作用，主要有以下几方面。

（1）肩负着国民经济各部门的新建、扩建工程和技术改造工程的施工任务，为不断完善我国的国民经济体系、改善人民物质文化生活条件做贡献。

（2）为社会创造比较永久性的文明和财富，提供相当的国民收入。

（3）为国家提供税利，是为国家赚钱的一支重要力量。

（4）建筑企业大多属于劳动密集型企业，能容纳大量劳动力，是重要的劳动就业场所。

（5）能消耗大量的物资，对建筑材料生产、机器制造、交通运输的发展，具有积极的促进作用。

（6）能进入国际建筑市场，进行工程承包或提供劳务而赚取外汇。

四、建筑企业责任与利益

1. 建筑企业的责任

（1）完成指令性计划，履行依法订立的合同。

（2）保障固定资产的正常维修、改进和更新，确保企业财产的保值、增值。

（3）遵守国家关于财务、劳动工资和物价管理等方面的规定，接受财政、审计、劳动工资和物价等部门的监督。

（4）保证工程（产品）质量和服务质量，对用户和消费者负责。

（5）努力提高劳动生产率，节约资源、能源和原材料，降低成本。

（6）加强保卫工作，维护生产经营秩序，保护公共财产。

（7）贯彻安全生产制度，改善劳动条件，做好劳动保护和环境保护，做到安全生产和文明生产。

（8）加强思想政治教育、法制教育、国防教育、科学文化教育和技术业务培训，提高职工队伍素质。

（9）支持和奖励职工进行科学研究、发明创造，开展技术革新、合理化建议和社会主义劳动竞赛活动。

2. 建筑企业的利益

建筑企业的利益具体体现在以下几个方面：

(1) 税后留利归企业自行支配，多创多留。

(2) 分配中多劳多得，激励职工的积极性。

(3) 对生产经营效果好的企业，在投资、贷款以及自筹资金中采取扶植政策，使之在扩大生产中多创利益。

(4) 多创利，福利多，如建住宅与文化设施。

(5) 多创利，智力投资多，按企业需要与职工的贡献，在企业内外，以至国外，对职工进行培训。

(6) 对优秀企业，予以奖励、晋升等级。

建筑企业素质的概念及内容

第二节 建筑企业管理概述

一、企业管理基本概念

1. 企业管理的定义

企业管理是指按照生产资料所有者的利益和意志，对企业的生产经营活动所进行的决策、计划、组织、控制，以及对职工的领导和激励等以期实现企业目标的活动过程。企业管理一般又可分为两类范畴：一是企业经营管理，以市场为目标，运用现代战略思想和营销手段，满足用户产品需求；二是企业生产管理，以生产为对象，其活动范围主要是企业内部的生产领域。两者之间的关系如图1-1所示。

图1-1 企业经营管理与企业生产管理的关系

2. 企业管理的性质

企业作为一个生产经营活动的经济组织，具有两重性。企业的二重性是指任何社会的企业管理的整个活动都具有自然属性和社会属性。一方面，是具有与生产力、社会大生产相联系的自然属性；另一方面，是具有与生产关系、社会制度相联系的社会属性。企业本身既然具有二重性,对企业的管理工作也必然具有二重性。

企业管理二重性中的自然属性,是社会主义国家和资本主义国家共有的属性,因此,对发达资本主义国家的先进企业发展生产力和解决社会化大生产方面的经验,应加以吸取或借鉴。

企业管理的社会属性,是指企业的生产经营活动都是生产资料的所有者按照自己的利益和意志来进行的,企业管理就是要维护和完善一定的生产关系,实现特定的目的。生产资料所有制不同,生产目的、人们的相互关系、分配制度也就不同。生产资料所有制不同的企业,其社会属性也不相同。

正确认识企业管理的二重性,有着十分重要的意义。

首先,企业管理的二重性体现着生产力和生产关系的辩证统一关系。在重视企业管理对维护和完善社会主义生产关系作用的同时,更要重视企业管理对发展生产力方面的作用。

其次,在学习、引进国外先进的管理经验时,要有鉴别和分析,要根据我国的国情和特点,辩证地使用。

最后,企业管理的制度、方法和技术,既受生产力发展水平的制约,又受社会制度、民族文化传统的制约和影响。要建立有中国特色的企业管理的科学体系,必须认真总结、继承和发展我国企业管理的经验,并吸取外国的先进经验。

3. 企业管理的任务

企业管理的任务取决于企业管理的性质,服从于企业的任务。企业任务的完成主要通过管理任务的完成来实现。企业管理的任务主要包括以下几个方面:

(1)树立正确的经营思想。经营思想是指企业在整个生产经营活动中的指导思想。它反映了人们对在生产经营全过程中发生的各种关系的认识和态度的总和。它决定着企业的经营目标、方针和经营战略。企业管理的首要任务,就是要确立企业正确的经营思想,其核心就是为社会、用户、职工、出资者服务,提高整个社会的经济效益。

(2)合理组织生产力。根据企业管理的性质和社会生产力发展的要求,改革和完善建筑企业管理制度。

(3)调整生产关系,以适应生产力发展的需要。在国家政策和计划指导下,正确处理本企业与国家、与其他企业、与职工之间的关系,以及与消费者(用户)、资金提供者和地区社会间的关系。分析研究生产经营活动的诸因素,协调它们之间的关系,创造条件、全面完成国家计划,满足社会需要,努力提高企业的经济效益。

企业管理的发展

(4)运用科学的管理理论、方法和手段,加强计划、生产、技术、物资、劳动、财务等业务管理,并结合经济工作做好思想政治工作,提高管理的科学水平。

二、建筑企业管理基本概念

建筑企业的生产具有双重的目的性,从使用价值方面来说,建筑企业管理应根据社会的实际需要,建设出更多、更好的建筑产品,以满足社会物质文化日益增长的需要;从价值方面来说,建筑企业管理应不断提高施工活动的经济效益,不但要为社会提供物质产品,还要营利。

(一)建筑企业管理的特点

建筑生产不同于一般的工业生产,所以在研究建筑企业管理的特点时,必须了解建筑产品和生产的特点。

1. 建筑产品自身的特点

(1)在空间上的固定性。一般的建筑产品均由自然地面以下的基础和自然地面以上的主体两部分组成。基础承受其全部荷载,并传给地基,同时将主体固定在地面上。任何建筑产品都是在选定的地点上建造和使用的。一般情况下,它与选定地点的土地不可分割,从开始建造直至拆除均不能移动。所以,建筑产品的建造和使用地点是统一的,在空间上是固定的。

(2)类型的多样性。建筑产品不仅要满足复杂的使用功能的要求,而且还要体现出地方或民族特色,体现出物质文明和精神文明程度,体现出建筑设计者的水平和技巧及建设者的欣赏水平和爱好,同时受各地自然环境的影响,而在建筑规模、建筑形式、构造结构和装饰等方面千差万别。

(3)体积的庞大性。无论是复杂的建筑产品还是简单的建筑产品,均是为构成人们生活和生产的活动空间或满足某种使用功能而建造的。建造一个建筑产品需要大量的建筑材料、制品、构件和配件,因此,一般的建筑产品要占用大片的土地和高广的空间。建筑产品与其他工业产品相比,其体形格外庞大。

2. 建筑产品生产的特点

建筑产品自身的特点,决定了建筑产品的生产过程具有以下特点:

(1)生产的流动性。建筑产品地点的固定性决定了产品生产的流动性。在建筑产品的生产中,工人及其使用的机具和材料等不仅要随着建筑产品建造地点的不同而流动,而且还要根据建筑产品的不同部位而流动。施工企业要在不同地区进行机构迁移或流动施工。在施工项目的施工准备阶段,要编制周密的施工组织计划,划分施工区段或施工段,使流动生产的工人及其使用的机具和材料相互协调配合,使建筑产品的生产连续、均衡地进行。

(2)生产的单件性。建筑产品地点的固定性和类型的多样性决定了产品生产的单件性。每个建筑产品应在国家或地区的统一规划内,根据其使用功能,在选定的地点上单独设计和单独施工。即使是选用标准设计、通用构件或配件,由于建筑产品所在地区的自然、技术、经济条件的不同,其施工组织和施工方法等也要因地制宜,根据施工时间和施工条件确定。因此,各建筑产品的生产具有单件性。

(3)生产的地区性。建筑产品的固定性决定了同一使用功能的建筑产品因其建筑地点的不同,而会受到建设地区的自然、技术、经济和社会条件的约束,因此,其建筑形式、结构、装饰设计、材料和施工组织等均不一样。可见,建筑产品的生产具有地区性。

(4)生产周期长、占用流动资金多。建筑产品的固定性和体形庞大的特点决定了建筑产品的生产周期长。因为建筑产品体形庞大,最终建成的建筑产品必然会耗费大量的人力、物力和财力;同时,建筑产品的生产过程还要受到工艺流程和生产程序的制约,各专业、工种间必须按照合理的施工顺序进行配合和衔接;又由于建筑产品地点的固定性,使施工活动的空间受到局限,从而导致建筑产品的生产具有生产周期长、占用流动资金多的特点。

(5)露天作业多。建筑产品地点的固定性和体形庞大的特点,使建筑产品不可能在工厂、车间内直接进行施工,即使在建筑产品的生产达到高度工业化水平的条件下,仍然需要在施工现场内进行总装配,然后才能形成最终的建筑产品。

(6)高空作业多。由于建筑产品体形庞大,特别是随着城市现代化的进展,高层建筑物的施工任务日益增多,在建筑产品的生产中高空作业多的特点日益明显。

(7)生产协作单位多。建筑产品的生产涉及面广,在建筑企业内部,要在不同时期和不同建筑产品上组织多专业、多工种的综合作业,而在建筑企业的外部,需要不同种类的专业施工企业以及城市规划、土地征用、勘察设计、公安消防、公用事业、环境保护、质量监督、科研试验、交通运输、银行财务、物资供应等单位和主管部门协作配合。

3. 建筑企业管理的特点

建筑产品和施工生产的技术经济特点使建筑企业经营管理具有以下基本特点:

(1)生产经营业务不稳定。由于建筑产品的多样性,同一时期不同用户对建筑产品的种类需求不同。对一个建筑企业来说,其生产经营的对象和业务是不固定和不稳定的。因此,要求建筑企业善于预测社会经济的发展趋势,固定资产的投资规模和方向,以及产品的种类、构成比例,具有适应社会需求的应变能力。

(2)经营管理环境多变化。建筑产品的固定性和建筑生产的流动性,使企业的经营环境随着建设工程的地点而变化。施工地点不同,地形、地质、水文、气候等自然环境差异较大;劳动力供应、物资供应、交通运输、协作配套条件等社会环境也随之变化,因而增加了生产经营的艰巨性和复杂性,给生产经营的预见性和可控性也带来了难度。

(3)特定的投标承包方式。建筑产品生产多是预约生产,以合同形式承包。建筑企业首先需要通过投标竞争获得承包工程任务,并通过工程承包合同与用户建立经济法律关系。在招标投标中,往往是一家用户多家竞争,而且十分激烈。因此,必须讲究竞争策略。建筑企业要根据用户的委托,按合同要求完成预定的任务,并在工程进行过程中接受用户的监督。

(4)基层组织人员变动大。由于产品多样、生产流动、任务不稳定、环境多变等原因,引起直接领导生产经营活动的企业基层组织结构和人员,随工程对象的规模、性质、地理分布不同而适时变化和调整。在建设过程中,不同工程、不同季节,职工的需要量波动很大,工种的配合比例也会有较大的差异。因此,建筑企业内部的管理组织结构适宜项目管理制。

(二)建筑企业管理层次

建筑企业管理包括三个层次,即企业层次、项目层次和作业层次。

1. 企业层次

企业层次代表的是一个法人的职责范畴,它具有三个主体特点:一是市场竞争主体;二是合同履约责任主体;三是企业利益主体。企业层次作为生产要素控制的第一层面,要搞好工程信息市场、资金市场、劳动力市场、设备材料市场、租赁市场等五大市场的组织协调和动态管理工作。

2. 项目层次

项目层次的组织形式就是项目经理部，它是新型生产方式和经营管理模式的运行载体。项目层次具有"三个一次性"的特点，即项目层次是企业法人一次性的授权管理、一次性临时组织、一次性成本中心。项目经理部只负责一个单体项目的质量、工期、成本等，是企业面向市场为用户提供服务的直接责任层面。项目经理作为项目层次的代表，是企业法人所中标的工程项目负责组织施工的授权责任人；是实现一个单体项目质量、工期、成本、安全等目标的直接责任人；是一个企业面向市场、对接业主、服务用户的岗位责任人。

3. 作业层次

作业层次以劳务人员为主体，可以提供工程建设所需要的各种专业施工力量。其发展方向应是专业化、独立化和社会化。

上述三个层次之间的关系是：企业层次服务于项目层次，而项目层次一定要服从于企业层次，这是因为项目层次只是成本中心。企业法人层次与项目层次是授权委托关系，而项目层次与作业层次之间是合同商务关系，项目层次与供应商之间也是合同关系。

(三) 建筑企业管理观念的形成

企业管理观念是指企业为了有效地运营、实现企业的任务，在经营管理上所具有的基本观念，也就是企业在整个生产经营管理活动中的指导思想。

企业管理观念的形成首先是由所处的社会经济制度决定的，同时也受企业领导人的政治思想觉悟、科学知识、实践经验、思想方法、工作作风等主观因素和企业所处的经营环境的客观因素影响。

为了进一步理解企业管理观念及其形成，我们从企业自身角度出发，观察与企业有关的四个方面，即消费者、生产者、出资者和企业所在地区的人们及其要求。

1. 消费者(用户)

对建筑企业来说，消费者就是建设单位或用户，他们订购或购买建筑企业生产销售的建筑产品或服务，予以使用。由于消费者的存在，才能有企业的生产、销售商品或服务，企业才能回收再生产的资金，才能支付劳动者的工资，购买材料、设备。如果没有消费者，企业就不能生产经营。为了满足消费者需求，企业生产的商品或服务，在质量、价格、期限上就必须达到国家的有关规定和消费者所期望的要求，主要有：

(1) 质量好、使用方便；
(2) 物美价廉；
(3) 令人满意的服务；
(4) 新产品的要求等。

2. 生产者(企业职工)

生产者是指进行企业生产、销售商品或服务的人们，包括企业的工人、工程技术管理人员、各级领导者。有的企业还包括工程分包者和采购供应者。如果没有生产者也就没有企业的商品和服务。因此，企业管理观念应反映生产者的要求，主要有：

(1) 企业要营利，增加生产者的收入；
(2) 企业要有前途，职工工作、生活有保障；
(3) 企业有信誉，职工有荣誉感等。

3. 出资者

出资者是指为企业提供资金的人们，包括国家（国有企业的主要出资者是国家）、地方、个人（股东）、银行、外商等。要开办企业或扩大经营，必须具有一定的资金、土地、房屋、机械设备、材料、构配件及职工所需的各种费用。这些费用将由企业销售回收的资金补偿。为此，企业经营必须考虑出资者的要求，主要有：

（1）多生产社会需要的商品，为繁荣国民经济做贡献；

（2）提高社会效益、经济效益，企业稳定成长；

（3）提高质量，不断贡献新产品；

（4）给出资者以合理的报酬（纳税、付利息、分红等）。

4. 企业所在地区（社会）的人们

企业所在地区的人们是指为企业生产经营活动提供必需的水、电、物资、劳动力及交通服务的人们，受企业排放废弃物等影响的人们，以及地区居民等。因此，企业必须对地区人们承担责任和义务。地区（社会）人们对企业的要求主要有：

（1）繁荣地区经济；

（2）为地区服务；

（3）保护环境。

上述与企业密切相关的四个方面各有各的希望和要求，企业管理观念必须反映四个方面的要求，使得四者都能接受。如果这四个方面的要求不能协调地考虑，企业也就无法经营。所以，只有是他们共同接受的观念，才是企业正确的管理观念。

第三节　建筑企业经营概述

一、建筑企业经营的概念

建筑企业经营是指建筑企业销售建筑商品以满足业主需求而进行的环境分析、市场调查、市场预测、经营决策、投标与签订合同、工程施工、竣工验收与交付使用、售后服务等综合性活动。

二、建筑企业经营的基本内容

建筑企业进行市场经营，主要包括以下内容：

1. 建筑市场调查

有目的、有计划、系统地收集、整理和分析建筑市场的各类信息，为市场决策提供市场需求、竞争对手和市场环境等方面的资料。

2. 建筑工程投标

在获得市场需求信息后，通过编制标书及有关工作，利用合法竞争手段获取工程项目承包权。

3. 选择经营方式

建筑企业经营方式有很多，建筑企业应根据工程项目特点和建设单位实际情况选择合适的经营方式。建筑企业经营方式是在建筑企业与建设单位达成交易时就应明确的内容。

4. 谈判与签订合同

建筑商品交易是一种期货交易，必须事先签订工程合同，明确双方的权利义务。签订合同的过程就是讨价还价的过程——谈判过程。

5. 索赔和中间结算

建筑产品形成过程中，因种种原因使工程项目出现变更。这些变更会影响价格和工期，这就需要甲、乙双方通过协调达成一致意见，这种协调即索赔或签证。按合同规定，非一次性付款的工程项目，要办中间结算，完成部分交易。

6. 竣工结算

建设项目竣工验收后，甲、乙双方完成交接，同时结清全部工程价款，建筑商品交易最终完成。（实际完成应待保修期终结，双方脱离直接责任后。）

三、建筑企业经营方式

建筑企业的经营方式是指建筑企业向业主（建设单位）、用户等服务对象提供建筑产品或服务的方式，是建筑企业获得任务的方式，也是建筑企业组织与经营管理建筑安装工程所采取的方式。经营方式作为经济活动的方式，随着社会生产的发展、科学技术的进步所引起的社会分工和协作的变化而不断演变发展。

建筑企业的经营方式根据项目法人（业主）项目发包方式而定，其经营方式主要有以下几种。

1. 总分包经营方式

总分包经营方式是指由一个建筑承包企业作为总包，并与业主直接签订工程总包合同，然后根据企业自身与外部环境等条件，将部分工程分包给分包企业完成，通过签订分包合同的形式，明确双方的经济责任。即各分包对总包负责，总包对业主全面负责。这种方式已经历了一个多世纪，有比较完整的组织形式和责任体系。图1-2所示为施工总分包经营方式示意。

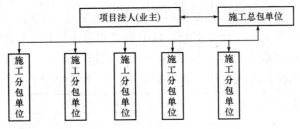

图1-2 施工总分包经营方式

总分包经营方式的主要优点是：由于专业化分工的发展，促进了施工专门技术的发展和施工组织管理技术的发展；责任分担体系比较合理，建筑企业由于受到合同的严格控制，在确保工程施工期限、降低造价和提高质量上形成一种外部压力，同时又由于当事人双方利益得到合同的保证，使承包人的主动性和积极性得到充分发挥。

但是，采用总分包经营方式，由于分工越来越细，环节越来越多，每个环节都有未知因素，从而导致总包对整个工程控制的难度增加，并且工程规模越大、分包环节越多，则总包控制难度越大。

2. 总承包经营方式

总承包是指业主将工程设计、施工、材料及设备采购全部发包给独家公司承包。图1-3所示为总承包经营方式示意。

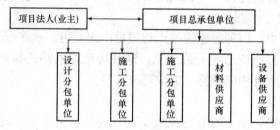

图1-3　总承包经营方式

3. 平行承包经营方式

平行承包是业主根据工程规模、市场情况和融资（贷款）的要求，综合考虑工期、进度、质量等要素，将建设工程的施工经过分解后分别发包给若干个施工单位。作为承包的施工单位之间是平行的，如图1-4所示。平行承包建设工程适用于中、小型施工企业。

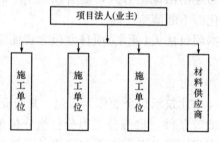

图1-4　平行承包经营方式

4. 总承包管理经营方式

总承包管理是指总承包方承包工程项目后，再发包给若干设计、施工、材料设备供应商，由分包方按合同的约定进行具体实施，总承包方致力于搞好工程项目管理。

总承包管理方在管理服务方面，反映其是智力知识型企业，一般经济实力比较薄弱。为了回避风险，业主选择总承包管理方要非常慎重。总承包管理经营方式如图1-5所示。

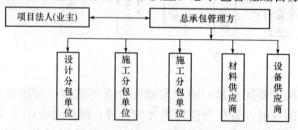

图1-5　总承包管理经营方式

5. 联合承包经营方式

联合承包经营方式是指由两家或两家以上的建筑承包企业联合向业主承包、共同完成工程施工任务，并按各自的资金投入、人力份额或任务划分分享利润与承担风险。由于是几家企业联合承包经营，可取长补短、优势互补，在整体实力上，提高了竞争能力和中标机会。海外承包工程大多采用联合承包经营方式。

企业经营目标与方针

第四节　建筑企业管理的职能与基础工作

一、建筑企业的职能

职能是指人、事物、机构应有的功能或作用。企业管理的职能是指为完成企业的任务和目标，实现有效管理，企业管理业务工作必须具备的功能或应起的作用。在市场经济条件下，建筑企业管理的职能可分为计划与决策、组织与指挥、控制与协调、教育与激励四个方面。

1. 计划与决策

计划是企业从事生产经营活动的行动纲领，是企业管理的起点和评价标准，是对全过程和人、财、物全面综合平衡的依据。决策是为了达到企业预定目标，从拟定的若干个可行方案中，选择一个最好方案的过程，是针对企业的发展方向、战略目标和重大问题而提出的。决策的好坏，对生产经营效果影响甚大。

2. 组织与指挥

组织是为了实现企业、部门和职工承担的目标任务，需要进行静态组织设计、动态组织调整和组织变革的决策，使企业建立既民主又集中的领导体制，形成高效、有力的经营、生产、技术协调、统一的指挥系统，保证企业的人、财、物等生产经营要素的有效结合，获得优质低耗的建筑产品。

3. 控制与协调

控制是对计划执行的检查和考核，发现并解决问题。控制的对象是生产经营活动全过程和各项管理业务。控制的标准是国家的政策、法规、计划和定额。协调是针对控制中所出现的与决策或计划偏离，协调各部门、各环节之间的关系，解决协作中的问题，发现潜力，并使之发挥作用。

4. 教育与激励

教育在现代化管理中占据越来越重要的地位。它担负着包括企业文化、职业道德和技术进步在内的"两个精神"文明建设的重要职责。企业通过教育与激励职能的发挥，去调动企业一切积极因素，发挥广大职工当家做主的精神，不断提高职工的政治思想和技术业务水平，加强民主管理，落实各项经济责任制，奖勤罚懒，贯彻按劳分配原则。

二、建筑企业管理的基础工作

建筑企业管理的基础工作，是指为实现企业经营目标和有效地开展各项生产经营活动，而提供资料依据、基本手段和前提条件的各项工作。其内容主要包括标准化工作、定额工作、清单计价工作、计量和检测工作、信息工作。

1. 标准化工作

从字义上讲，"标准"是指衡量事物的准则。企业标准化工作中的标准，是指为了保证生产经营活动正常进行，对活动中的例行事务（反复出现的事务），按一定程序和形式颁发的统一规定。标准化工作是指围绕制订标准、贯彻执行标准而进行的一系列工作。

标准按颁发的部门和适用范围不同可分为国际标准、国家标准、部颁标准、地方标准、企业标准等。按标准的性质分类分为技术标准和经营管理标准。

标准化工作是一项综合性管理工作，在经营管理中具有十分重要的作用。它是衡量产品质量的依据，是维护正常生产秩序的手段，是控制消耗的依据，是安全生产的保障，是规范化管理的措施。

2. 定额工作

定额是在一定的生产技术经济条件下，生产经营活动中人力、物力和财力的消耗、占用及利用程度的数量标准。

定额是企业经营管理的重要标准，用途十分广泛。它是投标报价、编制计划、组织生产、控制消耗、经济核算、分配报酬等的依据。

3. 清单计价工作

随着清单报价制度改革在全国的推行，越来越多的人开始接触和使用这一崭新的建筑招标投标计算计价制度即工程量清单计价制度，工程量清单计价制度的实行使我国的建筑业向国际通行的工程造价体系接轨的目标又迈进了一大步，也必将对我国快速发展的建筑业产生深远的影响。

实行工程量清单以后，招标人按照国家统一的工程量计算规则提供工程量清单，投标人则必须对单位工程成本、利润进行分析，统筹考虑，精心选择施工方案，并根据企业的施工定额合理确定人工、材料、施工机械等要素的投入与配置，优化组合，合理控制现场费用和施工技术措施费用，确定投标报价，承担"价"的风险。这就要求企业强化竞争意识、敢于竞争、扬长避短，充分体现企业的优势、特点和自主性，从而促进企业加快技术进步、改善经营管理。

4. 计量和检测工作

企业的计量和检测工作，是获得生产经营活动信息的重要手段。获得的信息是否及时、准确和全面，直接关系到企业管理的质量和效率，关系到建筑产品的工程质量和建筑企业的综合效益。要严格计量工作责任制，加强挂牌管理，完善计量工具和检测手段，做好计量器具、仪表设备的配置、保管、校正、维护，并且保证正确和合理使用。

5. 信息工作

信息工作是指企业在生产经营活动中，对所需信息进行的收集、整理、处理、传递、贮存等管理工作。信息工作的基本要求是：全面、准确、及时。

建筑企业信息工作的主要内容包括原始记录和凭证、统计工作、经济技术信息、科技档案等内容。

本章小结

建筑企业是为社会提供建筑产品或建筑劳务的经济组织。由于建筑产品及其生产的特点，建筑企业有与其他企业不同的管理特点。本章主要介绍了建筑企业的概念、企业管理层次、企业资质等级、建筑企业经营方式以及建筑企业管理的基础工作。

思考与练习

一、填空题

1. 建筑企业是生产性企业的一种，即_____的企业。
2. 按企业规模的不同，建筑企业可分为_____、_____和_____建筑企业。
3. _____资质是指企业的建设业绩、人员素质、管理水平、资金数量和技术装备等。
4. 建筑企业资质分为_____、_____和_____三个序列。
5. 建筑业企业资质证书，由_____部门统一印制，正、副本具备同等法律效力。
6. 为了进一步理解企业管理观念及其形成，我们从企业自身角度出发，观察与企业有关的四个方面，即_____、_____、_____和_____的人们及其要求。
7. 建筑企业管理的职能可分为_____、_____、_____、_____四个方面。

二、选择题

1. 作为企业，必须具备的条件不包括(　　)。
   A. 拥有一定数量的从事经济活动所需的生产要素(人力、物力、资本、技术和信息等)
   B. 具有健全的组织和独立财产
   C. 依法进行登记注册并得到批准，具有法人资格
   D. 企业必须是营利性的组织
2. 按经营范围不同，建筑企业的分类不包括(　　)。
   A. 综合性企业　　　　　　　　　B. 营利性企业
   C. 专业性企业　　　　　　　　　D. 劳务性企业
3. 建筑业企业资质证书有效期为(　　)。
   A. 一年　　　B. 三年　　　C. 五年　　　D. 十年
4. 建筑产品自身的特点不包括(　　)。
   A. 在空间上的固定性　　　　　　B. 类型的多样性
   C. 体积的庞大性　　　　　　　　D. 经济的独立性
5. 下列不属于建筑企业管理层次的是(　　)。
   A. 企业层次　　B. 项目层次　　C. 作业层次　　D. 专业层次

三、简答题

1. 企业的概念及应具备的特征是什么?
2. 企业的法律形式有哪些?
3. 简述建筑企业资质管理。
4. 简述建筑企业的任务和作用。
5. 企业管理的任务主要包括哪几个方面?
6. 建筑企业的概念及基本内容是什么?
7. 建筑企业经营方式有哪些?

第二章 建筑企业组织管理

知识目标

1. 了解组织的含义及特点、企业组织管理的含义及作用。
2. 了解组织结构设计概念及原则，熟悉建筑企业组织设计的内容与方法，掌握建筑企业组织结构形式。

能力目标

1. 能进行建筑企业组织结构形式的选择。
2. 能进行简单的企业组织结构设计。

第一节　组织与企业组织

一、组织基本概念

（一）组织的含义

一般来说，组织分静态和动态两层含义：静态含义的组织是指组织机构，它是按一定的领导体制、部门设置、层次划分、职责分工、规章制度和信息系统等构成的有机整体，是社会人的结合形式，可以完成一定的任务；动态含义的组织是指组织行为（活动），指通过一定的权力和影响力，为达到一定目标，对所需资源进行合理配置，处理人和人、人和事、人和物等各种关系的活动过程。企业的组织是根据企业管理的要求，为实现企业目标而组建的机构。

（二）组织的特点

1. 静态含义组织的特点

作为组织体，组织是由两个或两个以上的个人为了实现共同目标结合而成的有机整体。根据组织形成过程是否由正式筹划而形成，组织又分为正式组织和非正式组织。

（1）正式组织是组织设计工作的结果，是由管理者通过正式的筹划，并借助组织图和职务说明书等文件予以明确规定的。它具有严密的组织结构，主要表现在指挥链、职权与责任的关系以及功能作用方面。正式组织具有三个基本特征：

1）目的性。正式组织是为了实现组织目标而有意识建立的，因此，正式组织要采取什么样的结构形态，从本质上说应该服从实现组织目标、落实战略计划的需要。这种目的性决定组织工作通常在计划工作之后进行。

2）正规性。正式组织中所有成员的职责范围和相互关系通常都在书面文件中有正式的明文规定，以确保行为的合法性和可靠性。

3）稳定性。正式组织一经建立，通常会维持一段时间相对不变，只有在内外环境条件发生了较大变化而使原有组织形式显露出不适应时，才提出进行组织重组和变革的要求。

(2) 非正式组织，就是未经正式筹划而由人们在交往中自发形成的一种个人关系和社会关系的网络。与正式组织相对应，非正式组织的基本特征是：

1）自发性。在非正式组织中，成员之间的关系是一种自然的人际关系，他们不是经由刻意的安排，而是由于日常接触、感情交融、情趣相投或价值取向相近而发生联系。

2）内聚性。在非正式组织里，共同的情感是维系群体的纽带，人们彼此的情感较密切，互相依赖，互相信任，有时甚至出现不讲原则的现象。非正式组织的凝聚力往往超过正式组织的凝聚力。

3）不稳定性。正式组织是非正式组织形成的基础，一旦正式组织解散或发生重大变化，非正式组织也可能会随之消亡。

2. 动态含义组织的特点

(1) 组织工作的过程性。组织工作是根据组织的目标，考虑组织内外部环境来建立和协调组织结构的过程。

(2) 组织工作的动态性。组织结构是根据组织目标制定的，而组织目标是适应组织内外部环境而形成的，当组织内外部环境变化时，就有必要对组织结构进行调整。

二、企业组织管理的基本概念

1. 企业组织管理的含义

企业组织管理是指为实现企业的目标，明确规定各工作部门及人员的职责、权限和利益，使企业各部门全体人员能够齐心协力地工作，并建立规章制度，对各工作部门和人员进行考核。

2. 企业组织管理的作用

企业组织管理的作用主要表现在以下几个方面：

(1) 便于对企业的生产经营活动进行计划、组织、指挥、控制和协调，使企业的人、财、物资源得到合理配置和充分利用，供产销活动能够协调进行；是合理组织生产力、顺利进行生产经营活动的必要手段，是实现企业目标、完成企业计划的重要保证。

(2) 能够将分散的个别企业员工，通过组织制度和激励措施，凝聚成一个强大的整体，使全体员工的工作紧紧围绕企业的任务目标进行，从而产生巨大的群体效应，促进企业经济效益的不断提高，即具有凝聚作用和群体效应。

(3) 企业要使自己适应不断变化的外部环境，能够充分利用外部环境提供的机会，就必须通过组织搜集各种信息，及时作出相应的反应和正确的决策，才能生存和发展。因此，组织管理在协调企业与外部环境的关系并与其适应求得发展方面起着重要的作用。

第二节　企业组织设计

一、组织结构设计概念

组织结构设计就是根据组织目标及工作的需要确定各部门及其成员的职责范围，明确组织结构，协调好组织中部门、人员与任务间的关系，使员工明确自己在组织中应有的权利和应负的责任，有效地保证组织活动的开展，最终保证组织目标的实现。

二、企业组织设计的原则

设计一个健全完善的管理组织系统，是管理组织工作的关键。设计时必须遵循科学的原则。

1. 目标一致原则

企业组织系统的确立是为实现企业发展战略与经营目标服务的，要做到与目标一致、与任务统一。同时，要保证组织上下目标一致，让组织目标为每个成员所了解，从而使组织的所有成员都有一个共同的努力方向。

2. 统一领导、分权管理的原则

企业重要的权力集中在管理的最上层，一般的权力要适当下放，以便发挥各层人员的自主性、灵活性和积极性，即集权与分权相结合的原则。统一领导就要恰当地集权，分级管理体现为适当分权，要正确处理集权和分权的关系。

集权和分权同样都是组织社会化大生产和现代企业经营管理的需要。分权要通过授权来实现。授权要有适当的程度。授权程度是指授予下级可以自己做主不需要事先请示的权力范围。授权程度取决于企业规模大小、施工地区分散情况、工程技术复杂程度、业务渠道的多少、上层控制手段和健全程度、各级领导能力的强弱等。

3. 分工协作原则

在责、权、利高度结合的前提下，既要合理分工，又要注重协作。组织层次要清楚，职责范围要明确，使企业各职能部门及其部属职工形成有效的管理系统。

（1）分工应满足的要求为尽可能按照专业化设置机构，使职能部门的职工有明确的目标和责任，促进工作高效化、程序化、标准化，有利于提高经济效益。

（2）协作应满足：促进组织部门之间的静协调、动平衡，明确部门职工之间的协作责任制关系，并协调其中的各项关系；同时也应逐步规范化、程序化，使部门、部属之间具有自我协调功能。

4. 管理幅度合理原则

管理幅度是指人员编组的数量原则，即一个领导者直接领导的下属人员的数量。一名领导者直接领导的人员数量应有一个限度，以免增加大量的接触关系导致顾此失彼；当然，幅度太小，难以发挥下属的积极性。若企业领导的能力大，管理幅度可大些；若领导的能力小，管理幅度可适当小些。

5. 均衡与稳定原则

均衡原则是指同一级机构、人员之间在工作量、职责、职权等方面要大致均衡，不宜偏多或偏少。否则，苦乐不均、忙闲不均等都会影响管理人员的积极性和工作效率。稳定原则是指组织系统一旦形成，便应保持相对稳定，不要总是轻易变动。这和组织随内外条件变化作出相应的调整和改革并不矛盾。组织系统没有相对的稳定性，容易造成人心浮动，也不利于提高工作效率。

6. 效率原则

在组织系统设计时，无论是部门、层次、岗位的设置，上下左右关系的安排，还是各项责任制及规章制度的建立，都必须有明确的目的。坚持层次合理、人员精干、一专多能、运转灵便、信息传递准确，使企业组织高效化。

三、建筑企业组织结构形式

企业的组织结构是指管理层次、管理幅度和各组成部分如何结合的模式。科学的企业组织结构既利于企业总部的统一领导，又利于调动各级、各部门及全体职工的积极性和创造性，使各个组成部分能够成为一个有机的整体而高效协调地运转。现代建筑企业组织结构形式主要有直线制、职能制、直线职能制、事业部制、矩阵制等。

(一)直线制组织结构

直线制组织结构是最早出现的最简单的组织结构，组织结构中的各种职位均为直线排列的单线领导关系。其结构形式如图2-1所示。

直线制组织结构具有机构简单、权责分明、命令统一、决策迅速、指挥及时、工作效率高等优点。其缺点是要求企业领导者是一个"全能式"人物，要亲自处理公司的所有业务，有时会顾此失彼，难免出现失误。这种组织结构一般适用于那些产品单一、生产技术简单、无须按职能实行专业化管理的小型企业，或者是现场的作业管理。

(二)职能制组织结构

职能制组织结构是指各级行政单位除主管负责人外，还相应地设立一些职能机构。这种机构要求行政主管把相应的管理职责和权力交给相关的职能机构，各职能机构就有权在自己业务范围内向下级行政单位发号施令。因此，下级行政负责人除接受上级行政主管人员指挥外，还必须接受上级各职能机构的领导，其结构形式如图2-2所示。

职能制组织结构的优点是专业化管理强；其最严重的缺点是形成多头领导、基层难办，目前采用较少。

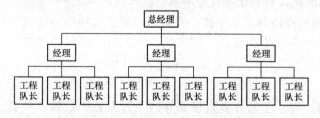

图2-1 直线制组织结构示意

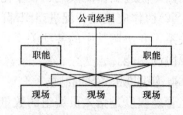

图2-2 职能制组织结构示意

(三)直线职能制组织结构

直线职能制组织结构是现代企业早先采用的组织结构形式，是一种以权力集中于企业高层为特征的企业组织机构，如图2-3所示。在采用直线职能制组织结构的建筑企业中，企业的生产经营活动按照职能分成若干垂直管理系统，每个系统又直接由企业最高领导指挥。

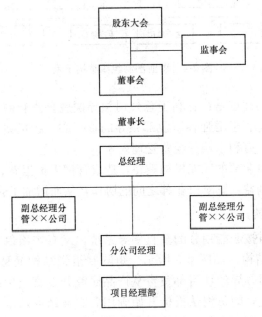

图2-3 直线职能制组织结构示意

直线职能制组织结构的优点是便于集中领导，调动人、财、物比较灵便，专业职能清楚，有利于提高办事效率，使整个企业有较高的稳定性。其缺点是下级部门的主动性和积极性的发挥受到抑制，部门之间互通情报较少；职能部门与直接指挥部门目标不一致时，容易发生矛盾；管理层次多，信息传递长，不利于及时决策，妨碍系统的灵活运转。它的权力集中在最高一层，是一种典型的"集权式"管理组织结构。这种形式有较多优点，在我国被较广泛地采用。

(四)事业部制组织结构

事业部制组织结构最早是由美国通用汽车公司提出的，是一种高度(层)集权下的分权管理体制，适用于规模庞大、品种繁多、技术复杂的大型企业，是国外较大的联合公司所采用的一种组织形式。近几年我国一些大型企业集团或公司也引进了这种组织结构形式。

事业部制组织结构又称分权组织结构，是从直线职能制转化而来的。其特点是：在总公司领导下，按产品或地区设立经营事业部，各事业部都是相对独立的经营单位。总公司只负责研究和制定全公司的方针政策、企业发展总目标和长期计划，规定财务利润指标，对事业部的经营、人事、财务实行监督，不负责日常的具体行政事务。各事业部在公司统一领导下实行独立经营、独立核算、自负盈亏。每个事业部都有一个利润中心，都对总公司负有完成利润计划的责任，同时在经营管理上拥有相应的权利。实际上，事业部相当于一个小公司，其结构形式如图 2-4 所示。

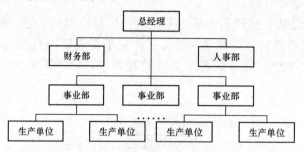

图 2-4　事业部制组织结构示意

事业部制组织结构的优点是：有利于总公司领导摆脱日常行政事务，集中精力于企业战略决策和长远规划；有利于增强各事业部领导的责任心，积极研究开发市场，提高企业对环境变化的适应能力；有利于培养经营管理人才。

其缺点是：公司与事业部的职能机构重叠，造成管理人员浪费；事业部实行独立核算，各事业部只考虑自身的利益，影响事业部之间的协作，从而增加了管理费用。

(五)矩阵制组织结构

在组织结构上，既有按职能划分的垂直领导系统，又有按项目划分的横向领导关系的结构，称为矩阵制组织结构，如图 2-5 所示。矩阵制组织结构又称项目管理制组织结构。各项目设项目经理，他所领导的项目部负责从产品研究开发直至生产、销售为止的全部工作，如果是在施工项目上，则负责从投标开始到用后服务结束的全部工作。各职能部门为项目经理部服务，并派出职能人员。职能人员隶属于原职能部门，但接受项目经理与部门负责人的双重领导，项目完成后仍回原部门。

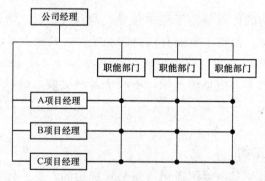

图 2-5　矩阵制组织结构示意

矩阵制组织结构的优点是：机动、灵活，可随项目的开发与结束进行组织或解散。由于这种结构是根据项目进行组织的，任务清楚，目的明确，各方面有专长的人都是有备而来的，因而更适合以项目管理为主体的企业单位。它还加强了不同部门之间的配合和信息交流，克服了直线参谋组织结构中各部门互相脱节的现象。其缺点是：由于这种组织结构是实行纵向、横向的双重领导，处理不当则会由于意见分歧而造成工作中的扯皮现象和矛盾；由于项目人员流动性大，在培训考核上易产生特殊问题，另外，其还具有临时性的特点，也易导致人心不稳。

四、建筑企业组织设计的内容与方法

建筑企业组织设计的内容包含三个部分：基础工作、硬组织设计及软组织设计。基础工作主要包括：目标/需求分析及工作结构分解；硬组织设计包括组织结构设计、流程设计、制度设计及人力资源规划；软组织设计包括组织文化、企业形象设计等内容，如图2-6所示。

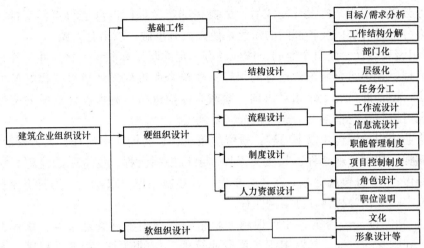

图 2-6 建筑企业组织设计的内容

1. 基础工作

（1）目标/需求分析。需求分析是准确地回答"建筑企业组织设计必须做什么"这个问题。需求分析是确定组织设计必须完成哪些工作，也就是对目标系统提出完整、准确、清晰、具体的要求。

（2）工作结构分解。工作结构分解是为了便于管理和控制，对建筑企业任务的分解与再分解。建筑企业工作分解过程是逐层分解其主要可交付成果的过程，其目的就是给企业的组织人员分派角色和任务。

2. 硬组织设计

（1）组织结构设计。结构设计有两项工作：一是形成组织部门，即组织部门化；二是形成组织的层次，即组织层级化。

1）组织部门化。部门化是指将组织中的活动按照一定的逻辑进行安排，划分为若干个管理单位的活动过程。管理者通常按照因事设职和因人设职相结合、分工与协作相结合及精简高效等原则进行部门化。以下是几种常见的部门化方法：

①职能部门化是指把相同或相似的活动归并在一起，作为一个部门或一个管理单位，归一个部门管理。如常见的财务部、办公室、经营部。

②项目部门化是指根据项目的不同设置部门。如项目制中的项目部，就是把每个项目都作为一个部门。

③地域部门化是指为了配合市场或资源等要素所进行的分散经营，而按照地理区域成

立的专门的管理部门。如总部在济南的建筑公司在青岛设立分公司就是地域部门化的一个表现。

④流程部门化是指按照建设过程来划分部门。如许多房地产公司都设有开发部、设计部、施工部等部门。

2)组织的层级化。组织的层级化是指组织在纵向结构设计中需要确定层级数目和有效管理幅度，需要根据组织集权化的要求，规定纵向各层级之间的权责关系，最终形成一个能对内外环境要求做出动态反应的有效组织结构形式。

3)任务分工。组织结构设计完成后，就要在部门及部门内部进行工作安排，即将工作分解的成果分配给各部门及各部门的角色，使人人有事做，事事有人做。

(2)组织流程设计。建筑企业的工作任务有一定的联系和顺序，将这些工作任务形成合理的工作流程，是建筑企业正常运行的保证。建筑企业流程设计通过安排好各项任务完成的先后次序，使各部门的工作相互协调、紧密有序地进行。流程设计形成的文件可以是程序文件，也可以是作业指导书，这可根据需要确定。

建筑企业流程一般包含以下内容：投资决策流程、合同评审流程、人力资源管理流程、财务管理流程、技术管理流程、收发文流程、项目控制流程、物资采购流程、材料管理流程及工程分包/劳务分包流程等。在各类流程中，根据工作要求，又分为若干流程，如在材料管理流程中，又包含材料计划编制流程。

(3)组织制度设计。建筑企业管理制度是组织管理中各种管理条例、章程、制度、标准、办法、守则等的总称，是对组织各项专业管理工作的范围、内容、程序、方法等所做的规定。它用文字形式规定管理活动的内容、程序和方法，是管理人员的行为规范和准则。组织管理制度主要规定各个管理层、管理部门、管理岗位、各项专业管理业务及项目控制的职能范围、应负的责任、拥有的职权，以及管理业务的工作程序和方法。管理制度的设计通常按照以下步骤：

1)根据组织内外环境的变化及企业发展规划的需要，提出建立某项制度的目标和要求；

2)由企业的主管部门组织有关业务部门收集资料，调查研究，起草制度的初步方案；

3)由负责人组织公司内外的专家或智囊团讨论和审核，决定最终方案；

4)由上级组织通过一定的决策程序批准颁布。

需要说明的是，制度不是一成不变的，随着建筑企业的发展，技术的更新，管理水平的提高，认识的深化，管理制度也需要修改和完善。

(4)组织人力资源规划。组织结构设计完成后，就要对人员安排做出规定，这就涉及人力资源的问题。所谓人力资源规划，就是拟定一套措施，使组织稳定地拥有一定质量和必要数量的人员，包括个人利益在内的组织发展目标。其主要内容包括：提升规划，补充规划，开发训练规划与分配规划。

它的主要内容包括六项：职位任职条件的确定、职位目的的明确、上下级关系的确定、工作沟通关系的确定、岗位职责范围的确定以及职位考核评价。

1)职位任职条件的确定：具备什么条件的人才能担当此角色，即对任职人员的学历、工作经验、技能、知识水平、体能提出要求；

2)职位目的的明确：为什么设置该职位，它在组织结构中发挥怎样的作用；

3)上下级关系的确定：本职位的上级是哪个职位，下级是哪个职位，这些职位之间存

在着怎样的协调管理关系;

4)工作沟通关系的确定:本职位需要和组织内的哪些部门或者上级职位联系协调,在组织之外,需要和哪些部门联系;

5)岗位职责范围的确定:本岗位工作需要承担哪些责任,由谁负责,负责到什么程度;

6)职位考核评价:考核的内容是什么,考核的标准如何确定。

3. 软组织设计

建筑企业软组织设计就是对企业文化、企业形象等进行的设计或重新设计。它是硬件设计的保证,如果没有软件组织设计,硬组织将不会高效运行。

(1)建筑企业文化。建筑企业文化是企业在生存和发展中逐渐形成的,被组织成员认为有效而共享,并共同遵循的基本信念和认知。

(2)建筑企业形象。建筑企业形象是社会公众对企业、企业行为、企业各种活动所给予的整体评价和认定。良好的企业形象本身就是企业的一笔无形资产,是提高企业社会知名度的一大助力,能够使社会公众轻易地感受企业个性的震撼力,使全体员工产生信心和荣誉感。现代企业从领导水平到员工素质、从产品质量到新品开发、从环境建设到管理手段,无不体现着企业形象。建筑企业属于一般竞争性行业,企业形象竞争已成为其竞争策划中最为重要的部分,企业形象塑造和展示对企业发展和鹏飞有着不可替代的作用。

建筑企业组织
的发展方向

本章小结

建筑企业管理组织是围绕一项共同目标监理的组织机构,并对组织机构中的全体成员指定职位,明确职责,交流信息,并协调其工作,使其在实现既定目标的过程中获得最大效率。建筑企业组织管理是实现企业利润的组织保障,是建筑企业管理的基石。本章主要介绍了企业组织的概念、内容,企业组织设计的原则,建筑企业组织结构形式。

思考与练习

一、填空题

1. 一般来说,组织分_____和_____两层含义。
2. 企业的组织结构是指_____、_____和_____的模式。
3. _____是指各级行政单位除主管负责人外,还相应地设立一些职能机构。
4. 建筑企业组织设计的内容包含三个部分:即_____、_____及_____。

二、选择题

1. 下列不属于正式组织的特点的是(　　)。
   A. 目的性　　　　　　　　　B. 正规性
   C. 稳定性　　　　　　　　　D. 内聚性

2. 下列属于正式组织的特点的是(　　)。
   A. 自发性　　　　　B. 内聚性　　　　　C. 目的性　　　　　D. 不稳定性
3. 下列各选项中,不是组织设计的基本原则的是(　　)。
   A. 目标一致原则　　　　　　　　　　B. 分工协作原则
   C. 项目组织与企业组织一体化原则　　D. 效率原则
4. 职能制组织结构的主要优点是(　　)。
   A. 机构简单　　　　　　　　　　　　B. 权责分明
   C. 命令统一　　　　　　　　　　　　D. 专业化管理强
5. 下列关于直线职能制,正确的表述为(　　)。
   A. 组织结构简单,指挥系统清晰,权力集中,责权关系明确,决策、信息沟通迅速
   B. 有利于最高管理层摆脱日常行政事务,成为强有力的决策中心
   C. 能较好地解决组织结构相对稳定和管理任务多变之间的矛盾
   D. 下级除接受上级的领导,还要接受上级各职能部门专业化管理
6. 一般适用于那些产品单一、生产技术简单、无须按职能实行专业化管理的小型企业的组织结构的形式是(　　)。
   A. 矩阵制组织结构　　　　　　　　　B. 直线制组织结构
   C. 职能制组织结构　　　　　　　　　D. 事业部制组织结构

三、简答题

1. 什么是企业组织管理？企业组织管理的作用主要表现在哪几个方面？
2. 什么是直线职能制组织结构？其优点有哪些？
3. 企业组织设计应遵循哪些原则？
4. 什么是矩阵制组织结构？简述其优、缺点。

第三章　建筑企业战略管理

知识目标

1. 了解企业战略管理的概念与特征，熟悉建筑企业战略管理的意义，掌握建筑企业战略管理的类型及过程。
2. 熟悉建筑企业外部宏观环境分析，建筑企业所处的行业分析，建筑企业内部条件分析。
3. 熟悉建筑企业战略实施模型；掌握 SWOT 分析方法，建筑企业战略方案实施的步骤。

能力目标

1. 能进行企业战略管理类型的选择。
2. 能对建筑企业外部宏观环境与技术环境进行分析。
3. 能选择合理的建筑企业战略方案。
4. 能进行简单的 SWOT 分析。
5. 能运用所学企业战略的知识解决建设企业管理的相关问题。

第一节　建筑企业战略管理概述

一、企业战略管理的概念与特征

1. 企业战略

战略一词原来是军事学上的一个术语，是与战术一词相对而言的。其本意是基于对战争全局的分析、判断而做出的筹划和指导，后来泛指重大的、全局性的、左右胜败的谋划。

20世纪60年代，西方国家把战略一词引入经营学领域，形成企业战略这一概念。首先把战略与企业经营活动结合起来的代表人物是美国的管理学者安德鲁斯、钱德勒和安索夫等人。可以说，20世纪60年代，企业战略理论的基本框架已经基本形成。

企业战略的本质是运用系统论等整体思维方法，帮助企业在一定时期内和一定条件下，获取并确认局部或整体的竞争性成长优势。

2. 企业战略管理

企业战略管理是指对企业活动实行的总体性管理，是企业制定战略、实施战略、控制战略等一系列的管理活动，其核心问题是使企业的自身条件和环境相适应，以求得企业的生存和发展。

企业战略作为企业管理发展的最新分支，其特征主要表现在以下几个方面：

(1)全局性。企业战略是以企业全局为对象，根据企业总体发展的需要而制定的，它规定了企业的总体行为，从全局实现对局部的指导，使局部得到最优的结果，使全局目标得以实现。它所追求的是企业的总体效果，是指导企业一切活动的总体性谋划。

(2)长远性。企业在制定战略时要着眼于未来，对较长时期内(5年以上)如何生存和发展进行通盘筹划，站在长远的高度来实现既定目标。

(3)整体性。按照事物各部分之间的有机联系，把整体作为研究的对象，立足于整体功能，从整体和局部相互依赖、相互结合的关系中，揭示整体的特征和运动规律，发挥战略的整体优化效应，以达到预期的目标。

(4)风险性。风险性的实质是组织的变革，这种变革的正确与否关系到组织的生死存亡，具有很强的风险性，在制定企业战略的时候必须采取防范风险的措施。同时战略既是关于组织在激烈的竞争中如何与竞争对手进行竞争的行动方案，也是针对来自组织外部各个方面的压力所应对各种变化的方案，具有明显的抗争性。

(5)社会性。建筑企业的战略虽有自己的直接目的性和倾向性，但也是社会整体发展战略的重要组成部分，所以，它既要体现管理者和员工的利益，同时还要服从社会共同的长远利益，正确处理社会、企业和个人三者的利益关系。

二、建筑企业战略的类型

建筑企业战略通常可以分为企业总体战略、企业竞争战略、企业职能战略和企业人力资源管理战略四类。

(一)企业总体战略

企业总体战略决定和揭示企业的目的和目标，确定企业重大的方针与计划、企业经营业务类型和人文组织类型以及企业应对职工、顾客和社会作出的贡献。总体战略主要是决定企业应该选择哪类经营业务，进入哪些领域。企业总体战略还应包括发展战略、稳定战略和撤退性战略。图3-1 为企业总体战略示意。

图3-1 企业总体战略示意

1. 发展性战略

发展性战略是企业为了在原有基础上扩大范围、增强实力或为了进入新领域所采取的战略。其前提条件是：或有较大的资源投入；或外部环境发生或将要发生明显变化；或内部条件具有可利用外部机会的发展优势。发展战略又包括集中战略、一体化战略、多元化战略等多种形式。

(1)集中战略。集中战略也称集中生产单一产品或服务战略，是企业以快于过去的增长速度来增加销售额、利润额或市场占有率。执行这一战略的前提是将自己的经营业务集中在某一个确定的行业、产品或服务领域而获得发展的态势。如建筑企业根据市场环境和企业自身条件的分析，将本企业的人力、物力、财力、研发等资源集中于某类建筑工程产品或某种服务领域，以取得相对的竞争优势，占领一部分稳固的市场。

建筑企业在采用集中战略时，还应根据外部环境和企业自身条件等因素，来选择是以市场渗透方式，还是以市场开发方式或是以产品开发等方式来实现自己企业发展的模式。

集中战略在执行中也会存在一些缺点，如可能会因环境变化而带来较大的风险；由于产品和服务单一，限制了企业进一步的发展；企业资源不能充分发挥作用等。

(2)一体化战略。一体化战略是建筑企业在目前经营范围的基础上进行横向或纵向的扩展，包括前向一体化、后向一体化、横向一体化和企业集团战略。

采用这一战略的优势：一是将关键的生产过程或阶段纳入本企业，可减少风险或增加获利的可能性，如建筑企业通过后向一体化可以使企业摆脱建筑原材料供应商的压力，减少供应商利用市场机会而给企业造成原材料供应的不稳定性等；二是加强成本和质量的控制；三是发展规模经济和降低费用等。

采用一体化战略也会面临一些风险，如由于企业将业务链全部包括在企业内部而丧失了其经营的灵活性，增加了资本投资需求，企业内部的平衡也会出现问题，还会产生管理上的不协调等。

(3)多元化战略。多元化战略是企业同时提供两类或两类以上的产品或服务，是与集中战略相反的战略。

企业合理的多元化发展，特别是集中多元化的发展，可以充分挖掘企业的核心资源和核心能力，发展更多的业务，为企业提供更多的利润源泉。企业可以利用研发能力的相似性、原材料的共同性、施工生产技术及工艺等方面的关联性，充分发挥技术、资本等的作用，取得良好的经济效益和社会效益。

实施多元化发展战略同时也能分散企业的经营风险，提高企业的应变能力，加之由于技术进步的影响，导致一批以新材料、新技术、新工艺为特征的新兴产业的出现，这既为建筑企业向新的产业领域发展提供了机会，也为建筑企业实行多元化经营提供了丰富的物质基础，企业可以通过多元化发展战略，进入高增长、高收益、高附加值的新兴产业，以减轻日益严重的建筑市场的竞争压力。

与集中战略及一体化战略类似，多元化战略的实施也同样存在着风险，特别是当企业贸然采取不相关多元化战略时，这种风险很可能会增大到危及企业生存的境地。多元化战略实施可能产生的风险主要是：资源的分散配置，企业的资源是有限的，如果分散使用，就有可能无法在各个经营领域中获得普遍的竞争优势，从而败给各个竞争对手；运营费用增加，企业在进入另一个或多个产业领域时，必然要增加运营费用，企业必须有足够的费用投资来维持费用的增加，否则会对企业的正常运营造成巨大的冲击。此外，产业选择的错误及缺乏必要的人才资源等都是多元化经营需要面对的风险。

2. 稳定性战略

稳定性战略也称维持战略，是企业基本在原有战略的基础上保持稳定，不在战略上进行大幅度的调整。采用这种战略的建筑企业不需要改变战略方向和经营范围，只需按一定比例提高销售、利润等具体目标就可以了。

采用这种战略的企业，一般处在市场需求及行业结构稳定或者较小动荡的外部环境中，因而企业所面临的竞争挑战和发展机会都相对较少，但此时企业只要集中资源于原有的经营范围和建筑产品，并通过改进各部门、各项目经理部和员工的表现，就可保持和增加其竞争优势。

稳定性战略的优点主要表现在：企业经营的风险较小；能避免因改变战略而改变资源分配的困难；能避免因发展过快而导致的弊端；能给企业员工较好的休整期，使企业积聚更多的"能量"，以便为今后的发展做好准备等。

稳定性战略的缺陷主要表现在：稳定战略的执行以包括市场的需求、竞争格局在内的外部环境的基本稳定为前提，但这通常难以达到；特定细分市场的稳定战略往往也含有较大的风险；容易使企业的风险意识减弱，甚至形成惧怕风险、回避风险的企业文化，这就会大大降低企业对风险的敏感性、适应性和勇气，从而也增大了以上所述风险的危害性和严重性。

3. 撤退性战略

撤退性战略是指企业通过出让整个企业或企业的一部分，停止企业的全部或部分经营活动的战略。实施撤退性战略的主要目的是通过有计划的退出过程，使企业能够更多地收回投资。

企业采用撤退性战略的原因很多，如退出前景不佳的经营领域、突出主营业务、改善财务状况、为进入新的业务领域做准备等。

撤退性战略的优势主要表现在：能帮助企业在外部环境恶劣的情况下节约开支和费用，顺利地度过当前所面临的困境；能在企业经营不善的情况下最大限度地降低损失；能帮助企业更好地实行资产的最优组合和配置。撤退性战略也存在着不利之处，如实行撤退的尺度较难把握，可能会引起企业内部人员的不满，从而引起员工情绪的低落，使企业的整体利益受到伤害等。

(二)企业竞争战略

企业竞争战略又称企业经营战略，主要解决企业如何选择其经营的行业和如何选择在一个行业中的竞争地位的问题，包括行业吸引力和企业的竞争地位。行业吸引力是指由长期营利能力和决定长期营利能力的各种因素所决定的各行业对企业的吸引力，一个企业所属行业的内在营利能力是决定这个企业营利能力的一个重要因素。同时在一个行业中，不管其平均营利能力怎样，总有一些企业因其有利的竞争地位而获得比行业平均利润更高的收益，这就是企业的竞争地位。

美国哈佛大学工商管理学院教授迈克尔·波特提出三种可供采用的一般竞争战略，即成本领先战略、差异化战略和专一经营战略。

1. 成本领先战略

成本领先战略是指企业在提供相同的产品或服务时，其成本或费用明显低于行业平均水平或主要竞争对手的竞争战略。或者说，企业在一定时期内为用户创造价值的全部活动的累计总成本，低于行业平均水平或主要竞争对手的水平。

有些行业中竞争者很多，可能会出现多个总成本领先企业。这些企业相对于任何竞争对手而言，都不具有绝对的成本优势，但相对于差异化的竞争对手而言，它们又是以低成本为基础的。在这种情况下，企业采取的竞争战略是低成本战略。由于任何一个企业都不具有绝对成本优势，这时，企业在价格竞争中往往会很慎重，以防引起价格战。较好的策略是行业内企业都采用成本加成法，以确保合理利润。同时，还应采取各种方法降低成本、增收节支、创造更多的利润源。

成本领先战略的优势在于：一是使企业能够在相同的规模经济下，获得最大的营利，或累积更多的发展资金，或在不利的经营环境中具有更强的讨价还价的能力；二是其具有可维持性，即相对稳定性，主要是指竞争对手在一定时间内难以达到或接近的成本水平。采取成本领先战略的劣势在于：竞争者可能会进行效仿，这会压低整个产业的盈利水平；本产业技术上的突破可能会使这一战略失效；购买者的兴趣可能会转移到价格以外的其他产品特征上。

2. 差异化战略

差异化战略，又称为产品差异化战略、别具一格战略等。与成本领先战略形成鲜明对比，差异化战略更直接地强调企业与用户的关系，即通过向用户提供与众不同的产品或服务，为用户创造价值。在差异化战略的指导下，企业力求就客户广泛重视的一些方面在产业内独树一帜。它选择被产业内许多客户视为重要的一种或多种特质，并为其选择一种独特的地位以满足客户的要求，它因其独特的地位而获得溢价的报酬。

差异化战略的优点主要表现在：建立起用户对建筑产品或服务的认识和信赖，当其价格发生变化时，用户的敏感程度就会降低；差异化战略产生的高边际收益增强了企业与原材料供应商的讨价还价能力等。

采取差异化战略的一种风险是，用户对某种特殊产品价值的认同与偏好不足以使其接受该产品的高价格，在这种情况下，成本领先战略会轻而易举地击败差异化战略；另一种风险是竞争者可能会设法迅速模仿产品的差异化特征。公司必须长久地保持产品的独特性，使这一独特性不被竞争公司迅速而廉价地模仿。

3. 专一经营战略

专一经营战略又称重点战略，它着眼于在产业内一个狭小空间内作出选择。这一战略与其他战略相比迥然不同。采取重点战略的企业选择产业内一个或一组细分市场，并量体裁衣使其战略为选定的市场服务而不是为其他细分市场服务。通过为其目标市场进行战略优化，采取重点战略的企业致力于寻求其目标市场上的竞争优势，尽管它并不拥有在全面市场上的竞争优势。

当用户有独特的偏好或需求，以及当竞争公司不想专业化于同一目标市场时，专一经营的重点战略最为有效。采取重点专一经营战略的公司将经营目标集中于特定消费者群体、特定地域市场或特定规格的产品，从而能够比服务于更广泛市场的竞争者更好地为特定的细分市场服务。

采用重点经营战略的风险在于，一旦竞争结构改变或消费者的需求偏好改变，则会给企业的经营带来很大的经营风险。

(三)企业职能战略

企业职能战略是为实现企业总体战略和经营战略,对企业内部的各项关键的职能活动作出的统筹安排。企业的职能战略包括财务战略、施工技术发展战略、人力资源战略等。职能战略应特别注重不同的职能部门如何更好地为各级战略部门服务,从而提高组织效率的问题。

1. 建筑企业财务战略

建筑企业财务战略就是在对现有的资金市场充分分析和认识的基础上,根据企业实际财务状况,选择企业的投资方向,确定融资渠道和方法,调整企业内部财务结构,保证建筑企业经营活动对资金的需要,以最佳的资金利用效果来帮助企业实现战略目标。

建筑企业财务战略的确定方法:一是外部财务环境分析,即企业从外部筹集资金和投资活动的可能性与影响因素,企业或其他机构之间的资金往来关系或资金市场状况等;二是企业内部资金条件分析,是在对企业内部资金流动和积累及企业的财务结构和状况等进行充分分析的基础上,为适应复杂的外部环境,在企业总体战略的指导下,制定出适合本企业特点的财务战略。

企业财务战略主要包括筹资战略、投资战略、利润分配战略、财务结构战略。

(1)筹资战略。筹资战略主要是根据建筑企业经营的实际需要量,针对现有的筹资渠道,选择资金成本最低的筹资方案,即在筹资数额、期限、利率、风险等方面统筹考虑,选出满意的答案。筹资战略的具体内容包括资金成本分析、筹资结构分析、筹资方法的选择、施工机械设备租赁分析等。

(2)投资战略。投资是将资金物化为资产的一种活动,是为了获取资金增值或避免风险而运用资金的一种活动。其需要确定的是决定企业基本结构的固定资产投资和维持施工生产所必需的流动资产的投资。

投资战略内容的设定是基于一定假设的,即:各种备选的投资方案是可以预见的;各种投资方案预知的内容是分析决策的依据;决策的目标是最大限度地增加企业收益。其具体内容包括投资战略决策方法的确定、固定资产投资策略的确定及流动资产投资策略的确定等。

(3)利润分配战略。建筑企业的税后利润按道理是归股东所有的,但这并不意味着股东们要按照他们的股份分享所有的利润,原因是股东大会或董事会有权决定利润部分或全部留在企业。有关利润分配政策,不同的建筑企业之间差别较大,其是企业眼前利益和长远利益的矛盾所在。

利润分配战略所要解决的利润分配问题主要包括利润的再投资、通货膨胀与股利、合理的利润留成、利润分配政策的制定、股利政策的制定、股票拆细政策、股票回购政策等。

(4)财务结构战略。财务结构是指企业全部资产的对应项目,即负债和权益的具体构成,它们相互之间各种比例关系的总和。

财务结构战略主要是在对建筑企业当前财务结构有正确估价的基础上,结合企业的经营现状,通过调整各种比率、杠杆,确定最有助于企业战略目标实现的财务结构。财务结构战略的主要内容应包括流动性比率、资产管理比率、获利能力比率及保障比率等的分析;经营杠杆、财务杠杆及综合杠杆程度的分析等。

2. 施工技术发展战略

建筑企业的发展应当依靠技术，因为生产技术是第一生产力。技术发展战略既要包括技术改造战略，又要包括技术引进战略，还要包括技术开发战略。只有各项分战略的成功实施，才能使建筑企业施工技术的综合水平得到提高，从而促进企业的不断发展。

(1)施工技术改造战略。施工技术改造战略实际上是走内涵式发展的道路，是增强企业实力最有效的途径。施工技术改造战略是从改造落后的施工设备，提高装备水平；改进传统施工工艺；改进原有产品，加快新产品的设计开发；改善施工项目管理手段，促进科技管理等四个方面入手。

(2)施工技术引进战略。施工技术引进战略是指企业由于发展的需要，从其外部学习、购买或合作取得新技术，从而使企业的技术发展走上捷径。施工技术引进战略包括引进施工技术知识、施工技术装备，购买施工技术专利、进行学术交流和施工技术合作等，它可以有效地节省时间、人力和资金。

(3)施工技术开发战略。施工技术开发战略是指企业利用基础研究，应用研究成果或已有的知识，通过实验开发出新产品、新材料、新设备、新技术、新工艺，使企业拥有自主产权的施工技术。建筑企业的技术开发领域主要集中于大型施工机械、混凝土搅拌及输送机械、高层建筑施工技术、钢结构技术、智能建筑技术、节能绿色生态建筑技术、地下施工技术、预应力技术、大型施工设备和特种结构安装技术、现代化管理技术等。

(四)企业人力资源管理战略

人力资源管理(简称 HRM)战略是建筑企业职能战略的重要组成部分。它是从企业战略的总体思路出发，研究在人力资源开发和管理方面的一系列战略问题，从发挥企业员工作用的角度，配合企业总体战略，对人力资源管理活动所做出的长远性谋划。

人力资源管理战略的总体模型如图 3-2 所示。

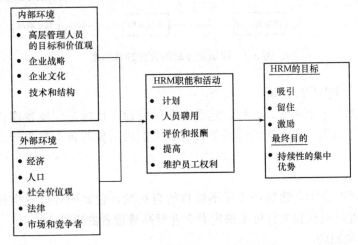

图 3-2　人力资源管理战略的总体模型

三、建筑企业战略管理的意义

(1)有利于建筑企业建立长远的发展方向和奋斗目标。战略管理的一个重要特点就是不断适应环境变化，调整企业战略或实施新的战略，从而把握企业未来的发展。它要求企业管理人员必须具有战略的思想和理念，通过一系列战略决策和行动，保证企业经营朝着有利的方向长期稳定地发展。

（2）有利于建筑企业明确自己在市场中所处的地位，制定并实施有效的战略，强化企业的竞争能力。为了能使建筑企业不断适应市场需求和日益激烈的竞争局面，建筑企业应对关系到企业全局和长远发展的生产经营活动进行通盘谋划，及时捕捉、利用外部环境的有利变化给企业所提供的良好时机，在竞争中求得生存和发展。

（3）有利于建筑企业全面推行现代化管理。建筑企业在制定和实施企业战略的过程中，能够把管理思想、管理组织、管理人员、管理方法、管理手段等方面的现代化结合成为一个有机的整体，全面提高建筑企业的管理现代化水平。

（4）有利于提高建筑企业的营利能力和经济效益。企业实行战略管理可以提高自己的经营成果，大大超过自己以前未实行战略管理的经营成果。

四、建筑企业战略管理的过程

战略管理是决定企业将采取何种战略的决策过程，也是一个计划实施和评估的过程，图 3-3 为建筑企业战略管理过程示意图。

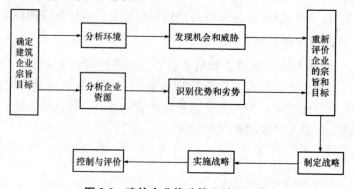

图 3-3　建筑企业战略管理过程示意

1. 确定建筑企业宗旨、目标

每一个企业都有一个宗旨、目标，建筑企业的宗旨、目标是促使管理者仔细确定建筑企业的产品和服务范围，即生产能够满足社会和人们所需要的各类建筑产品并提供优质的服务。

2. 环境分析

在现今的经济社会中，建筑企业是不能自给自足的，它要同环境发生相互作用，并受环境的影响。企业环境在很大程度上决定着企业最高管理者的决策。

3. 发现机会和威胁

环境的变化对建筑企业来说是机会还是威胁，取决于建筑企业所控制的资源，在分析了环境之后，建筑企业的管理者需要评估有哪些机会可挖掘，以及企业可能面临哪些威胁。

4. 分析企业的资源

分析建筑企业的资源，需要考虑这些因素，即企业的现金状况、施工人员的技术力量、新工艺、新技术、新材料开发、应用能力、施工质量和服务的水平等因素。

5. 识别优势和劣势

在分析建筑企业所拥有资源的基础上，管理者应识别出本企业在与同行竞争中所具有的优势及所存在的问题。在充分发挥自己优势的同时，通过资源的有效整合弥补自身的不足，提高自身整体的竞争能力。

6. 重新评价企业的宗旨和目标

把企业的优势和劣势、机会和威胁分析结合在一起，对企业的机会再评价，以便发现企业可能发掘的细分市场，进一步理清建筑企业的组织目标和宗旨。

7. 战略制定

战略制定的主要目的是寻求企业的恰当定位，获取领先于竞争对手的相对优势，以能够充分利用建筑企业的资源和企业外部环境的机会为准则，制定符合要求且可供选择的战略方案。

8. 实施战略

实施战略是战略制定决定性的一环，无论建筑企业的战略计划制定得多么有效和完善，如不能恰当地实施，仍存在其战略失败的可能。

9. 战略的控制与评价

建筑企业的最高管理层要对战略的实施效果进行评价，找出战略计划的成功与不足之处，进一步总结经验，寻求调整方法。

建筑企业战略管理的必要性与紧迫性

第二节 建筑企业战略形势分析

建筑企业战略形式分析主要包括企业外部宏观环境分析、企业所处的行业分析及企业内部条件的分析。

一、建筑企业外部宏观环境分析

建筑企业外部宏观环境是指那些来自企业外部并对企业战略产生影响、发生作用的所有不可控因素的总和。建筑企业外部的宏观环境分析可分为经济、社会、政治、技术四个方面，其分析的主要意义是确认和评价经济、社会、政治、科技等宏观因素对企业战略目标和战略选择的影响。

1. 经济环境

经济环境是指构成企业生存和发展的社会经济状况及国家经济政策的多维动态系统。经济环境主要由社会经济结构、经济发展水平、经济体制和宏观经济政策四个要素构成。一个企业经营的成功与否，在很大程度上取决于整个经济的运行状况。对于经济环境的分析，关键是要考察以下几点：

(1) 了解国际和国内建筑行业的发展趋势。

(2)国家的建设投资变化情况及其预测。
(3)国际、国内汇率的变化和银行贷款利息的变化。
(4)能源、原材料价格的变化。
(5)工程建设(承包)中的风险量大小。
(6)治理污染占用资金的多少。
(7)国家或地区经济政策的变化。

2. 社会环境

社会环境主要是指人们价值观的变化,它对建筑企业的影响不可忽视。改革开放后的市场经济环境使人们的价值观发生了很大的变化。人们对生活的质量要求提高了,对住房和社会基础设施及福利设施的要求也随之提高。同时,买方和卖方的关系也在不断发生变化,"为用户服务"是每个企业经营者必须牢记的宗旨。

3. 政治环境

政治环境是指那些制约和影响企业的政治要素的总和。政治是一种十分重要的社会现象,政治因素及其运用状况是企业宏观环境中的重要组成部分。政治环境中对企业起决定、制约和影响作用的因素主要有政治局势、政党、政治性团体、地方政府的方针政策等。

政治环境对建筑企业行为的影响比较复杂。有些政府行为对企业的活动有限制性作用,但也有些对企业有着指导作用和积极的影响。一般来说,政府主要通过制定一些法律和法规来间接影响建筑企业的活动,通过制定如《中华人民共和国建筑法》《中华人民共和国合同法》《中华人民共和国招标投标法》《中华人民共和国安全生产法》等法律法规来规范建筑市场。因此,建筑企业制定战略时必须服从这些法律和法规的要求。

4. 技术环境

技术环境是指一个国家和地区的技术水平、技术政策、新产品开发能力以及技术发展动向等。在衡量技术环境的诸多指标中,整个国家的研究开发经费总额、企业所在产业的研发支出状况、技术开发力量集中的焦点、知识产权与专利保护、实验室技术向市场转移的最新发展趋势、信息与自动化技术发展可能带来的生产率提高前景等,都可以作为关键战略要素进行分析。

二、建筑企业所处的行业分析

建筑企业所处的行业分析主要是从行业性质与行业竞争结构两方面分析,其主要内容是分析建筑行业中的企业竞争格局以及本行业和其他行业的联系。

(一)建筑行业性质分析

企业所处的行业性质是企业需要面对的最直接、最重要的环境。企业首先要判断自己所处行业是否存在发展的机会,根据行业寿命周期来判断行业所处的发展阶段。行业的寿命周期是一个行业从出现直到完全退出社会经济领域所经历的时间。行业寿命周期主要包括导入期、成长期、成熟期和衰退期四个阶段。行业寿命周期曲线的形状是由社会对该行业的产品需求状况决定的。行业是随着社会某种需求的产生而产生,又随着社会对这种需求的发展而发展,最后,当这种需求消失时,整个行业也就随之消失,行业的寿命即告终止。行业的寿命周期长则达数百年,短则也有几十年。

判断行业处于寿命周期的哪个阶段,可以用市场增长率、需求增长率、产品品种、竞争者数量、进入(或退出)行业的障碍、技术变革和用户购买行为等作为分析指标。

(二)建筑行业竞争结构分析

建筑行业的结构及其竞争性决定着建筑行业的竞争原则和建筑企业可能采取的战略,因此,行业竞争结构分析是建筑企业制定战略的最主要的基础。

迈克尔·波特在其所著的《竞争战略》一书中提出:一个行业的竞争,远不止在原有竞争对手中进行,而是存在着五种基本的竞争力量,即潜在的行业新进入者、替代产品的威胁、供应商的讨价还价能力、买方讨价还价能力及行业内现有企业间的竞争,如图3-4所示。这五种基本竞争力量的联合强度影响和决定了企业在行业中的最终营利潜力,为此,企业如果想在市场上取得竞争优势,就必须首先对这五种基本的竞争力量进行分析。

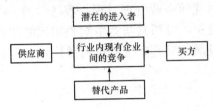

图3-4 波特的产业竞争力模型

1. 行业潜在进入者的威胁

行业外准备或正在进入某行业的企业称为潜在进入者。由于潜在进入者加入建筑行业会带来生产能力的扩大,带来对市场占有率的要求,必将引起建筑行业现有企业的激烈竞争,使建筑产品的价格下降,并加剧在建筑原材料、人才等资源方面的争夺而导致成本增加。潜在进入者的威胁状况取决于建筑行业的进入障碍和原有企业的反击程度。

2. 行业内现有企业的竞争

现有企业间的竞争是指行业内各企业之间的竞争关系和程度。不同行业的竞争激烈程度不同。如果一个行业内主要竞争对手基本上势均力敌,无论行业内企业有多少,行业内部的竞争必然激烈,在这种情况下,某个企业想要成为行业的领先企业或保持原有的高收益水平,就要付出较高的代价;反之,如果行业内只有少数几个大的竞争对手,形成半垄断状态,企业间的竞争便会趋于缓和,企业的获利能力就会增大。

3. 购买者讨价还价的能力

建筑企业的顾客是业主。在建筑市场属于买方市场的条件下,业主往往压价承包工程,并且还要求高质量的施工和优质的服务,其结果是使得建筑行业内的竞争者们相互竞争残杀,导致行业利润下降。因此,建筑企业必须了解、分析顾客的状况,预测市场规模的演变,充分了解顾客需求的内容、趋势及特点,顾客的规模结构、消费心理、习俗及层次,应用产品、价格、销售渠道及促销手段等营销组合来满足用户的要求;同时要借助国家法律、法规的力量和政府监督的力量,以维护企业的合法权益。

4. 供应商讨价还价的能力

任何行业中以满足物资需要为己任的供应商都会想尽办法使对方在价格、质量、服务等方面满足自己的要求,使自己获得更高的收益,这就是供应商的砍价能力或称作供应商的讨价还价能力。

5. 替代品的威胁

替代品是指那些与本行业的产品有同样功能的其他产品。替代品的价格如果太低，其投入市场就会使本行业产品的价格上限处于较低的水平，这就限制了本行业的收益。

三、建筑企业内部条件分析

建筑企业内部条件分析是指在一定的外部环境下，分析本企业所具备的内部条件，重点找出相对于竞争对手的优势和劣势，目的是制定出能够发挥企业优势、避免企业劣势的战略。

(一)建筑企业内部条件分析的内容

内部条件分析主要包括对建筑企业管理过程、市场营销、财务能力、施工生产、人员素质、研究与开发等方面的分析，分析其与竞争对手相比的优势和劣势。成功的战略管理要求来自企业内部所有职能领域的管理者之间的有效协调、沟通与理解，并了解本企业其他业务领域的决策。

1. 管理过程分析

管理过程渗透在建筑企业的一切工作之中，可分为计划、组织、指挥、控制、协调、领导及激励等职能，所以，分析管理过程是否有效，重点是分析各项工作是否有效地支持战略，各职能部门是否可以有效地配合。管理过程分析要求对下述问题做出回答，以检验建筑企业在管理方面的优势与劣势。

(1)公司是否有明确的战略管理思想？
(2)公司是否有一系列相互配合的近期和远期目标？
(3)公司的战略是否分解为各层次、各部门的执行计划？
(4)各层次、各部门的工作是否有效协调，共同支持战略的实现？
(5)组织结构是否适应战略？
(6)责任与权力的划分是否明确和规范？
(7)利益分配是否合理并明确？
(8)职工的积极性如何？
(9)工作中的偏差是否及时被发现并得到纠正？

2. 营销分析

建筑企业的营销分析主要包括市场定位分析、营销组合分析和市场调研三方面的内容。

(1)市场定位分析。市场定位分析主要是分析建筑企业的市场定位是否准确，产品和服务是否对准了目标市场，是否明确了企业的顾客群的特点等。

(2)营销组合分析。建筑企业的营销组合分析是指对建筑产品、价格、营销渠道和促销手段的组合是否合理有效而进行的分析。

(3)市场调研。建筑企业市场调研一般应包括：本企业的市场占有率；本企业的市场份额与竞争对手的差别；企业的市场形象；当前市场的需求和潜在市场的需求；建筑行业的发展潜力；竞争者的营销策略；地区建筑市场的需求等。

3. 财务分析

建筑企业的财务分析主要包括建筑企业财务管理水平分析和建筑企业财务状况分析两种内容。

(1)建筑企业财务管理水平分析。根据建筑企业的战略要求，保证有效的资金来源、资金使用和资金控制，决定资金筹措的方法和资金分配。

(2)建筑企业财务状况分析。判断建筑企业的实力和对投资者吸引力大小的最好办法是进行财务状况分析。了解企业在财务方面的状况，对于有效地制定建筑企业战略具有十分重要的意义，企业的偿债能力、销售利润率、现金流、负债比率等可能排除许多本来是可行的战略选择。企业财务状况的恶化也会导致战略实施的中止和现有企业战略的改变。

4. 施工生产分析

建筑企业的施工生产过程是企业将投入(原材料、劳动、资本等)转化为建筑产品和服务的一系列过程。施工生产管理包括施工生产准备管理、施工生产过程管理、施工生产能力管理、库存管理和质量管理等。

进行施工生产分析需要考虑如下问题：

(1)原材料、构配件的供应是否质量可靠、低价合理？

(2)施工生产流程是否合理，施工生产工艺是否先进？

(3)施工生产能力与建设生产任务是否平衡？

(4)建筑企业质量管理体系是否有效？

(5)建筑材料库存是否合理？

(6)施工生产设备运行是否良好？

5. 研究与开发

建筑企业的研究与开发包括新产品、新工艺、新技术及新材料等方面的研究与开发，其主要目的是提高工程质量或改进施工工艺以降低成本。分析建筑企业的研究与开发状况需要考虑如下问题：

(1)企业是否有足够的研究与开发设施？

(2)研究开发人员的能力如何？

(3)现有的施工生产技术是否具有竞争力？

(4)研究开发部门与企业的市场部门、施工生产部门是否能够进行有效的沟通？

(5)是否建立了有效的管理信息系统？

(6)研究开发的经费投入为多少？

(7)研究开发的成本是否合理？

(二)建筑企业能力分析

企业能力是指能够把企业的资源加以统筹整合以完成预期的施工生产任务和目标的技能。企业的能力集中体现为管理能力，没有能力，资源就很难发挥作用，也难以增值。

建筑企业既要分析资源状况，更要分析能力水平，如投标能力、施工能力、研发能力等，但也应该注重提升自身的综合能力。

建筑企业能力分类

第三节 建筑企业战略的制定、实施与控制

一、建筑企业战略的制定

建筑企业战略制定本身有其具体过程，其模式如图3-5所示。战略制定的重点在于对现有战略的分析。

(一)建筑企业使命的确定

对一个建筑企业来说，通过确定自身的使命，可以明确企业的整体定位，从而增加员工的自信心，明确企业的长期发展方向，突出业务主干，加强核心能力的建设和创新，使企业的"共同愿望"得到发展，增强全体员工的使命认同感，合理处理企业内部矛盾。

企业使命包括两个方面的内容，即企业哲学和企业宗旨。

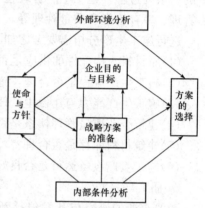

图3-5 战略制定的过程模式

(1)企业哲学是指一个企业为其经营活动方式所确立的价值观、态度、信念和行为准则，是企业在社会活动及经营过程中起何种作用或如何起这种作用的一个抽象反映。企业哲学的主要内容通常由处理企业经营过程中各种关系的指导思想、基本观点和行为准则所构成，如关于企业与社会关系的观点；关于企业与外部关系(用户、竞争对手、供应商等)的观点；关于企业与雇员关系的观点等。

(2)企业宗旨是指企业现在和将来应从事什么样的事业活动，以及应成为什么性质的企业或组织类型。明确企业宗旨的作用就在于，如果没有具体的宗旨，就不可能制定出清晰的战略目标和达成目标的战略。在确定企业宗旨时，企业的高层管理者要避免两种倾向：将企业宗旨确定得过于狭窄和过于空泛。

(二)建筑企业目的和目标的确定

企业目的是企业根据自己的使命，在某方面要达到的宏观结果，这种结果指明了企业在某方面的努力方向。企业目标是建筑企业为了实现某种目的，在未来一段明确的时间内所要达到的具体结果。企业目标是由目的分解而成，一般用数字表达，内容具体，是连接目的与企业日常经营活动的纽带。

(三)建筑企业战略方案的准备与选择

1. 企业战略方案的准备

企业战略方案的准备，是指要将一系列可行的战略方案都列出来，以备进一步选择。在进行选择时主要有组织方法与SWOT两种方法。

(1)组织方法。组织方法一般是指企业最高层负责人，在充分搜集各方面信息、听取各

方面意见的基础上，按民主集中制的原则进行选择。

(2)SWOT方法。SWOT方法是制定企业战略的最基本的思路和方法。建筑企业在制定企业战略时，要在对外部环境和内部条件进行充分分析的基础上，将外部环境与内部条件因素进行匹配，制订出企业可行的备选方案。SWOT分析，就是对企业所面临的机会和威胁、优势和劣势进行综合分析。其中，S代表企业的优势，W代表企业的劣势，O代表企业的机会，T代表企业外部的威胁。不同的建筑企业，其施工技术工艺、有形资产、无形资产、组织资产、人才资源、施工能力、市场等方面的影响的差异使每个建筑企业具有不同的内部优势和劣势。建筑企业之间的这些差异就是使企业在竞争中处于不同地位的因素。抓住外部的机会，发挥企业的自身优势，两者结合使企业的资源发挥出最大的能力，获取最佳绩效；回避外部的威胁，克服自身的劣势，把这两者对企业的影响减到最小。

进行SWOT分析，可以分为不同的方面来进行，也可有不同的侧重点。

1)优势—机会(SO)分析。将企业的内部优势与外部机会相组合进行分析。目的是制定进攻型战略，所有的企业都要千方百计地利用自己的内部优势去抓住和利用外部的发展趋势与事件所提供的机会。

2)劣势—机会(WO)分析。将建筑企业内部劣势与外部机会相组合进行分析。目的是通过利用外部机会来弥补劣势。适用这一战略的基本情况是，存在外部机会，但企业有一些内部的劣势而妨碍着它利用这些外部机会。

3)优势—威胁(ST)分析。将建筑企业的内部优势与外部威胁相组合进行分析，目的是利用本企业的优势来回避或减轻外部威胁的影响。

4)劣势—威胁(WT)分析。将建筑企业的内部劣势与外部威胁相组合进行分析，目的是减少内部劣势，回避外部环境威胁。这是为了制定防御型战略而进行的分析。

SWOT分析的形式可以用表3-1的表格来进行。

表3-1 SWOT分析表

	列出优势 1. 2. 3.	列出劣势 1. 2. 3.
列出机会 1. 2. 3.	SO分析 如何：发挥优势 利用机会 获得发展	WO分析 如何：利用机会 克服劣势
1. 2. 3.	如何：利用优势 回避威胁	如何：减少劣势 回避威胁 做好防御

通过SWOT分析方法只是选出企业可行的备选战略，而不是选择或确定的最终方案。在此基础上，建筑企业决策者通过战略制定过程来确定最终所采取的战略。

2. 企业战略方案的选择

根据战略管理的基本原理，在选择战略方案时必须综合考虑建筑企业的外部环境、内部能力和企业方向，使三者达到动态平衡，为此应遵循如下原则：

(1) 与外部环境相一致的原则。建筑企业的战略方案首先要与外部环境相一致，符合外部环境的变化趋势，利用外部环境提供的机会，避免外部环境的威胁。

(2) 发挥建筑企业的内部优势原则。战略方案要能利用企业的核心专长，充分发挥企业的内部资源、企业文化、地理位置等竞争优势，并尽可能避免内部劣势。

(3) 符合建筑企业的总方向原则。按照企业方向层次的概念，战略方案要符合建筑企业的使命，与企业目的和目标相互协调。

二、建筑企业战略的实施

（一）建筑企业战略实施模式

对企业来说，选择好战略实施模式至关重要。一般来说，战略实施有指令型、转化型、合作型、文化型、增长型五种，见表3-2。

表3-2　五种战略实施模型

模型	企业总经理所研究的战略问题	总经理的角色
指令型	如何制定出最适合的战略	理性行为者
转化型	战略已考虑成熟，如何实施	设计者
合作型	如何能使高层管理人员从一开始就对战略承担自己的责任	协调者
文化型	如何使整个企业都保证战略的实施	指导者
增长型	如何激励管理人员去执行完美的战略	批判者

1. 指令型

指令型模式具有极为正式的集中指导的倾向，战略的实施靠的是最适合的战略和有权威的日常指导。该模式在战略中较易实施，企业已掌握了准确的信息并作了大量的分析，在有较客观的高素质规划人员的情况下，能够使战略得到较好的贯彻。该模式的缺点是把决策者与执行者分开，很容易产生执行者缺乏动力和创造精神的现象。

2. 转化型

转化型模式是从指令型转变而来的。该模式十分重视运用组织结构、激励手段和控制系统来促进战略的实施。它在原有的分析工具的基础上增加了三种行为科学的方法：一是利用组织机构和参谋人员明确地传递企业优先考虑的事物信息，把注意力集中在所需的领域；二是建立规划系统、效益评价及激励补偿等手段，以便支持实施战略的行政管理系统；三是运用文化调节的方法促进整个系统发生变化。该模式的缺点是：过分强调组织体系和结构，有可能失去战略的灵活性。因此，该模式较适合于环境确定性较大的企业。

3. 合作型

合作型模式把战略决策范围扩大到企业最高管理集体之中，调动了高层管理人员的积极性和创造性。协调高层管理人员成为总经理的工作重点。由于战略是建立在集体智慧的基础上，因而提高了战略实施成功的可行性。它的缺点是：战略是不同观点、不同目的的参与者协商的产物，可能会降低战略的经济合理性。这种模式比较适合于复杂而又缺乏稳定性环境的企业。

4. 文化型

文化型模式是把合作型的参与成分扩大到了整个企业的较低层次，力图使整个企业人员都支持企业的目标和战略。在这种模式中，总经理起指导者的作用，通过灌输一种适当的企业文化，使战略得以实施。这种模式的局限性是：企业的职工必须有较高的素质；企业采用这一模式要消耗较多的人力和时间；强烈的企业文化可能会掩盖企业中的某些问题。

5. 增长型

增长型模式中，企业的战略是从基层单位自下而上地产生。它的关键是激励管理人员的创造性来制定和实施完善的战略，使企业的能量得以发挥，并使企业实力得到增长。因此，采用这一模式对总经理的要求很高，其要能正确评判下层的各种建议，淘汰不适当的方案。

从实践来看，上述的五种模式并不相互排斥。从某种意义上讲，它们可能只是在形式上有所区别。一个稳定的企业可能对各种模式都感兴趣，只不过各有不同的侧重。这些模式中的任何一种都不可能适用于所有企业。建筑企业运用哪些模式，主要还是要取决于建筑企业本身条件、发展变化的速度以及目前的文化状态。

(二)企业战略方案实施的步骤

选择好战略实施的模式后，战略方案的分解和组织机构的调整就成了战略实施最重要的两项工作。

1. 战略方案的分解

要使战略得以实施，必须把战略方案分解，使每一个建筑企业的员工都明确自己在战略中的地位，明确自己的任务和职责。战略方案的分解主要包括空间分解、时间分解和综合协调三种。空间分解，即把战略方案的内容分解给各个职能部、项目经理部，再由他们逐层分解到岗位和个人，形成一个层层目标明确、岗位职责清晰的责任体系与目标体系相结合的矩阵结构系统。时间分解，即把战略方案的长期目标，从时间上分解成一个个短期目标，明确规定什么目标，到什么时候完成到什么程度，以便于实施，便于检查。综合协调，即按照时间的同步性和空间的合理性结构，进行综合平衡和系统协调。

2. 组织机构的调整

组织机构与管理体制，是实现战略目标的重点保证，是连接战略方案与各个实施部门、岗位和个人的纽带，是实现战略目标的基础。组织机构与管理体制问题是一个带有战略性的复杂问题，上述内容在前面的章节已详细讨论过，这里需进一步强调的是，建筑企业的组织机构和管理体制必须适应战略任务的需要，必须随战略任务的变化而调整，否则战略目标的实现就会落空。

三、建筑企业战略的控制

战略控制是把战略执行过程中所产生的实际效果与预定的目标和评价标准进行比较，评价工作业绩，发现偏差，采取措施，以达到预期的战略目标。企业的战略控制是保证战略实施的一个重要环节。建筑企业战略控制的主要步骤如下：

(1)确定目标。建筑企业管理部门在战略方案执行以前就要明确而具体地指出企业的战略总目标和阶段目标，并将此目标分解给下属各职能部门、施工项目经理部，使其既具有一个确定的奋斗方向，又有一个阶段的分目标。

(2)确定衡量工作成果的标准。衡量标准或评价标准是工作成果的规范,是从一个完整的战略方案中选择出的对工作成员进行计量的一些关键点,其用来确定企业各级是否达到战略目标和怎样达到战略目标。评价标准应包括定性的标准和定量的标准两个方面。

(3)建立报告和通信等控制系统。报告和通信系统是建筑企业进行控制的中枢神经,是收集信息并发布指令所必需的,这对于一个大型总承包企业尤为重要。没有一个报告和通信系统,企业就不可能获得进行分析和决策所需要的充足而及时的信息。

(4)审查结果。建筑企业要对收集到的信息资料与既定的企业评价标准和企业战略目标进行比较和评价,找出实际活动成效与评价标准的差距及其产生的原因。这是发现战略实施过程中是否存在问题和存在什么问题,以及为什么存在这些问题的重要过程。

(5)纠正偏差。通过对结果的审查,如果达不到所期望的水平,则企业应采取纠正措施。纠正措施应视问题的性质和产生的原因而定,不一定是责令问题所在部门改变实施活动或行为,也可能是调整评价标准或企业目标以及该部门的分目标。总之,在企业战略的控制过程中,从着手纠正到完成纠正之间往往存在一个时滞,建筑企业的经营地域越分散,跨文化经营越多,组织规模越大、越复杂,这种时滞也就越长。

本章小结

建筑企业战略是以企业未来发展为基点,为寻求和维持持久的竞争优势而做出的有关全局的重大筹划和谋略。本章主要介绍了建筑企业战略管理的概念、企业战略的类型、SWOT分析方法、战略实施模式及控制等内容。

思考与练习

一、填空题

1.＿＿＿＿＿＿主要是决定企业应该选择哪类经营业务,进入哪些领域。

2.企业竞争战略主要解决企业如何选择其经营的行业和如何选择在一个行业中的竞争地位的问题,包括＿＿＿＿＿＿和＿＿＿＿＿＿。

3.建筑企业战略形式分析主要包括＿＿＿＿＿＿、＿＿＿＿＿＿及＿＿＿＿＿＿。

4.企业的使命包括两个方面的内容,即＿＿＿＿＿＿和＿＿＿＿＿＿。

5.建筑企业战略实施模式有＿＿＿＿＿＿、＿＿＿＿＿＿、＿＿＿＿＿＿、＿＿＿＿＿＿、＿＿＿＿＿＿五种。

6.选择好战略实施的模式后,＿＿＿＿＿＿和＿＿＿＿＿＿成为战略实施最重要的两项工作。

二、选择题

1.建筑企业战略管理的核心与关键问题是(　　)。

  A.战略的制定   B.战略的实施

  C.战略的控制   D.战略的总结

2. 建筑企业战略控制的第一步是(　　)。
   A. 确定目标　　　　　　　　　　B. 确定衡量工作成果的标准
   C. 审查结果　　　　　　　　　　D. 纠正偏差
3. 以下不属于发展战略的是(　　)。
   A. 集中战略　　　　　　　　　　B. 一体化战略
   C. 多样化战略　　　　　　　　　D. 收获战略
4. 差异化战略的核心是(　　)。
   A. 产品的差异化　　　　　　　　B. 生产过程(工艺)的差异化
   C. 取得某种对顾客有价值的独特性　D. 取得某种对生产者有竞争优势的独特性
5. 企业战略制定的主要目的是(　　)。
   A. 寻求企业的恰当定位　　　　　B. 发现企业可能发掘的细分市场
   C. 提高自身整体的竞争能力　　　D. 评估市场机会
6. 以下不属于建筑企业外部宏观环境分析的内容为(　　)。
   A. 政治　　　B. 经济　　　C. 社会　　　D. 科技
7. 企业产业竞争力模型是由(　　)提出来的。
   A. 泰罗　　　B. 法约尔　　　C. 迈克尔·波特　　　D. 钱德勒

三、简答题

1. 什么是企业战略管理？其特性表现在哪几个方面？
2. 企业战略管理的类型有哪些？
3. 企业财务战略主要包括哪些内容？
4. 简述建筑企业战略管理的意义。
5. 简述建筑企业战略管理的过程。
6. 建筑行业竞争结构分析中要对哪五种基本的竞争力量进行分析？
7. 建筑企业内部条件分析的内容包括哪些？
8. 什么是SWOT方法？如何进行SWOT分析？

第四章 建筑企业经营预测与决策

 知识目标

1. 了解经营预测的定义、分类、作用、原则；掌握建筑企业经营预测的程序、内容、方法。
2. 了解建筑企业经营决策的定义、分类、内容、原则；掌握建筑企业经营决策的程序、内容和方法。

 能力目标

1. 能运用所学的市场调研技术、方法与手段进行市场调研。
2. 能运用定性、定量预测法对建筑企业进行经营预测。
3. 按决策的状态、分析方法进行建筑企业经营的决策。
4. 能运用所学企业经营与决策的知识解决建设企业经营过程中的相关问题。

第一节 建筑企业经营预测

一、建筑企业经营预测的基本概念

(一)建筑企业经营预测的定义

预测就是对事物的未来进行科学的预计和推测，探索事物未来的发展趋势，使人们产生有目的的行为。经营预测，是对企业经营活动的发展、变化趋势作出的预测，如建筑市场的需求预测，可提供建筑商品的需求估计，为企业生产经营决策提供依据。

(二)经营预测的分类

1. 按预测范围划分

(1)宏观预测。宏观预测是指对整个国民经济或部门经济趋势的推断，如固定资产投资方向预测、建筑产品的需求预测、构成比例预测、竞争形势预测等。

(2)微观预测。微观预测是指对企业经济活动状态的估计，如资源需求预测、企业生产能力预测、利润和成本预测等。

2. 按预测方法划分

(1)定性预测。定性预测是指利用直观材料，依靠人们主观判断、分析的能力对未来状况的预计。

(2)定量预测。定量预测是指根据历史数据，应用数理统计方法来推测事物的发展状况，或者是利用事物内部因果联系来推测未来。

3. 按预测时间划分

(1)长期预测。长期预测一般指期限在五年以上的预测。它是有关生产能力、产品系列、服务等构成变化的远景规划的基础。

(2)中期预测。中期预测一般指期限为三年左右的预测。其目的在于制订较为切实的企业发展计划。

(3)短期预测。短期预测一般指期限在一年或一年以内的预测。它为当前生产经营计划或实施具体计划提供依据。

(三)建筑企业经营预测的作用

经营预测在企业预测经营管理中起着重要的作用，具体表现为：

(1)预测为企业决策提供依据。通过预测，可以了解和掌握建筑市场的动态和发展趋势，提供一定条件下生产经营各个方面未来可能实现的数据，为决策提供依据。若没有准确、科学的预测，要做出符合客观实际的决策是不可能的。

(2)预测是拟定企业经营计划的依据。通过预测，掌握建筑产品的投资方向、类型及构成比例，掌握企业的资源需求情况与供应条件，对企业未来的生产能力和技术发展有所估计，才能确立正确的经营目标，制订出切实可行的经营计划。

(3)预测有助于提高企业竞争能力。在市场经济条件下，必然存在着竞争和风险。要使建筑企业在竞争中得到发展，必然需要通过市场预测比较准确地掌握建筑市场供求变化情况，用以指导建筑企业生产经营活动，合理地使用人力、物力、财力，提高劳动效率，扩大建筑产品销售范围，加速资金周转，降低费用水平，增加营利。

(4)预测能增强企业的应变能力。通过对外部环境、施工条件变化及各种不可控因素的充分估计，针对不同情况多准备几套应变方案，就可以提高企业对各种情况的应变能力。

(四)建筑企业经营预测的原则

企业经营预测应遵循以下几项原则：

1. **科学性原则**

事物是客观存在的，其客观规律是可以认识的。在进行预测时要从实际出发，收集较完整的准确资料，采用科学的预测方法，经过反复预测，从而掌握其内在的规律性。

2. **相关性原则**

有些事物存在明显的因果关系，即此事物变化会引起另一事物变化。根据这一规律，可建立事物间的因果关系，预测事物产生相应变化的结果。预测方法中的回归分析法就是根据相关原则建立的。

3. **动态性原则**

任何事物都不是一成不变的，都有其历史、现状和未来。事物总是从历史演变而来的，事物的发展会有变化,且这种变化有迹可循。预测者通过对事物历史及现状的了解、分析和研究,可正确预测未来。

4. 类推原则

许多事物存在相似性或类同性。若掌握了某类事物的发展变化规律,就可据此推断其他类似事物发展变化的规律。类推原则是根据相似事物的规律间接估计同类事物的发展变化趋势。

二、建筑企业经营预测的程序与内容

(一)建筑企业经营预测的程序

企业经营预测一般可分为以下五个基本步骤,如图 4-1 所示。

1. 确定预测目标和要求

确定预测目标和要求主要包括预测的项目、范围、性质、数量、时间、重点和目的,做到有的放矢、正确预测。

2. 调查收集整理资料

收集分析与预测问题相关的资料,包括企业内部资料和外部资料。

3. 选择预测方法

选择预测方法是整个预测工作的核心。各种预测方法都有其不同的原理、特点和适用性,要根据预测目标和资料占有情况综合分析。预测方法的选择标准有预测期的长短、信息资料的多少、历史数据的类型、预测费用、预测结果和精度的要求以及预测方法的实用性等。

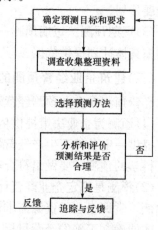

图 4-1 经营预测程序示意

4. 分析和评价预测结果是否合理

对预测结果进行分析,检查是否达到预期的预测目标,预测结果是否合理等。如果得出否定结论,则需重新确定预测目标或选择其他预测方法,再次进行预测并评价预测的结果。

5. 追踪与反馈

提出预测报告后,还要追踪预测报告的结论及建议是否被采用、实际效果如何等,对追踪的结果进行反馈,以便在下一次预测时纠正偏差、改进预测方法。

(二)建筑企业经营预测的内容

1. 建筑市场预测

在市场调研的基础上,对建筑市场的需求和供应进行预测;对建筑市场的竞争形势及竞争势态的变化趋势进行预测;对企业工程任务来源进行预测;对建设单位对建筑产品的质量要求、配套性要求进行预测。

2. 资源预测

了解建筑市场对劳动力、劳动手段等资源的供应情况,预测本企业的需求情况,进而推测供需的满足程度,以便采取相应措施。

3. 生产能力预测

企业生产能力预测是对企业人员、机械设备的需求变化情况的估计,也包括对劳动力需求、劳动力供应条件的估计。

4. 技术发展预测

技术发展预测主要是了解技术发展的趋势和状态，以便企业争取主动，主要有施工技术、设备更新、新型材料、管理技术等方面的动态。

另外，企业经营预测还包括利润和成本预测、多种经营方向预测等内容。

三、建筑企业经营预测的方法

1. 定性预测方法

定性预测方法，也称经验判断法，常用于历史资料不足、影响因素复杂且难以掌握或对主要影响因素不能定量分析的预测。常用的定性预测方法有个人判断法、专家会议讨论法和德尔菲法。

(1) 个人判断法。个人判断法是凭借个人的知识、经验和综合分析能力，对预测对象未来的发展变化趋势作出的推断。这种方法简便易行，能迅速得到预测结果，但有一定的片面性，且易受当时环境气氛的影响。实践中，常与其他预测方法结合使用。

(2) 专家会议讨论法。专家会议讨论法又称集合意见法，是利用会议讨论的形式，交换对事物发展变化趋势的意见，集思广益，形成预测结果的预测方法。专家会议讨论法的信息量较大，观点较多，提供的方案较具体。但是，专家往往屈服于权威和多数人的意见，预测结论也会受到影响。

(3) 德尔菲法。德尔菲法又称专家意见征询法。这是采用匿名的方法，就预测的问题征询有关专家的看法和意见，然后将所得的各种意见加以综合、归纳和整理，再反馈给各个专家，进一步征询意见，经过多次反复和循环，直到预测的问题得到较为满意的结果。德尔菲法的工作阶段一般分为准备阶段、征询意见阶段和预测结果处理阶段。

1) 准备阶段。其主要工作是确定预测主题和选择参加预测的专家。确定预测主题，首先要编制目标—手段调查表，并在此表基础上编制应答问题调查表。预测领导小组或专家一起对已掌握的数据进行分析，确定预测对象的总目标和子目标以及达到目标的手段，编制手段调查表。当有多种手段时，应精选主要的、互不干扰的各种手段。手段调查表是德尔菲法预测的重要工具，是信息的主要来源。表的质量对预测结果的准确程度影响很大，因此制表时应非常慎重。

2) 征询意见阶段。第一轮征询，把函询调查表和背景资料发给专家小组的各位成员，请他们就所预测的问题作出明确回答和提出自己的见解，在规定时间内反馈。预测领导小组对各类问题进行汇总和整理，作出定量化的归纳，并提出下一轮预测的要求，第二次征求专家意见。这一轮主要让专家了解其他专家的看法，相互沟通，修止自己原来的意见。将第二轮汇总意见反馈给各位专家，要求他们再次思考。

3) 预测结果处理阶段。对专家预测结论进行分析、处理，得出最终预测结论。

2. 定量预测方法

定量预测方法又叫作统计预测法，就是根据一定数据，运用数学模型来确定各变量之间的数量关系，根据数学计算和分析的结果来预测市场的未来。定量预测法中目前采用较多的基本方法为时间序列分析预测法。时间序列分析预测法中常用的方法有简单平均法、

定性预测结论的形成

移动平均法、指数平滑法及回归分析法等。

(1)简单平均法。简单平均法通过求一定观察期的数据平均数,以平均数为基础确定预测值的方法,称为简单平均法。它是市场预测中最简单的数学方法,不需要复杂的运算,方法简单易行,是短期预测中常用的一种方法。

1)算术平均法。算术平均法简单易行,如预测对象变化不大且无明显的上升或下降趋势时,应用较为合理,只能用于近期预测。

【例 4-1】 某企业 1~6 月份的销售资料见表 4-1。试预测 7 月份的销售额。

表 4-1 销售表

月份	1	2	3	4	5	6
销售额/万元	31	29	30	33	34	29

【解】 该企业 1~6 月份的销售额变化不大,最高额为 34 万元,最低额为 29 万元,且无明显上升或下降趋势,可认为属于随机变动。因此,可用 6 个月的算术平均数作为第 7 月份的预测值,即:

$$x_i = \frac{\sum x}{T} = \frac{31+29+30+33+34+29}{6} = 31(万元)$$

2)加权平均法。由于各期历史数据对将来的影响程度不同,用权数来表明,即加权,是对历史数据乘以一个权数后再平均,即为预测值,其基本公式为

$$\overline{X} = \frac{\sum_{i=1}^{n} X_i F_i}{\sum_{i=1}^{n} F_i}$$

式中 F_i——各期历史数据对应的权数;

$\overline{X}$——加权平均数。

(2)移动平均法。移动平均法是以假定预测值与预测期相邻的若干观察期数据有密切关系为基础,把已知的统计数据按数据点划分为若干段,再按数据点的顺序逐点推移,逐点求其平均值得出预测值的一种方法。移动平均法的特点是对于具有趋势变化和季节性变动的统计数据,尤其是对于数值特别大或特别小的数据,经过移动平均的调整后,能够消除不规律的变化。因此,移动平均法常用于长期趋势变化和季节性变化的预测。其计算公式为

$$M_{t+1} = \frac{X_t + X_{t-1} + \cdots + X_{t-n+1}}{n}$$

式中 M_{t+1}——对 $t+1$ 期的移动平均值;

X_t——已知第 t 期的数据;

n——每段内数据个数。

(3)指数平滑法。指数平滑法是以指数形式的几何级数作为权数来考虑不同时期数据的影响,并将这些数据加权移动平均的一种预测方法。其计算公式为

$$F_{t+1} = \alpha V_t + (1-\alpha) F_t$$

式中 α——平滑系数($0 \leqslant \alpha \leqslant 1$)。

由上式可推得：
$$F_{t+1}=\alpha V_t+\alpha(1-\alpha)V_{t-1}+\alpha(1-\alpha)^2 V_{t-2}+\cdots$$

从上式可以看出，指数平滑法就是对不同时期的数据给予不同的权数，既强调了近期数据对预测值的作用，又未完全忽略远期数据的影响。

【例 4-2】 现以表 4-2 的实际数据为例，应用指数平滑法，分别按 $\alpha=0.3$ 和 $\alpha=0.7$ 计算预测值。

表 4-2 指数平滑计算表

t	施工产值 V_t	$F_{t+1}(\alpha=0.3)$	$\lvert F_{t+1}-V_t \rvert$	$F_{t+1}(\alpha=0.7)$	$\lvert F_{t+1}-V_t \rvert$
1	120	125.00	5.00	125.00	5.00
2	125	123.50	1.50	121.50	3.50
3	130	123.95	6.05	123.95	6.05
4	115	125.77	10.77	128.19	13.19
5	135	122.54	12.46	118.96	16.04
6	140	126.27	13.73	130.19	9.81
7	146	130.39	15.61	137.06	8.94
8	137	135.07	1.93	143.32	6.32
9	142	135.65	6.35	138.90	3.10
10	150	137.56	12.44	141.07	8.93
11	—	141.29	合计 85.84	147.32	合计 80.88

【解】 表 4-2 中的时间数列中已知数据为时间（月）和相对应的施工产值（万元）。

由于只有 10 个月的数据，属于小样本，初始值取前三项简单平均数。即：

$$F_1=\frac{120+125+130}{3}=125$$

当平滑系数 $\alpha=0.3$ 时，可得二月份的预测值为

$$F_{1+1}=0.3\times V_1+(1-0.3)\times F_1=0.3\times 120+0.7\times 125=123.5$$

三月份的预测值为

$$F_{2+1}=0.3\times V_2+(1-0.3)\times F_2=0.3\times 125+0.7\times 123.5=123.95$$

依此类推，可得出其他月份的预测值。当 $\alpha=0.7$ 时，计算方法相同。计算结果见表 4-2。

从表 4-2 中可知，当 $\alpha=0.3$ 和 $\alpha=0.7$ 时，计算出的各期预测值与实际值之差的绝对值之和分别为 85.84 和 80.88。因此，当 $\alpha=0.7$ 时，其预测效果要优于 $\alpha=0.3$ 时。实际操作中，要再选取几个 α 值做实验，最终选取误差较小的 α 值用于预测。

（4）回归分析法。回归分析法是一种定量的预测技术，它是根据实际统计的数据，通过数学计算，确定变量与变量之间互相依存的数量关系，建立合理的数学模式，以推算变量的未来值。回归分析法是寻求已知数据变化规律的一种数理统计方法。如果处理的变量只有两个，称为一元线性回归分析，多于两个变量的称为多元线性回归分析。此处，仅介绍一元线性回归分析法。

一元线性回归分析法是处理 X、Y 两个变量之间线性关系的一种用途很广的方法。一元是指一个自变量 X 对因变量 Y 的影响。

一元线性回归近似解的基本公式为：
$$Y = a + bX$$

式中　X——自变量；
　　　Y——随 X 的变化而变化的变量；
　　　a、b——回归系数。

用最小二乘法解得回归系数 a 与 b：

$$b = \frac{n\sum_{i=1}^{n} x_i y_i - \sum_{i=1}^{n} x_i \cdot \sum_{i=1}^{n} y_i}{n\sum_{i=1}^{n} x_i y_i - \left(\sum_{i=1}^{n} x_i\right)^2} = \frac{\sum_{i=1}^{n} x_i y_i - \bar{x}\sum_{i=1}^{n} y_i}{\sum_{i=1}^{n} x_i^2 - \bar{x}\sum_{i=1}^{n} x_i}$$

$$a = \frac{\sum_{i=1}^{n} y_i - b\sum_{i=1}^{n} x_i}{n} = \bar{y} - b\bar{x}$$

式中　$\bar{x} = \frac{1}{n}\sum_{i=1}^{n} x_i$；
　　　$\bar{y} = \frac{1}{n}\sum_{i=1}^{n} y_i$。

基于大数据的预测简介

第二节　建筑企业经营决策

一、建筑企业经营决策的基本概念

(一)经营决策的定义

决策是为达到某一目的，拟定多个可行方案，从中选择一个理想方案予以实施的过程。经营决策是对企业经营活动进行的决策，是企业经营活动、生产技术全过程管理的核心。企业只有对各项生产经营活动作出正确决策，才能保证企业目标的实现。决策是实现各种管理职能的基础，贯穿于管理的全过程。

(二)经营决策的分类

按其考虑的角度不同，企业经营决策具有不同的分类方法。

1. 按决策计划时间划分

按决策计划时间，企业经营决策可分为长期决策和短期决策。

(1)长期决策是指导企业战略目标和发展方向有关的重大安排，如投资方向与生产规模的选择、技术开发的发展方向、一个长时期的发展速度等。长期决策往往与长期规划有关，并较多注意企业的外部环境。

(2)短期决策是实现战略目标所采取的手段，它比长期决策更具体，考虑的时间更短，主要考虑如何组织动员企业内部力量来实现战略目标。

2. 按决策重要程度划分

按决策重要程度，企业经营决策分为战略决策、战术决策和业务决策。

(1)战略决策是对企业全局性的重大问题所作的决策，如经营目标、产品结构、市场开拓等方面的决策，是企业最高管理层所作的决策。

(2)战术决策是以战略决策为指导，根据战略决策的要求，解决执行中的问题，结合企业内外条件，安排一定时期的任务，解决生产中存在的某些缺陷，进行企业内部的协调与控制，实现系统优化。这类决策主要由企业的中级管理层负责制定。

(3)业务决策是为了提高企业日常工作效率的一种决策，主要是解决作业任务中的问题，其特点是技术性强、时间紧，一般由基层决定。

3. 按决策形态划分

按决策的形态，企业经营决策可分为程序化决策和非程序化决策。

(1)程序化决策。这类决策属于反复、定规的，当每一个问题发生时，不必重新再实施新的决策，可按原设立的一定方式进行决策。这种决策属于定型化、程序化或定规化的决策，主要适用于组织内部的日常业务工作和管理工作，主要由中、下层管理人员做出，并多采用定量分析方法来制定。

(2)非程序化决策。非程序化决策是属于新规定的、一次的、例外的、未加程序化或定型化的决策，这类决策活动并不经常重复出现，一般由上层管理人员做出。这类决策的制定，除采用适当的定量分析法外，主要采用定性分析法。

4. 按应用的方法划分

按应用的方法，企业经营决策可分为定性决策和定量决策。

(1)定性决策。定性决策是不用或少用数据与模型，主要凭借决策者的经验和判断力在众多可行方案中寻找满意方案的过程，主要适用于缺乏数据或需迅速做出决定的场合。

(2)定量决策。定量决策是借助于数据分析与量化模型进行决策的方法，主要适用于历史资料充足、易于进行数据分析和建立模型的场合。

5. 按决策的确定程度划分

按决策的确定程度，企业经营决策可分为确定型决策、风险型决策和不确定型决策。

(1)确定型决策是指影响决策的因素或自然状态是确定的决策，也称为肯定型决策。即决策方案的运行环境确定，只有一种状态，而且决策者事先已知。

(2)风险型决策是指影响决策的因素或自然状态无法确定，但对其出现的概率可以事先估计(或已知)的决策。即决策方案运行环境有两种以上状态可能出现。具体出现哪一种并不清楚，决策者可以根据有关资料估计出现某种状态的可能性的大小。

(3)不确定型决策是指影响决策的因素或自然状态不确定，并且出现的概率无法知道的决策。即决策方案运行状态有两种以上，哪种状态出现、出现的可能性多大都无法知道，只能凭决策者的知识和经验来决策。

6. 按决策目标的数量划分

按决策目标的数量，企业经营决策可分为单目标决策和多目标决策。

(1)单目标决策是指方案的选择只考虑一个单一的指标，或者只突出一个指标，其他指标不作要求时的决策。

(2)多目标决策是指同时满足多项指标所进行的决策。

(三)经营决策的作用

(1)经营决策关系到企业的成长和发展。经营决策决定企业的长远发展方向、经营方式、经营内容、市场开拓等诸多内容,正确的经营决策是使企业良性发展的基础,可提高企业的竞争能力和适应外部环境变化的能力,取得良好的经济效益。如果经营决策失误,就会给企业带来巨大损失,严重阻碍企业的成长与发展。

(2)经营决策是企业经营管理工作的中心环节。经营决策所规定的目标既是整个企业的又是各项管理工作的总目标;经营决策所规定的经营方针是企业各项管理工作应贯彻执行的准则,能把全体职工的思想和行动统一起来;经营决策所规定的经营策略,可以使企业的各项管理工作按照统一步调有秩序地进行。

二、建筑企业经营决策的程序与内容

(一)经营决策的程序

决策工作是一项动态、完整的过程,一般包括确定决策目标、方案设计、方案选择和执行方案四个阶段。企业经营决策基本程序如图 4-2 所示。

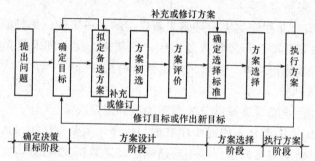

图 4-2 经营决策基本程序示意

1. 确定决策目标

确定决策目标是决策程序的第一阶段,主要包括提出问题和确定目标两个环节。这一阶段的工作成效直接关系到整个决策的成败。

(1)提出问题。经营问题,一是指在企业经营管理中现存的问题。这种问题主要是企业在经营管理中实际达到的状况与应当或期望达到的状况之间的差异;二是指有关企业的发展问题。随着社会经济的发展,企业应发现企业经营现状与社会实际需要的差距,不断调整自己的经营方针与对策。

(2)确定问题。决策目标是经营决策的出发点和归结点,是根据决策所要解决的问题来确定的,把需要解决的问题的症结所在及其产生的原因分析清楚,决策目标便容易确定下来了。决策目标要和企业目标相一致,力求明确具体,解决问题实质。决策目标可能是单一的,也可能是多个的,应分清主次。

2. 方案设计

(1)拟定备选方案。备选方案是指可供进一步选择用的可能方案,其数量和质量对于最后作出合理的选择具有重大影响。企业应根据内外条件,拟定出众多的具备实施条件的可行方案。为保证备选方案的优良品质,防止遗漏,决策者必须拟定尽可能多的备选方案,注意方案的整体详尽性和相互排斥性。对于一些新问题，如有关企业发展的决策问题，一般属于非程序化决策，没有任何经验和案例可循，决策者必须充分发挥想象力和创造力，并发挥集体智慧集思广益，才能取得最佳效果。

(2)方案初选。方案初选主要是通过对一些比较重要的限定因素的分析，比较各备选方案实现的可能性和效果，淘汰掉那些对解决问题基本无用或用处很小的方案以及那些客观条件不允许的方案，减少可行方案的数目，以便进行更深入的分析和比较。

(3)方案评价。方案评价是对方案执行结果的估计。进行方案评价时，应忽略各方案的共同问题，而专注于不同因素的分析。对一些无形因素，可以用预测方法将其定量化，与有形因素一起考虑。

3. 方案选择

方案选择是决策的关键阶段。

(1)方案选择标准。标准是衡量方案优劣的尺度，对方案的取舍关系极大。一个具有共性的标准是价值标准。在单目标决策情况下，价值标准是十分明确的，而对于多目标决策的情况，价值标准只有当各个目标的重要性明确后才能确定。

(2)选择方案。选择方案是在方案评价的基础上，按选择标准进行执行方案的选择。进行方案选择主要依据满意准则，即选择在目前情况下比较满意的适宜可行的方案。方案选定后，必须注意决策带来的影响，采取一些预防性措施或指定应变计划，以保证决策方案能按计划组织实施。

4. 执行方案

执行已选择的决策方案，是将决策变为现实的关键。决策好坏要由实施的结果来判别。控制、监督和反馈对决策成败起决定性的作用。在实施中及时发现问题，及时反馈，查明原因，修正方案，进行有效控制，保证原定目标的实现。此外，在执行中还会发现新问题，从而需要作出新的决策后再付诸实施，这就开始了一个新的决策过程。

(二)经营决策的内容

经营决策贯穿于企业经营管理的各个方面和全过程，其内容主要包括：

(1)经营战略方面的决策。包括经营方向、经营目标、经营方针、经营策略、经营计划、经营组织与机构、企业发展规模、技术改造与更新、技术开发、人力资源开发等决策。

(2)劳动人事方面的决策。包括劳动人事计划与组织及调配、副经理级领导人选、用工办法、职工培训等决策。

(3)招揽工程任务方面的决策。包括市场开拓与渗透、联合经营、多种经营、投标策略、投标报价等决策。

(4)生产技术管理方面的决策。包括工程质量管理、施工计划、施工组织、生产进度及调度、材料供应、技术装备、技术措施以及新技术、新工艺、新材料研究和推广等决策。

(5)财务管理方面的决策。包括企业目标利润与目标成本、财务计划、财务结算、资金信贷、材料采购与库存等决策。

三、建筑企业经营决策的方法

1. 确定型决策

确定型决策的特点是决策问题只存在一个确定的自然状态，即决策的条件及其预测结果都有明确肯定的答案，决策者可依据一定的方法做出决策。确定型决策应具备以下四个条件：

(1) 存在决策者希望达到的一个明确目标。

(2) 只存在一个确定的自然状态。

(3) 存在决策者可以选择的两个或两个以上的行动方案。

(4) 不同的行动方案在确定状态下的益损值可以计算出来。

确定型决策可单纯运用数学方法进行计算，从而决定最佳决策方案。因此，在决策论中不研究这类问题，一般由运筹学研究。

2. 风险型决策

风险型决策也叫作概率型决策，其特点是决策问题上存在两个或两个以上的自然状态，各种状态下出现的概率可以大概估算出来，即每种状态下出现的可能性大小可以估计。所以，只能根据概率进行决策，并且无论采用何种方案都要为此冒一定风险。

风险型决策常用方法是期望值法和决策树法。

(1) 期望值法。期望值法是比较各方案的损益期望值，选择损益期望值较优的方案的一种决策方法。损益期望值是指各种状态的概率乘以相应损益值的总和。期望值计算公式为

$$E(x) = \sum_{i=1}^{n} p_i x_i$$

式中　$E(x)$——某方案的损益期望值；

　　　x_i——某方案在某种状态下的损益值，收益率取"+"，亏损值取"-"；

　　　p_i——未来状态出现的概率；

　　　n——未来状态的个数。

(2) 决策树法。决策树法是借助于决策树形象的分析决策问题，计算比较各方案的期望值，从而做出决策的一种方法，其主要是将决策过程中各种可供选择的方案、可能出现的自然状态及其概率和产生的结果，用一个树状的图形表示出来，把一个复杂的多层次的决策问题形象化，以便于决策者分析、对比和选择。决策树的画法如图4-3所示。

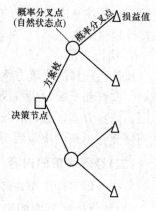

图4-3　决策树示意

1) 先画一个方框作为出发点，又称决策节点。

2) 从决策节点向右引出若干条直(折)线，每条线代表一个方案，叫作方案枝。

3) 每个方案枝末端，画一个圆圈，称概率分叉点，又称自然状态点。

4) 从自然状态点引出代表各自然状态的分枝，称概率分枝。括弧中，注明各自然状态发生的概率。

5) 如果问题只需要一级决策，则概率分枝末端画"△"，表示终点，终点右侧写上各自然状态的损益值。如还需做第二阶段决策，则用"决策节点□"代替"终点△"，再重复上述步骤画出决策树。

【例4-3】　某建筑公司现有三项工程可供承包选择，但由于其能力所限，只能参加一项工程的投标。对任何一项工程，都可以投以"高标"，也可以投以"低标"。"高标"的中标率为0.4，"低标"的中标率为0.6。若投标失败，其相应的损失，工程甲为2 000元，工程乙为4 000元，工程丙为8 000元。各项工程的预期利润及其概率已经估计出来，见表4-3。

假如该承包企业想参加投标，且其目标是追求最大的利润，应对哪项工程投哪种标为宜？

表4-3 投标工程预期利润与概率估计

投标工程项目	标 型	利润估计	概 率	利润值/万元	标 型	利润估计	概 率	利润值/万元
工程甲	高标	乐观	0.3	100	低标	乐观	0.2	80
		期望	0.3	60		期望	0.6	40
		悲观	0.4	20		悲观	0.2	−20
工程乙	高标	乐观	0.3	80	低标	乐观	0.4	60
		期望	0.4	40		期望	0.3	20
		悲观	0.3	−20		悲观	0.3	−40
工程丙	高标	乐观	0.1	120	低标	乐观	0.2	80
		期望	0.7	80		期望	0.5	60
		悲观	0.2	40		悲观	0.3	10

【解】 决策树法应用步骤如下：

(1)绘制决策树。在第一级决策点1，包含有三种行动方案：投工程甲、投工程乙和投工程丙，由此引出三个决策分枝。第二级决策有三个决策点，每一决策点又含投高标与投低标两种行动方案，故决策分枝数为3×2＝6。相应于6个决策分枝，有6个机会结点，每一结点又包含有中标与失标两种状态，故又引出2×6＝12条机会分枝。在中标状态下，利润的获取又分为乐观、期望和悲观三种情况，故结束分支数目为3×6+6＝24。决策树的构成如图4-4所示。

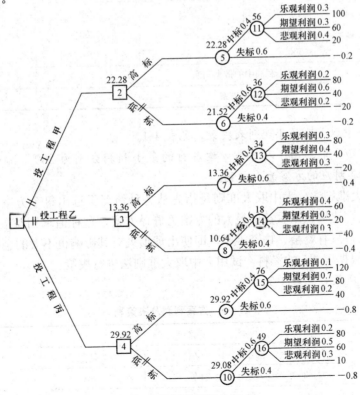

图4-4 投标决策树的构成

(2)利用决策树进行决策。按决策树自后向前逆推计算的方法,首先计算机会结点11~16的期望收益值,继续向前逆推,再计算机会结点5~10的期望利润值,其计算结果如图4-4所示。在决策结点2,比较高标与低标两种情况的期望收益值,可知低标情况下的利润较高,故保留此分支,舍弃高标的分支。结点3、4也有同样的结果。

最后,在决策结点1,分别比较三个方案的期望利润值,可以确定应投工程丙,投高标,期望利润值为29.92万元。

3. 不确定型决策

不确定型决策的自然状态是不确定的,其特点为:有两个以上可供选择的可行方案;有两个以上自然状态且各状态出现的概率无法知道;各方案在各自然状态下的结果可以计算出来。不确定型决策分析方法主要包括小中取大准则法、大中取大准则法、后悔值准则法等。

(1)小中取大准则法。这种方法是指持这种标准的决策者,对客观环境总是抱悲观态度,万事总觉得不会如意,所以,为保险计,总是从最不利处估计事情的结果,而从最坏的情况中选择最好的方案。采用这种决策标准,首先从每一方案中选择一个最小的收益值,然后选取最小的收益值中的最大值相应的方案为最优方案。

【例4-4】 某公司拟生产一种新产品,有三个方案,据测算各方案在各状态下的利润见表4-4,试用小中取大准则法进行决策。

表4-4 方案利润及决策表

方案	状态			最小利润
	Q_1	Q_2	Q_3	
甲	200	420	350	200
乙	400	350	280	280
丙	500	−50	250	−50
最小利润中的最大利润				280
对应的方案				乙

【解】 按小中取大法的原理列表决策,见表4-4。

由表4-4可知,甲、乙、丙三个方案各自的最小利润分别为200、280、−50。其中,最大的是280,其对应的方案为乙方案。

(2)大中取大准则法。大中取大准则是指先从各种情况下选出每个方案的最大收益值,然后对各方案进行比较,以收益值最大的方案为选择方案。这种追求利益最大的决策方法,有一定的风险性,只有资金、物资雄厚,即使出现损失对其影响也不大的企业才敢采用。

【例4-5】 根据表4-5的资料,试用大中取大准则法进行决策。

【解】 列表决策,见表4-5。

表4-5 方案利润及决策表

方案	状态			最大利润
	Q_1	Q_2	Q_3	
甲	200	420	350	420

续表

方案	状态			最大利润
	Q_1	Q_2	Q_3	
乙	400	350	280	400
丙	500	—50	250	500
最大利润中的最大利润				500
对应的方案				丙

从表 4-5 可知,甲、乙、丙三个方案各自的最大利润分别为 420、400、500,其中最大的为 500,其对应的方案为丙方案。

(3)后悔值准则法。后悔值是指某种自然状态下可能获得最大收益与采用某一方案所实际获得的收益的差值。即应当得到,但由于失去机会未能得到的那一部分收益。采用这种决策标准,需先找出每个方案的最大后悔值,再选取与最大后悔值中的最小值相应的方案为最优方案。

【例 4-6】 根据表 4-6 的资料,用后悔值准则法进行决策。

表 4-6 后悔值计算表

方案	状态			最大后悔值
	Q_1	Q_2	Q_3	
甲	300	0	0	300
乙	100	70	70	100
丙	0	470	100	470
最大后悔值中的最小值				100
对应的方案				乙

【解】 列表计算后悔值进行决策,见表 4-6。

从表 4-6 中计算的结果可知,三个方案的最大后悔值分别为 300、100、470,其中最小是 100,对应的是乙方案。

预测与决策的关系

本章小结

预测是人们对事物的未来发展趋势进行的预计和推测。经营预测是对企业经营活动发展变化趋势作的预测。经营决策是对企业经营活动进行的决策。本章主要介绍了建筑企业经营预测和建筑企业经营决策的相关内容。

思考与练习

一、填空题

1. _____是对企业经营活动的发展、变化趋势作出的预测。
2. 经营预测按预测方法，划分为_____、_____。
3. 德尔菲法的工作阶段一般分_____、_____和_____。
4. 简单平均法是通过求一定观察期的数据_____，以_____为基础确定预测值的方法。
5. 按决策计划时间，企业经营决策可分为_____和_____。
6. 按应用的方法，企业经营决策可分为_____和_____。
7. 决策工作是一项动态、完整的过程，一般包括_____、_____、_____和_____四个阶段。
8. 风险型决策常用方法是_____和_____。

二、选择题

1. 进行预测时，一般期限为三年左右，目的在于制订较为切实的企业发展计划的预测是（　　）。
   A. 长期预测　　　　B. 中期预测　　　　C. 短期预测　　　　D. 远期预测
2. 下列不属于建筑企业经营预测内容的是（　　）。
   A. 建筑市场预测　　B. 资源预测　　　　C. 生产能力预测　　D. 技术开发预测
3. 定性预测方法有（　　）。
   A. 专家会议讨论法　　　　　　　　　　B. 个人判断法
   C. 经验估算法　　　　　　　　　　　　D. 哥顿法
4. 经营决策按决策重要程度的划分不包括（　　）。
   A. 战略决策　　　　B. 战术决策　　　　C. 组织决策　　　　D. 业务决策
5. 不确定型决策分析方法不包括（　　）。
   A. 小中取大准则法　　　　　　　　　　B. 大中取大准则法
   C. 后悔值准则法　　　　　　　　　　　D. 期望值准则法

三、简答题

1. 经营预测在企业预测经营管理中起着重要的作用，具体表现在哪几个方面？
2. 企业经营预测应遵循哪几项原则？
3. 企业经营预测一般可分为哪几个基本步骤？
4. 经营决策的作用是什么？

第五章 建筑工程招标投标与合同管理

知识目标

1. 了解建筑招标投标概念、原则、意义；熟悉建筑工程招标方式；掌握招标投标程序。
2. 熟悉投标报价技巧；掌握投标报价的步骤。
3. 了解建设工程合同的基本概念及分类，建设工程合同管理的概念及特征；熟悉建设工程合同管理制度、《建设工程施工合同文本》简介；掌握建设工程合同管理的内容与程序。
4. 了解索赔的概念与特征、作用、分类；掌握索赔的程序，索赔文件的编写。

能力目标

1. 能区分公开招标与邀请招标。
2. 能分析招标投标活动中各项工作的合法性。
3. 能进行投标报价计算与分析。
4. 能运用所学合同管理的基本知识解决建筑企业中的相关合同问题。
5. 能进行简单索赔文件的编写。

第一节 建筑工程招标投标

一、建筑工程招标投标的概念及原则

1. 建筑工程招标投标的概念

招标投标是市场经济中的一种竞争方式，通常适用于大宗交易。其特点是，由唯一的买主（或卖主）设定标的，招请若干个卖主（或买主），通过秘密报价进行竞争，从诸多报价者中选择满意的，与之达成交易协议，随后按照协议实现标的。

招标投标是指采购人事先提出货物、工程或服务采购的条件和要求，邀请投标人参加投标并按照规定程序从中选择交易对象的一种市场交易行为。从采购交易过程来看，它必

然包括招标和投标两个最基本且相互对应的环节。

(1)工程项目招标。工程项目招标是指业主(建设单位)为发包方,根据拟建工程的内容、工期、质量和投资额等技术经济要求,招请有资格和能力的企业或单位参加投标报价,从中择优选取承担可行性研究方案论证、科学试验或勘察、设计、施工等任务的承包单位。

(2)工程项目投标。工程项目投标是指经审查获得投标资格的投标人,以同意发包方招标文件所提出的条件为前提,经过广泛的市场调查掌握一定的信息并结合自身情况(能力、经营目标等),以投标报价的竞争形式获取工程任务的过程。

工程招标投标是国际上广泛采用、达成工程建设交易的主要方式。我国建立社会主义市场经济体制,实行建筑业和基本建设管理体制改革,规定要大力推行招标承包制,以改变计划经济体制下实行多年的单纯用行政手段分配建设任务的老办法。

2. 招标投标的原则

《中华人民共和国招标投标法》(以下简称《招标投标法》)规定:招标投标活动应该遵循公开、公平、公正和诚实信用的原则。

(1)公开原则。公开原则是指招标投标的程序要有透明度,招标人应当将招标信息公布于众,以招引投标人做出积极的反应。在招标投标制度中,公开原则要贯穿在整个招标投标活动中,有关招标投标的法律和程序都应当公布于众。公开原则对避免行政部门对市场影响,防止权钱交易等腐败现象的发生,具有重要的意义。

(2)公平原则。公平原则是指所有的投标人在招标投标活动中的机会都是平等的,享有同等的权利,招标人对所有的投标人要一视同仁,不得对任何投标人进行歧视。招标投标竞争必须是建立在公平基础上的竞争,这样才可能使真正有能力的人中标,从而使招标投标活动的目的得以实现。

(3)公正原则。公正原则是指要求招标人按照事先公布的条件和标准对待各位投标人。招标人实行资格预审时,应当按照资格预审文件规定的标准和方法,对投标人进行评审。评标委员会应当按照评标标准和方法,对投标文件进行评审和比较。总之,对待所有投标人的条件要公正,这样,对各投标人才是公平的。

(4)诚实信用原则。招标人和投标人必须诚实守信,不得出现欺诈他人,损害他人利益等现象。

二、建筑工程招标方式

《招标投标法》第十条规定:"招标分为公开招标和邀请招标"。

1. 公开招标

公开招标是指招标人在指定的报刊、电子网络或其他媒体上发布招标公告,吸引众多的投标人参加投标竞争,招标人从中择优选择中标单位的招标方式。公开招标是一种无限制的竞争方式,按竞争程度又可以分为国际竞争性招标和国内竞争性招标。

这种招标方式可为所有的承包商提供一个平等竞争的机会,业主有较大的选择余地,有利于降低工程造价,提高工程质量和缩短工期,但由于参与竞争的承包商可能很多,增加了资格预审和评标的工作量,并有可能出现故意压低投标报价的投机承包商以低价挤掉对报价严肃认真而报价较高的承包商。因此,采用此种招标方式时,业主要加强资格预审,认真评标。

2. 邀请招标

邀请招标也称选择性招标或有限竞争投标,是指招标人以投标邀请书的方式邀请特定的法人或者其他组织投标,选择一定数目的法人或其他组织(不少于3家)。邀请招标的优点在于:经过选择的投标单位在施工经验、技术力量、经济和信誉上都比较可靠,因而一般能保证进度和质量要求。此外,参加投标的承包商数量少,因而招标时间相对缩短,招标费用也较少。

由于邀请招标在价格、竞争的公平方面仍存在一些不足之处,因此《招标投标法》规定,国家重点项目和省、自治区、直辖市的地方重点项目不适宜进行公开招标的,经过批准后可以进行邀请招标。

3. 公开招标与邀请招标在招标程序上的主要区别

(1)招标信息的发布方式不同。公开招标是利用招标公告发布招标信息,而邀请招标则是采用向三家以上具备实施能力的投标人发出投标邀请书,请他们参与投标竞争。

(2)对投标人资格预审的时间不同。进行公开招标时,由于投标响应者较多,为了保证投标人具备相应的实施能力,以及缩短评标时间,突出投标的竞争性,通常设置资格预审程序。而邀请招标由于竞争范围小,且招标人对邀请对象的能力有所了解,不需要再进行资格预审,但评标阶段还要对各投标人的资格和能力进行审查和比较,通常称为"资格后审"。

工程招标投标的意义

(3)邀请的对象不同。邀请招标邀请的是特定的法人或者其他组织,而公开招标则是向不特定的法人或者其他组织邀请投标。

三、建筑工程招标投标的程序

建筑工程招投标的程序如图 5-1 所示,按照招标人和投标人参与程序,可将招标过程概括划分成招标准备阶段、招标投标阶段和决标成交阶段。

(一)招标准备阶段

1. 申请招标

招标人向建设行政主管部门办理申请招标手续。申请招标文件应说明:招标工作范围;招标方式;计划工期;对投标人的资质要求;招标项目的前期准备工作的完成情况,自行招标还是委托代理招标等内容。

2. 编制招标有关文件

招标准备阶段应编制好招标过程中可能涉及的有关文件,保证招标活动的正常进行。这些文件大致包括招标广告、资格预审文件、招标文件、合同协议书,以及资格预审和评标的方法。

(二)招标投标阶段

公开招标时,从发布招标公告开始,若为邀请招标,则从发出投标邀请函开始,到投标截止日期为止的期间称为招标投标阶段。在此阶段,招标人应做好招标的组织工作,投标人则按招标有关文件的规定程序和具体要求进行投标报价竞争。

1. 公布招标公告

招标公告的作用是让潜在投标人获得招标信息,以便进行项目筛选,确定是否参与竞争。招标公告或投标邀请函的具体格式可由招标人自定,内容一般包括:招标单位名称;

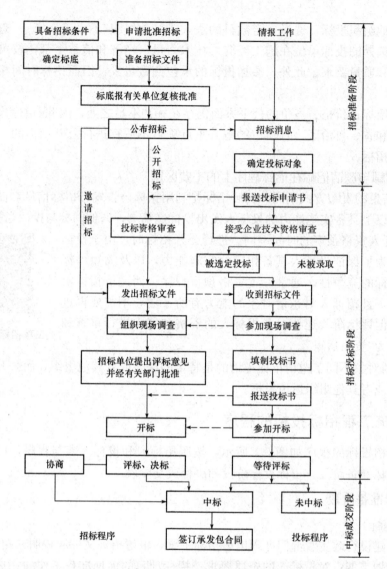

图 5-1　招标投标程序框

建设项目资金来源；工程项目概况和本次招标工作范围的简要介绍；购买资格预审文件的地点、时间和价格等有关事项。

2. 资格预审

资格预审中对潜在投标人进行资格审查，主要考察该企业总体能力是否具备完成招标工作所要求的条件。公开招标时设置资格预审程序，一是保证参与投标的法人或其他组织在资质和能力等方面能够满足完成招标工作的要求；二是通过评审优选出综合实力较强的一批申请投标人，再请他们参加投标竞争，以减小评标的工作量。

招标人应当按照资格预审公告、招标公告或者投标邀请书规定的时间、地点发售资格预审文件或者招标文件。资格预审文件或者招标文件的发售期不得少于 5 日。招标人发售资格预审文件、招标文件收取的费用应当限于补偿印刷、邮寄的成本支出，不得以营利为目的。招标人应当合理确定提交资格预审申请文件的时间。依法必须进行招标的项目提交资格预审申请文件的时间,自资格预审文件停止发售之日起不得少于5日。资格预审应当按照资格预审文件载明的标准和方法进行。资格预审结束后,招标人应当及时向资格预审申请人发出资格预审结果通知书。未通过资格预审的申请人不具有投标资格。通过资格预审的申请人少于3个的,应当重新招标。

3. 招标文件

招标人根据招标项目特点和需要编制招标文件,它是投标人编制投标文件和报价的依据,因此,应当包括招标项目的技术要求、对投标人资格审查的标准、投标报价要求和评标标准等所有实质性要求和条件,以及拟签订合同的主要条款。国家对招标项目的技术、标准有规定的,应在招标文件中提出相应要求。招标项目如果需要划分标段、有工期要求时,也需在招标文件中载明。招标文件通常分为投标须知、合同条件、技术规范、图纸和技术资料、工程量清单几大部分内容。

招标人不得以不合理的条件限制、排斥潜在投标人或者投标人。招标人有下列行为之一的,属于以不合理条件限制、排斥潜在投标人或者投标人:

(1)就同一招标项目向潜在投标人或者投标人提供有差别的项目信息;

(2)设定的资格、技术、商务条件与招标项目的具体特点和实际需要不相适应或者与合同履行无关;

(3)依法必须进行招标的项目以特定行政区域或者特定行业的业绩、奖项作为加分条件或者中标条件;

(4)对潜在投标人或者投标人采取不同的资格审查或者评标标准;

(5)限定或者指定特定的专利、商标、品牌、原产地或者供应商;

(6)依法必须进行招标的项目非法限定潜在投标人或者投标人的所有制形式或者组织形式;

(7)以其他不合理条件限制、排斥潜在投标人或者投标人。

4. 现场考察

招标人在投标须知规定的时间组织投标人自费进行现场考察。设置此程序的目的,一方面让投标人了解工程项目的现场情况、自然条件、施工条件以及周围环境条件,以便于编制投标书;另一方面,也是要求投标人通过自己的实地考察确定投标的原则和策略,避免其在合同履行过程中以不了解现场情况为理由推卸应承担的合同责任。

5. 标前会议

投标人研究招标文件和现场考察后会以书面形式提出某些质疑问题,招标人可以及时给予书面解答,也可以留待标前会议上解答。如果对某一投标人提出的问题给予书面解答时,所回答的问题必须发送给每一位投标人,以保证招标的公开和公平。回答函件作为招标文件的组成部分。如果书面解答的问题与招标文件中的规定不一致,以函件的解答为准。

(三)决标成交阶段

从开标日到签订合同这一期间称为决标成交阶段,是对各投标书进行评审比较,最终确定中标人的过程。

1. 开标

公开招标和邀请招标均应举行开标会议,体现招标的公平、公正和公开原则。开标应当在招标文件确定的提交投标文件截止时间的同一时间公开进行,开标地点应当为招标文件中预先确定的地点。所有投标人均应参加开标会议，并邀请项目有关主管部门、经办银行等代表出席，招标投标管理机构派人监督开标活动。投标人少于3个的，不得开标；招标人应当重新招标。投标人对开标有异议的，应当在开标现场提出，招标人应当场作出答复，并制作记录。

如果在开标会议上发现有下列情况之一，应否决投标：

(1)投标文件未经投标单位盖章和单位负责人签字；

(2)联合体没有共同投标协议；

(3)投标人无资格条件；

(4)提交两个以上不同的投标文件或报价，但招标文件要求除外；

(5)报价低成本或者高于招标文件设定的最高投标限价；

(6)投标文件没有对招标文件的实质性要求和条件作出响应；

(7)投标人有串通投标、弄虚作假、行贿等违法行为。

2. 评标

评标是对各投标书优劣的比较，以便最终确定中标人，由评标委员会负责评标工作。评标委员会由招标人的代表和有关技术、经济等方面的专家组成，成员人数为5人以上单数，其中招标人以外的专家不得少于成员总数的2/3。对于小型工程，由于承包工作内容较为简单，合同金额不大，可以采用即开、即评、即定的方式由评标委员会及时确定中标人。大型工程项目的评标因评审内容复杂、涉及面宽，通常需分成初评和详评两个阶段进行。

(1)初评。评标委员会以招标文件为依据，审查各投标书是否为响应性投标，确定投标书的有效性。检查内容包括投标人的资格、投标保证有效性、报送资料的完整性、投标书与招标文件的要求有无实质性背离、报价计算的正确性等。若投标书存在计算或统计错误，由评标委员会予以改正后请投标人签字确认。

(2)详评。评标委员会对各投标书实施方案和计划进行实质性评价与比较。评审时不应再采用招标文件中要求投标人考虑因素以外的任何条件作为标准。招标项目设有标底的，招标人应当在开标时公布。标底只能作为评标的参考，不得以投标报价是否接近标底作为中标条件，也不得以投标报价超过标底上下浮动范围作为否决投标的条件。

(3)评标报告。评标报告是评标委员会经过对各投标书评审后向招标人提出的结论性报告，作为定标的主要依据。评标报告应包括评标情况说明；对各个合格投标书的评价；推荐合格的中标候选人等内容。如果评标委员会经过评审，认为所有投标都不符合招标文件的要求，可以否决所有投标。出现这种情况后，招标人应认真分析招标文件的有关要求以及招标过程，对招标工作范围或招标文件的有关内容作出实质性修改后重新进行招标。

3. 定标

确定中标人前，招标人不得与投标人就投标价格、投标方案等实质性内容进行谈判。评标完成后，评标委员会应当向招标人提交书面评标报告和中标候选人名单。中标候选人应当不超过3个，并标明排序。评标报告应当由评标委员会全体成员签字。对评标结果有不同意见的评标委员会成员应当以书面形式说明其不同意见和理由，评标报告应当注明该不同意见。评标委员会成员拒绝在评标报告上签字又不书面说明其不同意见和理由的，视为同意评标结果。招标人应该根据评标委员会提出的评标报告和推荐的中标候选人确定中标人，也可以授权评标委员会直接确定中标人。中标人确定后，招标人向中标人发出中标通知书,同时将中标结果通知所有未中标的投标人并退还他们的投标保证金或保函。中标通知书对招标人和中标人具有法律效力,招标人改变中标结果或中标人拒绝签订合同均要承担相应的法律责任。依法必须进行招标的项目,招标人应当自收到评标报告之日起3日内公示中标候选人,公示期不得少于3日。投标人或者其他利害关系人对依法必须进行招标的项目的评标结果有异议的,应当在中标候选人公示期间提出。招标人应当自收到异议之日起3日内作出答复;作出答复前,应当暂停招标投标活动。

第二节 建筑企业投标报价

投标报价时承包商采取投标方式承揽工程项目时,在工程估价的基础上,考虑投标技巧及其风险等所确定的承包该工程的投标总价格。在满足招标文件要求的前提下,报价的高低是承包商能否中标的关键,同时报价又是中标者在今后与业主进行合同谈判的基础,直接关系到中标者的未来经济效益。因而承包商必须研究投标报价规律,提高报价能力,从而提高投标竞争能力与效益能力。

一、投标报价的步骤

承包工程分为总价合同、单价合同、成本加酬金合同等合同形式,不同合同形式的报价计算是有差别的。具有代表性的单价合同报价计算步骤如下。

1. 研究招标文件

资格预审合格,取得了招标文件,即进入投标实战的准备阶段。投标准备阶段的首要工作是阅读、研究、分析招标文件,充分了解其内容和要求。其目的是:弄清楚承包者的责任和报价范围,以避免在报价中发生任何遗漏;弄清楚各项技术要求,以便确定经济适用而又可能加速工期的施工方案;弄清楚工程中需使用的特殊材料和设备,以便在报价之前调查市场价格,避免因盲目估价而造成失误;整理出招标文件中含糊不清的问题,有些问题应及时提请业主或咨询工程师予以澄清。

招标文件是投标的主要依据,研究招标文件重点应放在以下几个方面。

(1)研究工程综合说明。研究工程综合说明,借以获得对工程全貌的概括性了解。初步了解工程性质结构等。

(2)仔细研究设计图纸和技术说明书。熟悉并详细研究设计图纸和技术说明书,目的在于弄清工程的技术细节和具体要求,使制订施工方案和报价有确切的依据。为此,要详细了解设计规定的各部位做法和对材料品种规格的要求;对整个建筑物及各部件的尺寸,各种图纸之间的关系都要吃透。发现不清楚或相互矛盾之处,要提请招标人解释或订正。

(3)研究合同主要条款。研究合同主要条款,明确中标后应承担的义务和责任及应享有的权利,重点是承包方式,开竣工时间及工期奖罚,材料供应及价款结算办法,预付款的支付和工程款结算办法,工程变更及停工、窝工损失处理办法等。对于国际招标的工程项目,还应研究支付工程款所用的货币种类,不同货币所占比例及汇率。这些因素最终都会反映在标价上,所以,都须认真研究,以利于减少风险。

(4)熟悉投标须知。熟悉投标须知,明确了解在投标过程中,投标人应在什么时间做什么事和不允许做什么事,其目的在于提高效率,避免造成废标,徒劳无功。

全面研究了招标文件,对工程本身和招标人的要求有了基本了解之后,投标人才便于制订自己的投标工作计划,以争取中标为目标,有秩序地开展工作。

2. 现场考察

现场考察是承包商投标报价的基础,现场考察不周,一旦随投标书提交了报价单,承包商就无权对因为现场考察不周、对因素考虑不全面提出修改投标报价或提出补偿等要求。

现场考察应包括以下内容。

(1)自然地理条件。

1)工程所在地的地理位置、地形、地貌、用地范围。

2)气象、水文情况:包括气温、湿度、风玫瑰图和风力,年平均和最大降雨量;对于水利和港湾工程,还应搜集河水流量、水位、潮汐、风浪等水文资料。

3)地质情况:表层土和下层土的地质构造及特征,承载能力、地下水情况。

4)地震及其设防烈度,洪水、台风及其他自然灾害情况。

5)以上情况对施工的主要影响。

(2)市场情况。

1)建筑和装修材料、施工机械设备、燃料、动力和生活用品的供应情况。价格水平,过去几年的批发价和零售价指数以及今后的变化趋势预测。

2)劳务市场情况:包括工人的技术水平、工资水平,有关劳动保险和福利待遇的规定,在当地雇用熟练工人、半熟练工人和普通工人的可能性以及外籍工人是否被允许入境等。

3)银行利率和外汇汇率。

(3)施工条件。

1)施工场地四周情况,布置临时设施、生活营地的可能性。

2)供排水、供电、道路条件、通信设施现状;引接或新修供水排水线路、电源、通信线路和道路的可能性及最近的路线与距离。

3)附近供应或开采砂、石、填方土壤和其他当地材料的可能性,并了解其规格、品质和适用性。

4)附近的现有建筑工程情况,包括其工程性质、施工方法、劳务来源和当地材料来源等。

5)环境对施工的限制:施工操作中的振动、噪声是否构成违背邻近公众利益而触犯环境保护法令;是否需要申请进行爆破的许可;在繁华地区施工时,材料运输、堆放的限制,对公众安全保护的习惯措施;现场周围建筑物是否需要加固、支护等。

(4)其他条件。

1)交通运输,包括陆地、海运、河运和空运的运输交通情况,主要运输工具的购置和租赁价格。

2)编制报价的有关规定:工程所在地国家或地区工程部门颁发的有关费率和取费标准;临时建筑工程的标准和收费。

3)工地现场附近的治安情况。

(5)业主情况。

1)业主的资信情况：主要是了解其资金来源和支付的可靠性。

2)履约态度：履行合同是否严肃、认真，处理意外情况时是否通情达理，谅解承包商的具体困难。

3)能否秉公办事，是否惯于挑剔刁难。

(6)竞争对手情况。了解可能参加投标竞争的公司名称、国别及其与当地合作的公司的名称；了解这些公司的能力和过去几年内的工程承包实绩；了解这些公司的突出的优势和明显的弱点；做到知己知彼，制订出合适的投标策略，发挥自己的优势而取胜。

以上是调查考察的一般内容，应针对工程具体情况而增删。考察后要写出简洁、明了的考察报告，附有参考资料、结论和建议。

3. 复核工程量

招标文件中通常都附有工程量表，投标者应根据图纸仔细核算工程量，如发现漏项或相差较大时，应通知招标单位要求更正。一般规定，未经招标业主允许，不得修改或变动工程量。如果业主在投标前未予更正，而且是对投标者不利的情况，投标者可在投标时附上声明函件，指出工程量表中的漏项或某项工程量有错误，施工结算应按实际完成量计算。也可按不平衡报价的思路报价。有时，招标文件中没有工程量表，仅有招标图纸，需要投标者根据设计图纸自行计算，按照自己的习惯或按给定的有关工程量编制方法分项目列出工程量表。在计算中应注意以下几点：

(1)正确划分分部分项工程项目，与当地现行定额项目一致。

(2)按照一定的计算顺序进行，避免漏算或重算。

(3)严格按设计图纸标明的尺寸、数据计算。

(4)在计算中要结合已定的施工方案或施工方法。

(5)最后进行认真复核检查。

复核工程量要求尽可能准确无误，因为工程量大小直接影响投标价的高低。对于总价合同，按图纸核算工程量就更为重要，特别是在总价合同条件下，由于工程量错误而导致产生的风险，是由承包商承担的，工程量的漏算或错算有可能带来无法弥补的经济损失。

如果招标的工程是一个大型项目，而投标时间又比较短，要在较短的时间内核算全部工程数量，将是十分困难的。即使时间紧迫，承包商至少应当在报价前核算那些工程数量较大和造价较高的项目。

在核算完全部工程量表中的细目后，投标者应按大项分类汇总主要工程总量，以便获得对这个工程项目施工规模的全面和清楚的概念，并用以研究采用合适的施工方法，选择适用和经济的施工机具设备。

4. 编制施工规划

招标文件中要求投标者在报价的同时要附上其施工规划。施工规划内容一般包括工程进度计划和施工方案，业主将根据这些资料评价投标者是否采取了充分和合理的措施，保证按期完成工程施工任务。另外，施工规划对投标者自己也是十分重要的：因为进度安排是否合理，施工方案选择是否恰当，对工程成本与报价有密切关系。制定施工规划的依据是设计图纸的规范，复核过的工程量表，现场施工条件，开工、竣工的日期要求，机械设备来源，劳动力来源等。

编制一个好的施工规划可以大大降低标价，提高竞争力。编制的原则是在保证工期和工程质量的前提下，尽可能使工程成本最低，投标价格合理。

5. 计算工、料、机单价(略)

6. 计算分项工程基本单价(略)

7. 计算间接费(略)

8. 考虑上级企业管理费、风险费、预计利润(略)

9. 确定投标价格(略)

二、投标报价技巧

(一)投标策略

投标策略是指承包商在投标竞争中的指导思想、系统工作部署及其参与投标竞争的方式和手段。承包商参加投标竞争，能否战胜对手而获得施工合同，在很大程度上取决于自身能否运用正确、灵活的投标策略来指导投标全过程的活动。

正确的投标策略，来自实践经验的积累、对客观规律的不断深入认识以及对具体情况的了解。同时，决策者的能力和魄力也是不可缺少的。概括来讲，投标策略可以归纳为四大要素，即"把握形势，以长胜短，掌握主动，随机应变"。具体来讲，常见的投标策略有以下几种：

(1)靠经营管理水平高取胜。这主要靠做好施工组织设计，采取合理的施工技术和施工机械，精心采购材料、设备，选择可靠的分包单位，安排紧凑的施工进度，力求节省管理费用等，从而有效地降低工程成本而获得较高的利润。

(2)靠改进设计取胜。即仔细研究原设计图纸，发现有不够合理之处，提出能够降低造价的措施。

(3)靠缩短建设工期取胜。即采取有效措施，在招标文件要求的工期基础上，再提前若干个月或若干天完工，从而使工程早投产、早收益。这也是吸引业主的一种策略。

(4)低利政策。这主要适用于承包商任务不足时，与其坐吃山空，不如以低利承包到一些工程，这还是有利的。此外，承包商初到一个新的地区，为了打入这个地区的承包市场，建立信誉，也往往采用这种策略。

(5)虽报低价，却着眼于施工索赔，从而得到高额利润。即利用图纸、技术说明书与合同条款中不明确之处寻找索赔机会。一般，索赔金额可达标价的10%~20%。不过，这种策略并不是到处可用的。

(6)着眼发展，为争取将来的优势，而宁愿目前少赚钱。承包商为了掌握某种有发展前途的工程施工技术(如建造核电站的反应堆或海洋工程等)，就可能采用这种有远见的策略。

以上各种策略不是互相排斥的，需要根据具体情况，综合、灵活运用。作为投标决策者，要对各种投标信息，包括主观因素和客观因素，进行认真、科学的综合分析，在此基础上选择投标对象，确定投标策略。总的来说，要选择与企业的装备条件和管理水平相适应，技术先进，业主的资信条件及合作条件较好，施工所需的材料、劳动力、水电供应等有保障，营利可能性大的工程项目去参加竞标。

(二)投标技巧

投标技巧是指投标人在投标报价中采用一定的手法和技巧，使招标人可以接受且中标后能获取较高利润的方法。影响报价的因素很多,往往难以做定量的测算,因此,为达到成功中标的目的,就需要进行定性分析,巧妙采用各种投标技巧,报出合理的报价。常用的投标报价技巧有以下几种。

1. 不平衡报价法

不平衡报价,是指在总价基本确定的前提下,调整内部各个子项的报价,以期既不影响总报价,又在中标后投标人可尽早收回垫支于工程中的资金和获取较好的经济效益。但要注意避免不正常的调高或压低现象,避免失去中标机会。通常采用的不平衡报价有下列几种情况:

(1)对能早期结账收回工程款的项目(如土方、基础等)的单价可报以较高价,以利于资金周转;对后期项目(如装饰、电气设备安装等),单价可适当降低。

(2)估计今后工程量可能增加的项目,其单价可提高,而工程量可能减少的项目,其单价可降低。

但上述两点要统筹考虑。对于工程量数量有错误的早期工程,如不可能完成工程量表中的数量,则不能盲目抬高单价,需要具体分析后再确定。

(3)图纸内容不明确或有错误,估计修改后工程量要增加的,其单价可提高;而工程内容不明确的,其单价可降低。

(4)暂定项目又称任意项目或选择项目,对这类项目要作具体分析,因这一类项目要开工后由发包人研究决定是否实施,由哪一家承包人实施。如果工程不分标,只由一家承包人施工,则其中肯定要做的单价可高些,不一定要做的则应低些。如果工程分标,该暂定项目也可能由其他承包人施工时,则不宜报高价,以免抬高总报价。

(5)单价包干混合制合同中,发包人要求有些项目采用包干报价时,宜报高价。一则这类项目多半有风险;二则这类项目在完成后可全部按报价结账,即可以全部结算回来。其余单价项目则可适当降低。

(6)有的招标文件要求投标者对工程量大的项目报"单价分析表",投标时可将单价分析表中的人工费及机械设备费报得较高,而材料费算得较低。这主要是为了在今后补充项目报价时可以参考选用"单价分析表"中的较高的人工费和机构设备费,而材料则往往采用市场价,因而可获得较高的收益。

(7)在议标时,承包人一般都要压低标价。这时应该首先压低那些工程量小的单价,这样即使压低了很多个单价,总的标价也不会降低很多,而给发包人的感觉却是工程量清单上的单价大幅度下降,承包人很有让利的诚意。

(8)如果是单纯报计日工或计台班机械单价,可以高些,以便在日后发包人用工或使用机械时可获得更多的营利。但如果计日工表中有一个假定的"名义工程量"时,则需要具体分析是否报高价,以免抬高总报价。总之,要分析发包人在开工后可能使用的计日工数量,然后确定报价技巧。

2. 多方案与增加方案报价法

有时招标文件中规定,可以提一个建议方案;或对于一些招标文件,如果发现工程范围不很明确、条款不清楚或很不公正,或技术规范要求过于苛刻时,则要在充分估计风险的基础上,按多方案报价法处理。即按原招标文件报一个价,然后再提出如果某条款作某些变动,报价可降低的额度。这样,可以降低总价,吸引发包人。

投标者这时应组织一批有经验的设计工程师和施工工程师,对原招标文件的设计和施工方案仔细研究,提出更理想的方案以吸引发包人,促成自己的方案中标。这种新的建议可以降低总造价或提前竣工或使工程运用更合理。但要注意的是,对原招标方案一定也要报价,以供发包人比较。

3. 突然袭击法

由于投标竞争激烈,为迷惑对方,有意泄露一些假情报,如不打算参加投标或准备投高标,表现出无利可图等假象,到投标截止之前几个小时,突然前往投标并压低投标价,从而使对手措手不及而败北。

4. 低投标价夺标法

低投标价夺标法是非常情况下采用的非常手段。比如,企业大量窝工,为减少亏损,或为打入某一建筑市场,或为挤走竞争对手保住自己的地盘,于是制订了严重亏损标,力争夺标。若企业无经济实力,信誉不佳,此法也不一定会奏效。

5. 先亏后盈法

对大型分期建设工程,在第一期工程投标时,可以将部分间接费分摊到第二期工程中去,少计算利润,以争取中标。这样在第二期工程投标时,凭借第一期工程的经验、临时设施以及创立的信誉,比较容易拿到第二期工程。但第二期工程遥遥无期时,则不宜这样考虑,以免承担过高的风险。

6. 开口升级法

把报价视为协商过程,把工程中某项造价高的特殊工作内容从报价中减掉,使报价成为竞争对手无法相比的"低价"。利用这种"低价"来吸引发包人,从而取得了与发包人进一步商谈的机会,在商谈过程中逐步提高价格。当发包人明白过来当初的"低价"实际上是个诱饵时,往往已经在时间上处于谈判弱势,丧失了与其他承包人谈判的机会。

7. 联合保标法

在竞争对手众多的情况下,可以采取几家实力雄厚的承包商联合起来的方法来控制标价,一家出面争取中标,再将其中部分项目转让给其他承包商二包,或轮流相互保标。但此种报价方法实行起来难度较大,一方面要注意到联合保标几家公司间的利益均衡,另一方面要保密;否则,一旦被业主发现,有取消投标资格的可能。

影响投标决策的因素

第三节 建设工程合同管理

一、建设工程合同的基本概念及分类

工程合同,又称建设工程合同,是承包人进行工程建设、发包人支付价款的合同。即项目业主或其代理人与项目承包商或供应人为完成一个确定的项目所指向的目标或规定的内容，明确双方的权利义务关系而达成的协议。

建设工程合同有多种分类，通常可按工程承包范围、工程计价方式划分。

(一)按工程承包范围划分

1. 工程总承包合同

工程总承包合同，即通常所说的"交钥匙"合同。采用这种合同的工程项目，主要是大、中型工业、交通和基础设施。建设单位一般只要提出使用要求和建设期限，总承包商即可对项目建议书、可行性研究、勘察设计、设备询价与选购、材料供应、建筑安装施工、生产职工培训，直至竣工投产实行全面总承包，并负责对各阶段、各专业的分包商进行综合管理、协调和监督工作。为了有利于建设和生产(使用)的衔接，必要时也可吸收建设单位的部分人员，在总承包单位的统一组织下，参加工程项目建设的有关工作。这种合同要求承发包双方密切配合协作，对建设过程中不同阶段双方的权利、义务和责任应分别作出明确规定。其优越性是可以积累经验和充分利用已有的成熟经验，达到节约投资、缩短建设周期、保证工程质量、提高经济效益的目的。当然，也要求总承包单位必须具有雄厚的技术经济实力和丰富的组织管理能力。

2. 工程分包合同

工程分包合同是以建设过程中的某一阶段或某些阶段的工作为标的的承包合同，主要包括建设项目可行性研究合同、勘察设计合同、材料设备采购供应合同、建筑安装施工合同等。工程分包合同，依承包内容又可分为：

(1)全部包工包料。即承包方承包工程所用的全部人工和材料。这种合同采用较普遍。

(2)包工、包部分材料。即承包方负责提供施工所需全部人工和部分材料，其余部分材料由发包单位负责供应。我国曾长期实行的由建设单位负责提供统配材料的做法，就属于这种合同。

(3)包工不包料。即劳务合同，俗称"包清工"。承包方仅按发包方的要求提供劳务，不承担提供任何材料的义务。我国在对外承包工程以及国内工程中使用农村建筑队伍时，都存在这种合同形式。

3. 工程专项承包合同

工程专项承包合同是以建设过程中某一阶段某一专业性项目为标的的承包合同。其内容有些属技术服务性质，如可行性研究中的辅助研究项目，勘察设计阶段的工程地质勘察、供水水源勘察、特殊工艺设计以及生产技术人员培训等。有些属专业施工性质，如深基础处理、金属结构的制作和安装、各种专用设备系统的安装等。这种合同通常由总承包单位与相应的专业分包单位签订；有时，也可由建设单位与专业承包商签订直接合同。总承包商应为专业承包商的工作提供便利条件，并协调现场有关各方面的关系。

4. 工程联合承包合同

工程联合承包合同简称 BOT 合同，是 20 世纪 80 年代新兴的一种带资承包方式，主要适用于大型基础设施项目，如高速公路、地下铁道、海底隧道、发电厂等。通常由项目所在国的政府确定项目，通过招标方式选定承办者；或先由有意承办者向政府提出项目建议，经政府批准而取得承办资格。承办者一般为大承包商或开发商牵头，有金融机构和设备供应厂商参加的大财团。确定建设项目及其承办者后，承办者组建项目公司，在项目所在国注册，政府与项目公司签订特许合同(协议)，授权该公司进行可行性研究、筹资、工程设计、设备采购、建筑安装施工，直至竣工验收的全部工作；而且，投产后在特许期内经营该项目，以经营收益偿还借款、支付利息、回收投资，并获得利润；特许期满，即将该项目无偿地转让给项目所在国政府。这种承包方式的好处是在项目所在国政府方面，既可解决大型建设项目资金短缺问题，且不形成债务；又可解决本国或地区缺乏建设经验及经营管理能力的问题；还可转移建设和经营中的风险。在项目承办者方面，牵头的承包商或开发商可创造投资机会、扩大市场。实行"交钥匙"总承包，不仅在项目实施各阶段都有营利机会，而且向前延伸到前期工作阶段，向后延续到投产运营阶段；其他参与者如咨询公司、勘察设计机构、材料设备供应厂商、专业分包商及金融机构等，也都有营利机会。但是，这种项目规模大、内容复杂、建设周期长、相关环节多、牵涉面广，风险因素也多。

(二) 按工程计价方式划分

1. 固定总价合同

固定总价合同是按承发包双方商定的总价承包工程。它的特点是以图纸和工程说明为依据，明确承包内容并计算承包价，而且一笔包死。在合同执行过程中，除非发包单位要求变更原定的承包内容，承发包双方一般不得要求变更承包价。采用这种计价方法，如果设计图纸和说明书达到一定深度，能据此比较精确地估算造价，合同条件也考虑得比较周全，对承发包双方都不致有太多风险，不失为一种比较简便的承包方式。但是，如果图纸和说明书不够详细，未知数比较多，或者工期比较长，材料价格变动和气候变化难以预料，则承包企业就会承担较大风险，往往要加大不可预见费，因而不利于降低造价，最终对建设单位不利。因此，这种确定承包价的方法，通常仅适用于规模较小、技术不太复杂的工程。

2. 固定单价合同

固定单价合同又称单价合同，也称工程量清单合同。固定单价合同的基础是明确划分出价位的各种工作的名称和工作量，以及各种工作的单位报价。在没有施工图的情况下就开工，或虽有施工图但对工程某些条件尚不完全清楚的情况下，不能比较精确地计算出工程量，为避免风险，故采用固定单价合同。这种合同有两种主要形式，分别适用于不同的情况。

(1) 按分部分项工程承包单价，即由发包单位开列分部分项工程名称、计量单位和估计工程量，由承包单位填报单价，签订单价合同，将来根据实际完成的工程数量，按合同单价结算工程价款。这种计价方式主要适用于没有施工图、工程量不明而又须立即开工的紧急工程。某些大型土木工程，虽有施工图和近似工程量，但在实际工作中可能会出现较大的变化，例如，铁路或水电建设中的隧洞开挖，就可能因反常的地质条件而使土石方数量产生较大的变化，为了使承发包双方都能避免由此而带来的风险，通常也采用单价合同。

(2) 按最终产品承包单价，即按每 1 m^2 住宅、每 1 m^2 道路以及每 1 m 延长管线等最终产品的单价承包工程。这种方式通常适用于大量兴建的采用标准设计的工程。例如，城市中成片建设的住宅小区就可采用这种计价方式。

3. 计量估价合同

计量估价合同以工程量清单和单价表为依据来计算承包价，通常由建设单位委托专业估算师提出工程量清单，作为招标文件的重要组成部分，列出分部分项工程量，诸如挖土方若干立方米、混凝土若干立方米、砖砌体若干立方米、墙面抹灰若干平方米等，由承包商填列单价,再算出总造价;个别项目在特殊条件下(如深基础打桩)还可规定报暂定价,允许按实际发生情况调整。因为工程量是统一计算出来的,承包企业只要经过复核并填报适当的单价即可得出总造价,承担风险较小;发包单位也只要审核单价是否合理即可,对双方都比较方便。目前,国际上采用这种方式确定承包价者较多。我国的施工图预算也属于此种类型。

4. 成本加酬金合同

成本加酬金合同的基本特点是按工程实际发生的成本,加上商定的总管理费和利润,来确定工程总造价。工程成本包括人工费、材料费、施工机械使用费、其他直接费和施工管理费以及各项独立费,但不包括承包企业的总管理费和应缴纳的税金。这种计价方式主要适用于开工前对工程内容尚不十分清楚的情况,如边设计边施工的紧急工程、遭受自然灾害或战火破坏需修复的工程等。实行建设全过程总承包的"交钥匙"工程,通常也采用这种计价方式。在实践中,成本加酬金的具体做法主要有以下四种:

(1)成本加固定百分数酬金,计算方法可用下列计算式说明:

$$C = C_a(1+P) \tag{5-1}$$

式中 C——合同总价;

C_a——实际发生的工程成本;

P——固定的百分数。

由于总价 C 将随成本 C_a 而水涨船高,不能鼓励承包商关心降低成本和缩短工期,因而对建设单位是不利的。在实践中,除遭受灾害破坏须紧急修复的工程外,一般很少采用这种计价方式。

(2)成本加固定酬金。计算方法如下式:

$$C = C_a + F \tag{5-2}$$

式中 F——酬金,是事先商定的一笔固定数额。

这种计价方式虽然起不到鼓励承包商关心降低成本的作用,但从尽早取得酬金出发,将会促使承包商关心缩短工期,这是可取之处。为了鼓励承包商更好地工作,也有在固定酬金之外,再根据工程质量、工期和降低成本情况另加奖金的。

(3)成本加浮动酬金。即成本按实际发生数额计算,但酬金数额是浮动的。采用这种计价方式,须事先商定成本和酬金的预期水平;如果实际成本恰好等于预期水平,则工程造价就是成本加固定数额酬金。以计算式表示(式中 C_0、F_0 表示预定的成本和酬金),即

如 $C_a = C_0$,则 $C = C_a + F_0$

如果实际成本低于预期水平,则增加酬金,以算式表示,即

如 $C_a < C_0$,则 $C = C_a + F_0 + \Delta F$

如果实际成本超出预期水平,则减少酬金,以算式表示,即

如 $C_a > C_0$ 则 $C = C_a + F_0 - \Delta F$

式中 ΔF——酬金增减部分,可以是一个百分数,也可以是一个绝对数。

采用这种计价方式,通常规定当实际成本超支而导致酬金减少时,以原定的预期酬金数额为减少的最高限度;也就是在最坏的情况下,承包商将得不到任何酬金,但不承担赔偿成本超支的责任。

(4)目标成本加奖罚。承发包双方事先要商定目标成本和酬金的百分数;最后结算时,

如实际成本高于目标成本，并超出预先规定的界限（如 5％），则减少酬金；如实际成本低于目标成本一定幅度（如 5％），则增加酬金。用计算式表示，即：

$$C=C_a+P_1C_0+P_2(C_0-C_a) \tag{5-3}$$

式中　C_0——目标成本；
　　　P_1——基本酬金百分数；
　　　P_2——奖罚百分数。

这种计价方式可促使承包商关心降低成本和缩短工期，而且目标成本可以随设计深度作相应的调整，故承发包双方都不会承担多大风险，有其可取之处。实行全过程承包的建设项目，一般不大可能采用总价合同或单价合同，而多采用这种计价方式。

二、建设工程合同管理的概念及特征

建设工程合同管理是指对工程合同的签订、履行、变更和解除进行监督检查，对合同履行过程中发生的争议或纠纷进行处理，以确保合同依法订立和全面履行。工程合同管理贯穿于合同签订、履行、终结直至归档的全过程。

工程合同管理具有如下特征：

(1) 管理过程持续时间长。建筑工程项目是一个渐进的过程，工程持续时间长，这使得相关的合同，特别是工程承包合同的生命期较长。它不仅包括施工期，而且包括招标投标和合同谈判以及保修期，所以，一般至少两年，长的可达 5 年或更长时间。合同管理必须在这么长时间内连续、不间断地进行，从领取标书直到合同完成并失效。

(2) 对工程经济效益影响大。工程价值量大，合同价格高，使得合同管理对工程经济效益影响很大。管理好工程项目合同，可使承包商避免亏本、赢得利润，否则承包商要蒙受较大的经济损失，这已为许多工程实践所证明。在现代工程中，由于竞争激烈，合同价格中包括的利润减少，合同管理中稍有失误，就会导致工程亏本。

(3) 合同变更频繁。由于工程过程中内外干扰事件多，合同变更频繁。一个稍大的工程，合同实施中的变更可能有几百项。合同实施必须按情况不断地调整，这就要求合同管理必须是动态的，必须加强合同控制和变更的管理工作。

(4) 管理技术高度准确、严密、精细。合同管理工作极为复杂、烦琐，是高度准确、严密和精细的管理工作。

(5) 受外界影响大、风险大。由于合同实施时间长、涉及面广，所以，受外界环境如经济条件、社会条件、法律和自然条件等的影响大，风险大。这些因素承包商难以预测，不能控制，但都会妨碍合同的正常实施，造成经济损失。

三、建设工程合同管理的内容与程序

1. 建设工程合同管理的内容

(1) 对合同履行情况进行监督检查。通过检查发现问题，及时协调解决，提高合同履约率。主要包括下面几点：

1) 检查合同法及有关法规的贯彻执行情况；
2) 检查合同管理办法及有关规定的贯彻执行情况；
3) 检查合同签订和履行情况，减少和避免合同纠纷的发生。

(2)经常对项目经理及有关人员进行合同法及有关法律知识教育,提高合同管理人员的素质。

(3)建立健全工程项目合同管理制度。其包括项目合同归口管理制度,考核制度,合同用章管理制度,合同台账、统计及归档制度。

(4)对合同履行情况进行统计分析。其包括工程合同的份数、造价、履约率、纠纷次数、违约原因、变更次数及原因等。通过统计分析手段,发现问题,及时协调解决,提高利用合同进行生产经营的能力。

(5)组织和配合有关部门做好有关工程项目合同的鉴证、公证和调解、仲裁及诉讼活动。

2. 建设工程合同管理的程序

工程合同管理应遵循以下程序:

(1)合同评审。

(2)合同订立。

(3)合同实施计划编制。

(4)合同实施控制。

(5)合同综合评价。

(6)有关知识产权的合法使用。

四、建设工程合同管理制度

为了更好地落实合同管理工作,建筑企业必须建立完善的工程合同管理制度。

1. 施工企业内部合同会签制度

由于施工企业的合同涉及施工企业各个部门的管理工作,为了保证合同签订后得以全面履行,在合同未正式签订前,由办理合同的业务部门会同企业施工、技术、材料、劳动、机械动力和财务等部门共同研究,提出对合同条款的具体意见,进行会签。在施工企业内部实行合同会签制度,有利于调动企业各部门的积极性,发挥各部门的管理作用,群策群力,集思广益,以保证合同履行的可行性,并促使施工企业各部门之间相互衔接和协调,确保合同的全面及实际履行。

2. 合同签订审查批准制度

为了使施工企业的合同签订后合法、有效,必须在签订前履行审查、批准手续。审查是指将准备签订的合同在部门之间会签后,送给企业主管合同的机构或法律顾问进行审查;批准是由企业主管或法定代表人签署意见,同意对外正式签订合同。通过严格的审查批准手续,可以使合同的签订建立在可靠的基础上,尽量防止合同纠纷的发生,以维护企业的合法权益。

3. 印章制度

施工企业合同专用章系代表企业在经营活动中对外行使权利、承担义务、签订合同的凭证。因此,企业对合同专用章的登记、保管、使用等都要有严格的规定。合同专用章应由合同管理员保管、签印,并实行专章专用。合同专用章只能在规定的业务范围内使用,不能超越范围使用;不准为空白合同文本加盖合同印章;不得为未经审查批准的合同文本加盖合同印章;严禁与合同洽谈人员勾结,利用合同专用章谋取个人私利。若出现上述情况，应追究合同专用章管理人员的责任。凡外出签订合同时，应由合同专用章管理人员携章陪同负责办理签约的人员一起前往签约。

4. 统计考核制度

合同统计考核制度，是施工企业整个统计报表制度的重要组成部分。完善的合同统计考核制度，是运用科学的方法，利用统计数字，反馈合同订立和履行情况，通过对统计数字的分析总结经验，找出教训，为企业经营决策提供重要依据。施工企业合同考核制度包括统计范围、计算方法、报表格式、填报规定、报送期限和部门等。施工企业一般是对中标率、合同谈判成功率、合同签约率（即实行合同面）和合同履约率进行统计考核。

5. 评估制度

合同管理制度是合同管理活动及其运行过程的行为规范，合同管理制度是否健全是合同管理能否奏效的关键所在。因此，建立一套有效的合同管理评估制度是十分必要的。合同管理评估制度主要有以下几个特点：

(1)合法性。合法性是指合同管理制度符合国家有关法律、法规的规定。

(2)规范性。规范性是指合同管理制度具有规范合同行为的作用，对合同管理行为进行评价、指导、预测，对合法行为进行保护奖励，对违法行为进行预防、警示或制裁等。

(3)实用性。实用性是指合同管理制度能适应合同管理的需求，以便于操作和实施。

(4)系统性。系统性是指各类合同的管理制度是一个有机结合体，互相制约、互相协调，在工程建设合同管理中，能够发挥整体效应。

(5)科学性。科学性是指合同管理制度能够正确反映合同管理的客观经济规律，能保证人们利用客观规律进行有效的合同管理。

6. 检查和奖惩制度

发现和解决合同履行中的问题，协调企业各部门履行合同中的关系，施工企业应建立合同签订、履行的监督检查制度。通过检查及时发现合同履行管理中的薄弱环节和矛盾，以提出改进意见，促进企业各部门不断改进合同履行管理工作，提高企业的经营管理水平。通过定期的检查和考核，对合同履行管理工作完成好的部门和人员给予表扬鼓励；成绩突出并有重大贡献的人员，给予物质奖励。对于工作差、不负责任或经常"扯皮"的部门和人员要给予批评教育；对玩忽职守、严重渎职或有违法行为的人员要给予行政处分、经济制裁，情节严重触及刑法的要追究刑事责任。实行奖惩制度有利于增强企业各部门和有关人员履行合同的责任心，是保证全面履行合同的极其有力的措施。

7. 管理目标制度

合同管理目标制是各项合同管理活动应达到的预期结果和最终目的。合同管理的目的是施工企业通过自身在合同的订立和履行过程中进行的计划、组织、指挥、监督和协调等工作，促使企业内部各部门、各环节互相衔接、密切配合，进而使人、财、物各要素得到合理组织和充分利用，保证企业经营管理活动的顺利进行，提高工程管理水平，增强市场竞争能力，从而达到高质量、高效益，满足社会需要，更好地为发展和完善建筑业市场经济服务。

8. 管理质量责任制度

这是施工企业的一项基本管理制度。其具体规定企业内部具有合同管理任务的部门和合同管理人员的工作范围，履行合同中应负的责任，以及拥有的职权。这一制度有利于企业内部合同管理工作的分工协作、责任明确、任务落实、人人负责,从而调动企业合同管理人员以及合同履行中涉及的有关人员的积极性,促进施工企业合同管理工作正常开展,保证合同圆满完成。

建筑施工企业应当建立完善的合同管理质量责任制度,确保人员、部门、制度三个方面的落实,一方面把合同管理的质量责任落实到人,让合同管理部门的主管人员和合同管理员的工作质量与奖惩制度挂钩,以引起具体人员的真正重视;另一方面把合同签约、履约考评落实到人,按类分派不同的合同管理员全过程负责不同的合同的签约和履约,以便及时发现问题、解决问题。

五、《建设工程施工合同(示范文本)》简介

根据有关工程建设施工的法律法规,结合我国工程建设施工的实际情况,并借鉴了国际上广泛使用的土木工程施工合同(特别是 FIDIC 土木工程施工合同条件),原建设部、国家工商行政管理局于 1999 年 12 月 24 日发布了《建设工程施工合同(示范文本)》(以下简称《施工合同文本》),并于 2017 年进行了修订。

《施工合同文本》由协议书、通用条款、专用合同条款 3 个部分组成,并附有 11 个附件:附件一是"承包人承揽工程项目一览表"、附件二是"发包人供应材料设备一览表"、附件三是"工程质量保修书"、附件四"主要建设工程文件目录"、附件五是"承包人用于工程施工的机械设备表"、附件六是"承包人主要施工管理人员表"、附件七是"分包人主要施工管理人员表"、附件八是"履约担保格式"、附件九是"预付款担保格式"、附件十是"支付担保格式"、附件十一是"暂估价一览表"。

1. 协议书

合同协议书是施工合同的总纲性法律文件,经过双方当事人签字盖章后合同即生效。标准化的协议书格式文字量不大,需要结合承包工程的特点填写约定的内容,其包括工程概况、工程承包范围、合同工期、质量标准、合同价款及合同生效时间,并明确对双方有约束力的合同文件组成。

2. 通用条款

通用合同条款是合同当事人根据《中华人民共和国建筑法》《中华人民共和国合同法》等法律法规的规定,就工程建设的实施及相关事项,对合同当事人的权利义务作出的原则性约定。

通用合同条款共计 20 条,具体条款分别为:一般约定,发包人,承包人,监理人,工程质量,安全文明施工与环境保护,工期和进度,材料与设备,试验与检验,变更,价格调整,合同价格、计量与支付,验收和工程试车,竣工结算,缺陷责任与保修,违约,不可抗力,保险,索赔和争议解决。前述条款安排既考虑了现行法律法规对工程建设的有关要求,也考虑了建设工程施工管理的特殊需要。

3. 专用条款

由于具体实施工程项目的工作内容各不相同,施工现场和外部环境条件各异,因此必须有反映招标工程具体特点和要求的专用合同条款的约定。合同范本中的专用条款部分只为当事人提供了编制具体合同时应包括的内容的指南,具体内容由当事人根据发包工程的实际要求细化。

具体工程项目编制专用条款的原则是：结合项目特点，针对通用条款的内容进行补充或修正，达到相同序号的通用条款和专用条款共同组成某一方面问题内容完备的约定。

4. 附件

范本中为使用者提供了 11 个标准化附件，如前所述，如果具体项目的实施为包工包料，则可以不使用发包人供应材料设备表。

合同管理涉及的有关各方包括合同当事人和工程师。

合同当事人包括发包人和承包人。发包人是指在协议书中约定，具有工程发包主体资格和支付工程价款能力的当事人以及取得当事人资格的合法继承人。承包人是指在协议书中约定，被发包人接受具有工程施工承包主体资格的当事人以及取得该当事人资格的合法继承人。

施工合同示范文本定义的工程师，包括建设单位委派的总监理工程师或发包人指定的履行合同的负责人两种情况。

第四节　建筑工程索赔

一、索赔的概念与特征

建筑工程索赔通常是指在工程合同履行过程中，合同当事人一方因非自身因素或对方不履行或未能正确履行合同而受到经济损失或权利损害时，通过一定的合法程序向对方提出经济或时间补偿的要求。索赔是一种正当的权利要求，它是发包方、监理工程师和承包方之间一项正常、大量发生且普遍存在的合同管理业务，是一种以法律和合同为依据、合情合理的行为。

建设工程索赔包括狭义的建设工程索赔和广义的建设工程索赔。

(1)狭义的建设工程索赔。狭义的建设工程索赔是指人们通常所说的工程索赔或施工索赔。工程索赔是指建设工程承包商在由于发包人的原因或发生承包商和发包人不可控制的因素而遭受损失时，向发包人提出的补偿要求。这种补偿包括补偿损失费用和延长工期。

(2)广义的建设工程索赔。广义的建设工程索赔是指建设工程承包商由于合同对方的原因或合同双方不可控制的原因而遭受损失时，向对方提出的补偿要求。这种补偿可以是损失费用索赔，也可以是索赔实物。它不仅包括承包商向发包人提出的索赔，而且还包括承包商向保险公司、供货商、运输商、分包商等提出的索赔。

从索赔的基本含义，可以看出索赔具有以下基本特征：

(1)索赔是双向的，不仅承包人可以向发包人索赔，发包人同样也可以向承包人索赔。由于实践中发包人向承包人索赔发生的频率相对较低，而且在索赔处理中，发包人始终处于主动和有利地位，对承包人的违约行为，发包人可以直接从应付工程款中扣抵、扣留保留金或通过履约保函向银行索赔来实现自己的索赔要求，因此，在工程实践中大量发生的、处理比较困难的是承包人向发包人的索赔，这也是工程师进行合同管理的重点内容之一。

(2)只有实际发生了经济损失或权利损害，一方才能向对方索赔。经济损失是指因对方因素造成合同外的额外支出，如人工费、材料费、机械费、管理费等额外开支；权利损害是指虽然没有经济上的损失，但造成了一方权利上的损害，如由于恶劣天气条件对工程进度的不利影响，承包人有权要求工期延长等。因此，发生了实际的经济损失或权利损害，应是一方提出索赔的一个基本前提条件。

(3)索赔是一种未经对方确认的单方行为，与我们通常所说的工程签证不同。在施工过程中，签证是承发包双方就额外费用补偿或工期延长等达成一致的书面证明材料和补充协议，它可以直接作为工程款结算或最终增减工程造价的依据。而索赔则是单方面行为，对对方尚未形成约束力，这种索赔要求能否得到最终实现，必须通过确认（如双方协商、谈判、调解或仲裁、诉讼）后才能得知。

二、索赔的作用

索赔与项目合同同时存在，它的作用主要体现在以下几个方面：

(1)索赔是合同和法律赋予正确履行合同者免受意外损失的权利，索赔是当事人一种保护自己、避免损失、增加利润、提高效益的重要手段。

(2)索赔是落实和调整合同双方责、权、利关系的手段，也是合同双方风险分担的又一次合理再分配，离开了索赔，合同责任就不能全面体现，合同双方的责、权、利关系就难以平衡。

(3)索赔是合同实施的保证。索赔是合同法律效力的具体体现，对合同双方形成约束条件，特别能对违约者起到警戒作用，违约方必须考虑违约的后果，从而尽量减少其违约行为的发生。

(4)索赔对提高企业和工程项目管理水平起着重要的促进作用。我国承包商在许多项目上无法索赔，与其企业管理松散、计划实施不严、成本控制不力等有着直接关系。没有正确的工程进度网络计划，就难以证明延误的发生及天数；没有完整、翔实的记录，就缺乏索赔定量要求的基础。

三、索赔的分类

(一)按索赔的目的分类

1. 工期索赔

由于非承包人责任的原因而导致施工进程延误，要求批准顺延合同工期的索赔，称为工期索赔。工期索赔在形式上是对权利的要求，以避免在原定合同竣工日不能完工时，被发包人追究拖期违约责任。一旦获得批准合同工期顺延后，承包人不仅免除了承担拖期违约赔偿费的严重风险，而且可能因提前工期而得到奖励，最终仍会反映在经济收益上。

2. 费用索赔

费用索赔的目的是要求经济补偿。当施工的客观条件改变导致承包人增加开支，可要求对超出计划成本的附加开支给予补偿，以挽回不应由其承担的经济损失。

(二)按索赔当事人分类

1. 承包商与发包人之间的索赔

承包商与发包人之间的索赔大都是有关工程量计算、变更、工期、质量和价格方面的争议,也有中断或终止合同等其他违约行为的索赔。

2. 承包商与分包商之间的索赔

承包商与分包商之间的索赔内容与承包商与发包人之间的索赔大致相似,但大多数是分包商向总包商索要付款和赔偿及承包商向分包商罚款或扣留支付款等。

3. 承包商与供货商之间的索赔

承包商与供货商之间的索赔内容多系商贸方面的争议,如货品质量不符合技术要求、数量短缺、交货拖延、运输损坏等。

(三)按索赔的原因分类

1. 工程延误索赔

工程延误索赔是因发包人未按合同要求提供施工条件,如未及时交付设计图纸、施工现场、道路等,或因发包人指令工程暂停或不可抗力事件等原因造成工期拖延的,承包商对此提出的索赔。

2. 工程范围变更索赔

工程范围变更的索赔是指发包人和承包商对合同中规定工作理解的不同而引起的索赔。其责任和损失不如延误索赔那么容易确定,如某分项工程所包含的详细工作内容和技术要求、施工要求很难在合同文件中用语言描述清楚,设计图纸也很难对每一个施工细节的要求都说得清清楚楚。另外,设计的错误和遗漏,或发包人和设计者主观意志的改变都会导致向承包商发布变更设计的命令。

工程范围变更的索赔很少能独立于其他类型的索赔之外,例如,工作范围的索赔通常导致延期索赔。如设计变更引起的工作量和技术要求的变化都可能被认为是工作范围的变化,为完成此变更可能增加时间,并影响原计划工作的执行,从而可能导致随之而来的延期索赔。

3. 施工加速索赔

施工加速索赔经常是延期或工作范围索赔的结果,有时也被称为赶工索赔。施工加速索赔与劳动生产率的降低关系极大,因此,又可称为劳动生产率损失索赔。如果发包人要求承包商比合同规定的工期提前,或者因工程前段的承包商的工程拖期,要后一阶段工程的另一位承包商弥补已经损失的工期,使整个工程按期完工,这样,承包商可以因施工加速,成本超过原计划的成本而提出索赔,其索赔的费用一般应考虑加班工资,雇用额外劳动力,采用额外设备,改变施工方法,提供额外监督管理人员和由于拥挤、干扰、加班引起的疲劳造成的劳动生产率损失等所引起的费用的增加。在国外的许多索赔案例中,劳动生产率损失通常数量很大,但一般不易被发包人接受。这就要求承包商在提交施工加速索赔报告中提供施工加速对劳动生产率的消极影响的证据。

4. 不利现场条件索赔

不利的现场条件是指合同的图纸和技术规范中所描述的条件与实际情况有实质性的不同或虽合同中未作描述,但也是一个有经验的承包商无法预料的。一般是地下的水文地质条件，但也包括某些隐藏着的不可知的地面条件。

不利现场条件索赔近似于工作范围索赔，而又与大多数工作范围索赔有所不同。不利现场条件索赔应归咎于确实不易预知的某个事实。如现场的水文、地质条件在设计时全部弄得一清二楚几乎是不可能的，只能根据某些地质钻孔和土样试验资料来分析和判断。要对现场进行彻底全面的调查将会耗费大量的成本和时间，一般发包人不会这样做，承包商在短短的投标报价时间内更不可能做这种现场调查工作。这种不利现场条件的风险由发包人来承担是合理的。

(四)按索赔的合同依据分类

1. 合同内索赔

合同内索赔是指以合同条款为依据，在合同中有明文规定的索赔，如工期延误、工程变更、工程师提供的放线数据有误、发包人不按合同规定支付进度款等。这种索赔由于在合同中有明文规定，往往容易成功。

2. 合同外索赔

合同外索赔在合同文件中没有明确的叙述，但能够根据合同文件的某些内容合理推断出可以进行此类索赔，而且此索赔并不违反合同文件的其他任何内容。例如，在国际工程承包中，当地货币贬值可能给承包商造成损失，对于合同工期较短的，合同条件中可能没有规定如何处理。当由于发包人原因使工期拖延，而又出现汇率大幅度下跌时，承包商可以提出这方面的补偿要求。

3. 道义索赔

道义索赔(又称额外支付)是指承包商在合同内或合同外都找不到可以索赔的合同依据或法律根据，因而没有提出索赔的条件和理由，但承包商认为自己有要求补偿的道义基础，而对其遭受的损失提出具有优惠性质的补偿要求，即道义索赔。道义索赔的主动权在发包人手中，发包人在下面四种情况下，可能会同意并接受这种索赔：

(1)若另找其他承包商，费用会更大。

(2)为了树立自己的形象。

(3)出于对承包商的同情和信任。

(4)谋求与承包商更理解或更长久的合作。

(五)按索赔方式分类

1. 单项索赔

单项索赔是针对某一干扰事件提出的，在影响原合同正常运行的干扰事件发生时或发生后，由合同管理人员立即处理，并在合同规定的索赔有效期内向发包人或监理工程师提交索赔要求和报告。单项索赔通常原因单一、责任单一、分析起来相对容易，由于涉及的金额一般较小，双方容易达成协议，处理起来也比较简单。因此，合同双方应尽可能地用此种方式来处理索赔。

2. 综合索赔

综合索赔又称一揽子索赔，一般在工程竣工前和工程移交前，承包商将工程实施过程中因各种原因未能及时解决的单项索赔集中起来进行综合考虑，提出一份综合索赔报告，由合同双方在工程交付前后进行最终谈判，以一揽子方案解决索赔问题。在合同实施过程中，有些单项索赔问题比较复杂，不能立即解决，为了不影响工程进度，经双方协商同意后留待以后解决。有的是发包人或监理工程师对索赔采用拖延办法，迟迟不作答复，致使索赔谈判旷日持久。还有的是承包商因自身原因，未能及时采用单项索赔方式等，这些都有可能出现一揽子索赔。由于在一揽子索赔中许多干扰事件交织在一起，影响因素比较复杂而且相互交叉，责任分析和索赔值计算都很困难，索赔涉及的金额往往又很大，双方都不愿或不容易作出让步，使索赔的谈判和处理都很困难。因此，综合索赔的成功率比单项索赔要低得多。

四、索赔的程序

(一)承包商提出索赔要求

1. 发出索赔意向通知

索赔事件发生后，承包商应在索赔事件发生后的28天内向工程师递交索赔意向通知，声明将对此事件提出索赔。该意向通知是承包商就具体的索赔事件向工程师和发包人表示的索赔愿望和要求。

2. 递交索赔报告

索赔意向通知提交后28天内，或工程师可能同意的其他合理时间，承包商应递送正式的索赔报告。索赔报告的内容应包括事件发生的原因，对其权益影响的证据资料，索赔的依据，此项索赔要求补偿的款项和工期延误天数的详细计算等有关材料。

(二)工程师审核索赔报告

1. 工程师审核承包商的索赔申请

接到承包商的索赔意向通知后，工程师应建立自己的索赔档案，密切关注事件的影响，检查承包商的同期记录时，随时就记录内容提出他的不同意见或他希望应予以增加的记录项目。

在接到正式索赔报告以后，认真研究承包商报送的索赔资料，通过对事件的分析，依据合同条款划清责任界限。审查承包商提出的索赔补偿要求，剔除其中的不合理部分，拟定自己计算的合理索赔款额和工期顺延天数。

2. 判定索赔成立的条件

工程师判定承包商索赔成立的条件为：

(1)与合同相对照，事件已造成了承包商施工成本的额外支出，或总工期延误；

(2)造成费用增加或工期延误的原因，按合同约定不属于承包商应承担的责任，包括行为责任或风险责任；

(3)承包商按合同规定的程序提交了索赔意向通知和索赔报告。

上述三个条件没有先后主次之分，应当同时具备。只有工程师认定索赔成立后，才处理应给予承包商的补偿额。

(三)确定合理的补偿额

1. 工程师与承包商协商补偿

工程师核查后初步确定应予以补偿的额度往往与承包商的索赔报告中要求的额度不一致，甚至差额较大。主要原因包括对承担事件损害责任的界限划分不一致，索赔证据不充分，索赔计算的依据和方法分歧较大等，因此，双方应就索赔的处理进行协商。

2. 工程师索赔处理决定

在经过认真分析研究，与承包商、发包人广泛讨论后，工程师应该向发包人和承包商提出自己的"索赔处理决定"。工程师收到承包商送交的索赔报告和有关资料后，于28天内给予答复或要求承包商进一步补充索赔理由和证据。

(四)发包人对索赔的审查

当工程师确定的索赔额超过其权限范围时必须报请发包人批准。

发包人首先根据事件发生的原因、责任范围、合同条款审核承包商的索赔申请和工程师的处理报告，再依据工程建设的目的、投资控制、竣工投产日期要求以及针对承包商在施工中的缺陷或违反合同规定等的有关情况，决定是否同意工程师的处理意见。

(五)承包商是否接受最终索赔处理

承包商接受最终的索赔处理决定，索赔事件的处理也就结束了。如果承包商不同意，就会导致合同争议。

五、索赔文件的编写

索赔报告书的具体内容，随该项索赔事项的性质和特点的不同而有所不同。但在每个索赔报告书的必要内容和文字结构方面，必须包括以下几个组成部分。至于每个部分的文字长短，则根据每个索赔事项的具体情况和需要来决定。

1. 索赔综述

在索赔报告书的开始，应该对该索赔事项进行一个综述，对索赔事项发生的时间、地点或者施工过程进行概要地描述；还应包括承包商按照合同规定的义务，为了减轻该索赔事项造成的损失，进行了如何的努力；由于索赔事项的发生及承包商为减轻该损失，对承包商施工增加的额外费用以及自己的索赔要求。一般索赔综述部分包括前言、索赔事项描述、具体的索赔要求等内容。

2. 合同论证

承包商对索赔事件发生造成的影响具有索赔权，这是索赔成立的基础。在合同认证部分，承包商主要根据工程项目的合同条件以及工程所在国有关此项索赔的法律规定，申明自己理应得到工期延长和(或)经济补偿，充分论证自己的索赔权。对于重要的合同条款，如不可预见的物质条件、合同范围以外的额外工程、业主风险、不可抗力、物价变化、法律变化等，都应在索赔报告书中做详细的论证叙述。

合同论证部分一般包括：索赔事项处理过程的简要描述；发出索赔通知书的时间；论证索赔要求依据的合同条款；指明所附的证据资料。

3. 索赔款计算与工期延长计算

作为经济索赔报告，论证了索赔权以后，就应该接着计算索赔款的具体数额，也就是以具体的计价方法和计算过程说明承包商应得到的经济补偿款的数量。

作为工期索赔报告，论证了索赔权以后，应接着计算索赔工期的具体数量。获得了工期的延长，可以免于承担误期损害的罚金，还可

索赔报告单的一般要求

能在此基础上，探索获得经济补偿的可能性。

4. 附件部分

在附件中包括了该索赔事项所涉及的一切有关证据资料以及对这些证据的说明。索赔资料的范围很广，可能包括工程项目施工过程中所涉及的有关政治、经济、技术、财产等许多方面的资料。这些资料，承包商应该在整个施工过程中持续不断地进行搜集、整理、分类。在施工索赔工作中可能用到的证据资料很多，主要有：

（1）工程所在国的政治经济资料，如重大自然灾害、重要经济政策等。

（2）施工现场记录，如施工日志、业主和工程师的指令和来往信件、现场会议记录、施工事故的详细记录、分部分项工程施工质量检查记录、施工实际进度记录、施工图交底记录等。

（3）工程项目财务报表，如施工进度款月报表、索赔款月报表、付款收据、收款单据等。

本章小结

建筑工程招标投标与合同管理是约束承包、发包双方行为的法律性文件，也是承、发包双方在工程施工过程中最高的行为准则。工程合同管理是建立和维持良好建筑市场中经济秩序的重要手段和有效方法。本章主要介绍了建筑企业招标投标、建筑工程投标报价、建设工程合同管理、建筑工程索赔等内容。

思考与练习

一、填空题

1. _____ 是国际上广泛采用、达成工程建设交易的主要方式。

2. 《中华人民共和国招标投标法》规定：招投标活动应该遵循_____、_____和_____的原则。

3. 《中华人民共和国招标投标法》第十条规定："招标分为_____和_____。"

4. 从开标日到签订合同这一期间称为_____，是对各投标书进行评审比较，最终确定中标人的过程。

5. 大型工程项目的评标因评审内容复杂、涉及面宽，通常需分成_____和_____两个阶段进行。

6. 投标策略可以归纳为四大要素，即"_____，_____，_____，_____"。

7. 建设工程合同有多种分类，通常可按_____、_____划分。

8. 当工程师确定的索赔额超过其权限范围时必须报请_____批准。

二、选择题

1. 关于公开招标与邀请招标在招标程序上的主要区别，说法不正确的是（　　）。
   A. 招标信息发布方式不同　　　　　　B. 对投标人资格预审时间不同
   C. 邀请对象竞争范围不同　　　　　　D. 邀请对象不同

2. 资格预审文件或者招标文件的发售期不得少于( )日。
   A. 5   B. 10   C. 15   D. 20
3. 招标人有以下行为之一的，属于以不合理条件限制、排斥潜在投标人或者投标人，该行为是( )。
   A. 就同一招标项目向潜在投标人或者投标人提供有差别的项目信息
   B. 设定的资格、技术、商务条件与招标项目的具体特点和实际需要不相适应或者与合同履行无关
   C. 依法必须进行招标的项目以特定行政区域或者特定行业的业绩、奖项作为加分条件或者中标条件
   D. 对潜在投标人或者投标人采取统一的资格审查或者评标标准
4. 如果在开标会议上发现有( )情况，应否决投标。
   A. 投标文件未经投标单位盖章和单位负责人签字
   B. 联合体没有共同投标协议
   C. 报价低成本或者高于招标文件设定的最高投标限价
   D. 投标文件对招标文件的实质性要求和条件作出响应
5. 建设工程合同按工程计价方式划分不包括( )。
   A. 固定总价合同   B. 工程联合承包合同
   C. 计量估价合同   D. 成本加酬金合同
6. 按( )分类，索赔可分为工期索赔和费用索赔。
   A. 索赔目的   B. 索赔处理方式
   C. 索赔事件性质   D. 索赔处理依据
7. 索赔意向通知提交后( )天内，或工程师可能同意的其他合理时间，承包商应递送正式的索赔报告。
   A. 15   B. 20   C. 25   D. 28

三、简答题

1. 什么是工程项目招标？什么是工程项目投标？
2. 简述建筑工程招标投标程序。
3. 简述投标报价的步骤。
4. 常用的投标报价技巧有哪几种？
5. 简述建设工程合同管理的概念及特征。
6. 建设工程合同管理制度包括哪些？
7. 索赔的作用主要体现在哪几个方面？
8. 索赔报告书的编写一般包括哪几部分？

第六章　建筑企业计划管理

知识目标

1. 了解建筑企业计划管理的概念、任务及特点，熟悉计划管理工作的内容。
2. 了解建筑企业计划体系中计划的分类、计划指标的作用及分类；掌握建筑企业主要计划指标的含义及计算方法。
3. 了解建筑企业计划编制的原则、依据；熟悉建筑企业计划的实施与控制；掌握中长期经营计划、年度经营计划的编制。

能力目标

1. 能联系实际计算建筑企业计划主要指标。
2. 能进行简单的建筑企业计划的编制。
3. 能对建筑企业计划执行情况进行检查分析。

第一节　计划管理概述

一、计划管理的概念

计划是重要的管理职能之一，它是基于对客观实际的认识，确定某项活动在未来一定时期内应达到的目标，以及为实现目标所进行的一系列筹划活动的总称。

计划管理是为了使企业生产经营活动能够达到预期目的的综合性管理，要用计划对企业的各项生产经营活动进行安排和协调，充分利用人、财、物，调节好产、供、销，使企业生产经营有秩序、有步骤地进行，以提高社会效益、经济效益和生产效率。计划管理是作为指导企业生产经营活动而产生和存在的。

建筑施工企业正常的生产经营活动，涉及土建配合、物资供应、建设单位提供条件等各方面，还涉及内部各业务部门及水、电、设备、通风等专业工种，因而必须有一个统一、协调的计划，从而保证企业这部机器为完成自己的任务和目标而协调运转。计划管理是一项全面的综合管理工作，既是企业管理的起点，也是企业管理的归宿。因此，也可以说，没有计划就谈不上管理，更谈不上科学管理。在建筑企业管理体系中，全面计划管理与全面质量管理、全面经济核算、全面劳动人事管理等并列。全面计划管理，可以概括为全企业、全过程、全员性的计划管理。

二、计划管理的任务

计划管理的基本目的，在于协调企业的内外关系，安排企业资源，完成企业的经营目标。为此，计划管理的任务主要有：

(1)根据国家长期计划和对市场预测的结果，确定企业的发展方向，制定本企业长期的目标规划。

(2)根据国家长期和短期发展性计划或企业签订的承包经营责任制合同、市场条件和本企业的施工能力，编制中长期、年(季)度计划和作业计划，做好综合平衡，确定企业各级组织的具体目标任务。

(3)根据企业中长期规划、年(季)度计划的任务，认真编制贯彻施工组织设计，积极采用新技术、新工艺、新材料，强化工程项目科学管理，不断提高综合效益。

(4)通过控制与调节的职能，保持计划实施过程中的动态平衡，维护施工正常秩序，使工程项目特别是国家重点项目尽快开工投产，形成生产能力，发挥投资效益。

(5)总结企业与工程计划管理的经验，不断提高企业和工程计划的管理水平。

三、计划管理的特点

建筑企业计划管理的特点如下：

(1)计划的被动性。建筑企业的生产任务来源受到固定资产投资数量的影响，使企业计划具有被动性。另外，建筑生产消耗资源品种多、数量大、施工周期长、受市场价格等影响多、决算最终成本的时间长，这些都会给企业计划管理造成被动局面。

(2)计划的多变性。建筑产品的特点，决定了建筑产品生产的特点，也决定了经营管理的特点。这些特点影响企业生产效率，影响计划的稳定性。因此，建筑企业应提高计划的预见性，使施工计划富有一定弹性。

(3)计划的不均衡性。由于施工的季节性与任务得到的时间与数量不同，造成计划期内的施工内容与比例不同，使年、季、月之间做到计划均衡性的难度很大，呈现明显的季节性特点。

(4)计划的协作性。建筑生产经营方式有总包与分包形式，常常是几个施工单位在一个建设项目甚至一个单位工程上施工。在一个单位工程施工中，还需要组织多工种同时施工，进行立体交叉作业。因此，在编制生产经营计划时，应使计划具有灵活性与协作性，满足各种协作条件的要求，合理安排时间和空间，严密组织施工。

企业计划的实施指企业各部门、各级机构，根据计划的内容和要求，组织落实，认真执行，使企业的各项生产经营活动在计划指导下协调进行。

四、计划管理工作的内容

1. 计划的编制

(1)通过计划的编制，把社会及用户需要和企业的条件、企业利益统一起来；把企业的长期目标与短期目标衔接起来;把企业的整体目标与企业内部各级的目标,以及每个员工的个人目标联系起来。

(2)在计划编制中要做好综合平衡,使企业与外部的环境保持协调;使企业内部生产经营活动的各个环节和各个要素间保持正常的比例关系。

(3)在计划编制中还要通过计划的优化,选择最优的计划方案,保证最有效地利用人力、物力和财力资源。以取得理想的经济效果。

2. 计划的实施

计划的实施是企业各部门、各级机构,根据计划的内容和要求,组织落实,认真执行,使企业的各项生产经营活动在计划指导下协调进行。实质上,也就是计划的"组织"职能。

3. 计划的控制

在计划的实施过程中,通过检查与调节,消除实施计划过程中的薄弱环节和不协调因素。

建筑企业计划管理的意义

上述计划管理工作的内容构成一个管理工作体系和管理工作循环,如图 6-1 所示。

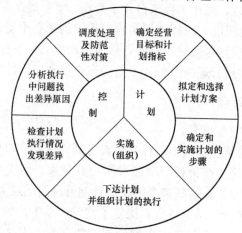

图 6-1 计划管理工作环节

第二节 建筑企业计划体系与计划指标体系

一、建筑企业计划体系

企业的计划体系是指由各类计划构成的有机整体。建筑企业的计划体系应以经济效益为中心,坚持长期发展的战略目标和满足当前市场的需求,建立以经营合同计划为核心的生产经营计划体系。

1. 计划的分类

指导建筑企业生产经营活动的计划可按时期或生产对象的不同进行分类。

(1)按时期划分的计划有：企业经营计划，或称发展规划，中、长期计划；企业年度、季度计划，或称施工技术财务计划；企业月、旬(周)作业计划。

(2)按生产对象划分的计划有：以群体的建设项目为对象，带有全局性的施工总进度计划；以单位工程为对象制订的单位工程施工进度计划；分部分项工程作业计划。

以上各类计划有机紧密联系、相互补充，构成了建筑企业的计划体系。

2. 建筑企业计划体系

建筑企业计划体系如图6-2所示。箭尾的计划先编制，箭头的计划后编制；先编制的计划控制后编制的计划；后编制的计划以先编制的计划为依据，并实施先编制的计划。

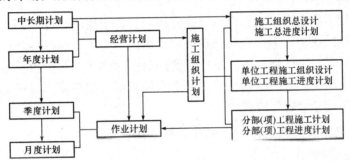

图 6-2 建筑企业计划体系示意图

二、建筑企业计划指标体系

计划指标是企业计划内容和任务的具体化、数量化，用于表示在一定计划期内，企业生产经营活动所能达到的预期目标和水平。每个指标都反映生产经营活动的某一侧面，它们都有特定的内涵。

(一)计划指标的作用

在企业计划管理的不同阶段，计划指标的作用表现为：

(1)在计划实施之前，指标反映企业在未来一定时期内生产经营活动将达到的规模和水平，规定了企业经营管理各方面的行动目标。

(2)在计划实施过程中，指标是企业控制生产、技术、经济活动的依据。

(3)在计划实施完毕后，指标是检查、分析生产经营成果的依据。

(二)计划指标的分类

1. 按指标表示的内容不同划分

按指标表示的内容不同，计划指标可分为数量指标和质量指标。数量指标是指企业在计划期内，生产经营活动应完成的某个方面的目标值，如建筑安装工作量、竣工面积、利润等。质量指标是指在计划期内，企业在生产经营活动中，对工作质量提出的要求，用以表示生产经营活动水平和资源利用程度。

2. 按指标的表现形式划分

按指标的表现形式，可分为价值(货币)指标和实物指标。价值指标是以货币为计量单位的指标,价值指标反映生产中的社会劳动消耗量和劳动成果。同时,由于采用货币统一计量,可对不同实物进行综合计算,综合性强。实物指标是以实物为计量单位的指标,实物指标反映不同的使用价值,能具体表现产品(工程)的数量和生产过程中的物质消耗,但因计量单位不同,指标间不可比,综合性差。

3. 按计划指标的作用不同划分

按计划指标的作用不同可分为国家考核指标和企业内部考核(或控制)指标。国家考核指标用以考核企业的生产经营活动效果。企业内部考核指标用以反映企业生产经营活动的全面情况,包括企业对施工队和各职能部门、施工队对生产班组、生产班组对工人的考核指标。

(三)建筑企业计划指标体系

建筑企业计划指标很多,它们具体反映着计划的各个组成部分的预期目标和水平,任何单一的指标只能反映企业生产经营活动的某个侧面,为了全面指导和控制企业的生产经营活动,就必须设置一个计划指标体系。所谓计划指标体系就是指由一系列相互联系、相互制约且能全面反映企业生产经营全貌的若干指标所组成的整体。建筑企业应建立计划指标体系,以全面满足计划管理的需要。

(四)建筑企业主要计划指标的含义及计算方法

1. 建筑产品产量指标

建筑产品产量指标是表示企业在计划期内要完成的建筑产品实物量的指标,一般有以下几项:

(1)竣工房屋建筑面积,建材竣工面积,是指计划期内房屋建筑按设计要求全部完工达到的使用条件,经检查验收鉴定合格的房屋建筑面积的总和。

(2)房屋建筑面积竣工率,是综合反映企业的施工进度和竣工程度的指标。其计算公式为

房屋建筑面积竣工率=(计划期内房屋建筑竣工面积/计划期内房屋建筑施工面积)×100%

(3)实物工程量,指企业在计划期内要完成的,以物理或自然计量为单位表示的各种工程数量。如土方工程(m^3)、道路工程(m^2)、安装工程(t)等,它是编制和检查施工作业计划,确定人工、材料、机械设备需求量的重要依据,也是计算建筑业施工产值、实物劳动生产率等指标的基础。

(4)工程形象进度,用文字结合实物量或百分比,简明扼要地反映计划期内施工单位的工程所要达到的形象部位或进度情况。一般按单位工程中的分部分项部位表示。如土建工程可分为基础工程、结构工程、屋面工程、装饰工程等,还可细分为各工种工程即分项工程,如土建工程中的砌筑工程等。

2. 建筑产品产值指标

建筑产品产值指标是指以货币表现的企业在计划期内要完成的建筑安装生产活动的成果的指标。一般有以下几项:

(1)建筑业总产值,即自行完成的施工产值,是以货币表现的企业在计划期要生产的建筑产品的总和。包括建筑工程产值和设备安装工程产值。它是反映建筑企业生产规模、发展速度、经营成果的一项重要指标,是计算劳动生产率、产值利润率等指标的依据。施工

产值的计算方法一般按"单位法"计算，即按计划期内要完成的实物工程量乘以单价，再加上一定比例的费用计算。

(2)建筑业增加值，是企业在计划期内以货币表现的建筑生产经营活动的最终成果。计算方法有两种：一是生产法，即建筑业总产出(即建筑业总产值)减去中间投入(即在建筑施工活动过程中要消耗的外购物质产品和对外支付的服务费用)；二是分配法(收入法)，其具体构成项目有固定资产折旧、劳动者报酬、生产税净额、营业盈余等。

(3)增加值率，是企业在计划期内新创造的价值占自行完成的施工产值的比例。其计算公式为

$$增加值率 = (计划期增加值/计划期内总产值) \times 100\% \qquad (6-1)$$

(4)竣工产值，即竣工工程产值，是指企业在计划期内要完成的以货币表现的最终建筑产品的总和。它是反映企业的施工速度和经济效益的依据之一。利用竣工产值可以计算产值竣工率。

(5)销售率，是反映企业的产销衔接和市场状况指标，其计算公式为

$$销售率 = (交工工程产值/建筑业总产值) \times 100\% \qquad (6-2)$$

3. 全员劳动生产率指标

全员劳动生产率是表示计划期内劳动效率的指标，是反映企业经济效益的指标之一。它是以建筑产品的产量或产值和其相适应的劳动消耗量的比值来表示。其计算方法如下：

(1)用产值表示的全员劳动生产率(元/人)。

$$全员劳动生产率 = 计划期内自行完成的施工产值/计划期内全部职工平均人数 \qquad (6-3)$$

(2)用竣工面积表示的全员劳动生产率(m^2/人)。

$$全员平均竣工面积 = 计划期内竣工面积/计划期内全部职工平均人数 \qquad (6-4)$$

4. 工程质量指标

工程质量指标是反映企业在计划期内完成最终建筑产品的质量情况，是综合反映企业的施工技术管理水平和经济效益的一项重要指标。

$$工程质量合格率 = (计划期竣工的单位工程合格面积数/计划期竣工的全部单位工程面积数) \times 100\% \qquad (6-5)$$

5. 利润指标

利润指标是反映企业计划期内生产经营管理效果的重要的综合性指标。它是反映企业经济效益的指标之一。一般用以下几个指标表示。

(1)利润总额 = 营业利润 + 投资净收益 + 营业外收支净额

$$= 工程估算利润 + 其他业务利润 - 管理费用 - 财务费用 + 投资收益 - 投资损失 + 营业外收入 - 营业外支出 \qquad (6-6)$$

(2)产值利润率 = (计划期利润总额/计划期自行完成施工产值) × 100%　　(6-7)

(3)销售利润率 = (计划期利润总额/计划期建筑产品销售收入) × 100%　　(6-8)

(4)人均利润率 = (计划期利润总额/计划期全部职工平均人数) × 100%　　(6-9)

(5)总资产报酬率 = [(计划期利税总额 + 利息支出)/计划期平均资产总额] × 100%

$$\qquad (6-10)$$

总资产报酬率指标反映企业全部资产的获利能力，是企业管理水平和经营业绩的集中体现，是评价和考核企业营利能力的核心指标。

6. 工程成本降低率指标

工程成本降低率是反映建筑企业生产经营活动质量、企业管理水平和施工技术水平的综合性指标，其计算公式为

$$工程成本计划降低率＝(工程成本计划降低额/工程预算成本)×100\% \quad (6-11)$$

7. 流动资产周转率指标

流动资产周转率是反映企业流动资产的周转速度和营运状况，是企业在生产经营过程中资产利用和发挥水平的体现。其计算公式为

$$流动资产周转率＝(计划期建筑产品销售收入/流动资产平均余额)×100\% \quad (6-12)$$

该指标反映企业出资者向企业投入全部资本金的获利能力。

8. 安全生产指标

安全生产指标是企业在计划期内工伤事故的内部控制指标，一般用工伤事故频率表示。通常企业在对历年工伤事故频率分析的基础上，采取相应的对策措施，提出一个可以实现的计划指标。其计算公式为

$$工伤事故频率＝(工伤事故人次数/全部职工平均人数)×1\,000‰ \quad (6-13)$$

9. 机械设备完好率、利用率指标

机械设备完好率、利用率是反映企业机械设备管理水平的指标。除对某种机械设备进行计算外，还应按二十种主要施工机械进行综合计算。

$$机械设备完好率＝(计划期内机械设备完好台日数/计划期内机械设备制度台日数)×100\% \quad (6-14)$$

$$机械设备利用率＝(计划期内机械设备工作台日数/计划期内机械设备制度台日数)×100\% \quad (6-15)$$

10. 材料节约率指标

材料节约率指标是反映施工技术水平和材料管理水平的指标，通常计算主要材料如三材（钢材、水泥、木材）的节约率。其计算公式为

计划指标的设置原则

$$某种材料计划节约率＝(某种材料计划节约量/某种材料的预算用量)×100\% \quad (6-16)$$

第三节　建筑企业计划的管理

一、建筑企业计划的编制

建筑企业编制计划时必须提高计划工作的科学性、预见性，正确地确定企业的发展方向、规模、速度，紧密结合近期目标与远期目标，使企业各部门、各环节保持正常的比例关系，均衡而有节奏地发展。

(一)建筑企业计划编制的原则

为了保证计划任务的完成,编制建筑企业计划必须遵循下列原则:

(1)遵循客观经济规律,加强调查研究。不断地满足广大人民群众日益增长的物质与文化生活的需要,是社会主义基本经济规律的要求。建筑企业生产经营活动应围绕这一要求,为社会提供满足人民需要的建筑产品。依据社会经济发展的客观规律,深入实际,进行全面的调查研究,充分利用有利条件,制订切实可行的企业经营计划。在经营计划的执行过程,要进行认真的调查研究,发现问题及时采取措施,保证计划的指导作用和顺利实现。

(2)统一性和灵活性相结合。在编制计划中,企业经营计划必须同国家指导性计划统一,做到"两个保证"。一是保证将上级下达的或"承包制"合同所规定的基本指标,作为主要的控制指标列入企业长期计划、短期计划之中,并以最优控制去完成基本指标;二是保证优先安排国家重点建设项目,确保工程进度和质量,节省投资,尽早交工投产。编制计划应留有余地,也要尽可能挖掘内部潜力,在可能条件下,开展多种经营,完成更多的经营和施工生产任务。

(3)科学性与群众性相结合。现代生产是以科学技术为第一生产力的生产,现代计划管理是群众性的计划管理。因此,在编制企业经营计划的过程中,要充分发挥专业计划人员和全体员工两方面的积极性,群策群力,充分激发群众的自觉性,让群众成为计划的主人,为企业经营计划的实施奠定群众基础。

(4)预见性与现实性相结合。企业经营计划的核心问题,是预见未来和保障未来的发展。所谓预见性,就是要在编制计划时,准确地预计未来目标,正确地决策长期计划,按照"远粗近细"和滚动的原理,使长、短期计划有机结合,保持计划的连续性和阶段性,以保证未来目标的实现。所谓现实性,即编制计划时应从客观实际出发,有利于推行外部"承包制"和内部经济责任制。

(二)建筑企业计划编制的依据

由于各类建筑安装工程计划的作用不同,建筑企业计划的编制依据也各有不同,见表6-1。

表6-1 各类施工计划的编制依据

	年计划	季计划	月计划	日计划
编制依据	①固定资产投资年度计划和上级下达的年度计划; ②工程协议和承包合同; ③企业的长期计划; ④主要材料、设备供应合同; ⑤工程初步设计及概算; ⑥预测资料和决策方案; ⑦上年完成计划情况; ⑧定额资料	①企业年度计划; ②工程项目的施工图和施工图预算; ③施工组织设计; ④施工准备、施工条件基本落实 ⑤上季度计划完成情况; ⑥预测资料与决策意见; ⑦定额资料	①季度计划; ②工程施工设计; ③已会审的设计图纸; ④机械、材料、半成品、劳动力落实情况; ⑤上月计划完成情况; ⑥定额资料	①月计划; ②材料、机械、半成品、劳动力落实、进场情况; ③上旬完成计划情况; ④定额材料

(三)中长期经营计划

1. 中、长期计划的内容

中、长期计划由于计划期长、不确定因素多,因此,具有规划性质。其主要内容有:

(1)经营方针和方向。经营方针指企业的经营思想和总体布局,是企业的行动准则。经营方向指企业未来产品的开发方向。在市场经济条件下,建筑企业必须根据市场的变化,确定经营产品,才能获取市场的最大份额。

(2)经济效益目标。在计划期内,企业经济效益应达到的指标,如利润指标、资产增值指标等。

(3)生产的发展速度和规模。建筑企业生产的发展速度要和经济效益指标挂钩,应保持同步增长;发展规模主要指总产值和固定资产的多少。发展速度和规模必须依据国民经济的发展和社会对建筑产品的需求情况而定。

(4)技术改造项目的规划。随着建筑企业的发展和建筑业的市场化,建筑业在技术方面的竞争日趋激烈。建筑企业要在市场经济中立于不败之地,就必须根据企业的经营方向、发展速度和规模制定出相应的技术改造项目规划。

(5)主要机械设备的更新规划。设备更新是企业维持和提高生产能力的重要措施和保障。

(6)劳动组织的改进规划。包括职工的招聘、录用、组合、结构等。

(7)其他问题。如职工培训、生活福利、资金筹集等。

2. 中、长期经营计划制定的组织

中、长期经营计划的制定,是以企业综合计划部门为中心展开的。但综合计划部门是无法单独承担此项工作的。它需要各个组织部门的配合,从而在企业内部,形成了不同类型的计划制定的组织形式。

(1)部门主导型。这种组织形式为大多数企业所采用。其做法是,首先由各职能部门制定出部门计划和专项计划,然后由综合计划部门汇总和平衡,形成中长、期经营计划后,提交企业领导审查、批准。部门主导型程序存在一定的问题,如各部门在制定计划时,往往不能从企业的整体和未来出发,仅仅考虑本部门的利益,中、长期计划就可能成为短期计划的汇总。特别是当企业的一项业务涉及多个部门时,难免出现扯皮现象。

(2)计划部门主导型。其具体做法是,由计划部门召集各职能部门的主管开会,集中研讨企业经营战略问题和制定中、长期经营计划的思路,最后形成初步的计划方案,交企业领导审批,或提交企业有关会议审议。计划部门主导型程序也有诸多局限性,如对企业业务状况把握不准,了解不清,不能正确贯彻企业经营者的经营方针和经营理念等。

(3)经营者主导型。即由企业最高经营者为核心,制定中、长期经营计划。具体讲,首先由最高经营者提出:企业的发展方向与目标;自己的经营方针、经营理念和经营战略;中、长期经营计划制定的基本方针、原则和总的思路。然后综合计划部门以此为依据,提出计划方案,经最高经营者审查后,提交有关会议审议。

3. 企业中、长期计划的编制程序

(1)通过调查和预测,进行环境分析。构成建筑企业环境的因素很多,这些因素由主体环境因素、一般环境因素和地域环境因素构成。建筑企业的主体环境因素是指与企业的经营成果有利害关系的个人和集团,如股东、顾客、金融机构、交易关系单位、竞争企业等;

建筑企业的一般环境因素是由社会的政治因素、经济因素、文化因素和科学技术因素等社会因素构成；而地域环境因素是就环境因素产生的地理位置而言的，地域环境因素包括国内环境因素和国际环境因素。

对一个具体建筑企业而言，从时间、费用和必要性看，不可能也没有必要对所有环境因素进行分析。因此，首先要确定特定企业的特定环境内容，然后集中人力和费用，对影响较大的因素进行调查和分析。

(2)建筑企业能力分析和业绩分析。在进行环境分析的基础上，建筑企业应认真做好能力分析，预知企业现有能力与将来环境的适应程度，明确企业的优势和劣势，从而使企业的长远发展规划建立在切实可靠的基础上。企业能力分析首先要明确企业能力的结构，即明确反映企业能力的因素有哪些；其次，在分类基础上，切实掌握企业现有能力的实际情况，这关系到企业长远发展规划提出的合理性，是企业能力分析的关键；最后通过对企业能力评估，发现企业现有能力存在的问题，明确企业的优势和劣势。

(3)经营目标的设定。经营目标是建筑企业管理观念、经营方针和最终生产目的的具体贯彻和体现。建筑企业经营目标的设定，原则上应以适应环境变化的需要和企业能力为依据，一般包括收益性、成长性和安全性三项目标。收益性目标包括总资本利润率、销售利润率、总资产报酬率等；成长性目标包括销售额增长率、市场占有率、利润额增长率等；安全性目标包括自有资本比率、附加值增长率、盈亏平衡点等。

(4)建筑企业经营战略的形成和确定。建筑企业根据面临或预感到可能面临的问题，从对环境的调查分析入手，并依据企业能力和长期目标，提出解决问题或适应未来环境变化的多个战略设想，再经过整理、归纳、分析和评估，最后形成和确定企业的最优发展战略。

(5)编制建筑企业长远发展规划。选定了最优发展战略后，就可以编制建筑企业的长远规划。编制企业的长远规划是企业领导的中心任务，一般由企业最高决策层先提出目标方案，然后由计划部门将目标方案分解下发到相关部门，再由各部门分别编制生产计划和专项计划。

4. 中、长期计划的编制方法

由于中、长期经营计划综合性强，随机因素多，受到内外环境的制约，所以，多采用滚动计划法编制。滚动计划法是根据计划的执行情况和环境变化情况，定期修订未来计划，并逐渐向前推移的方法。滚动计划法的具体做法如图 6-3 所示。

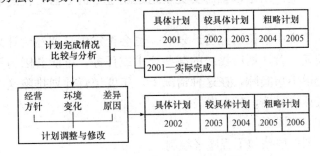

图 6-3 滚动式计划示意

滚动计划是一种动态计划方法，如以五年经营计划的编制为例，第一年计划制订比较详细、具体，与本年度经营计划相吻合，以后几年比较笼统；随着第一年计划的实施，就可以与计划进行对比分析，得到可靠的反馈信息，作为下一年度及以后各年计划的调整依据，使第二年计划变为具体可行；依此类推，可使制订的中、长期计划既有战略性的规划作用，又科学可行。

(四)年度经营计划

1. 年度经营计划的内容

年度经营计划是在计划年度内企业的综合经营计划。年度经营计划是中、长期经营计划在计划年度内的具体体现和实施的保证，直接指导着计划年度内企业各项生产经营活动，同时也是企业在计划年度内生产经营活动基准和其业绩评价的基准。因此，企业必须科学合理地制订年度经营计划，并确保其全面、均衡、顺利地完成所制定的年度经营计划。

年度经营计划的内容主要包括年度经营计划目标、施工生产计划、技术改造和开发计划、劳动计划、成本计划、财务计划、质量计划、多种经营计划等。在企业年度经营计划中，年度经营目标计划是中心，其他各类计划都是围绕和为实现经营目标而设置的。

2. 年度经营计划作用

年度经营计划对年度内企业经营活动起着直接的指导作用，在一般情况下，年度经营计划是企业全体职工必须遵照执行并圆满完成的。这是因为：

(1)年度经营计划是今后一年间企业业绩评价的基准。由于年度经营计划把今后一年中企业所要达到的经营目标明确具体地确定了下来，所以，把一年中的实际业绩和年度经营计划作一对照，就可以作出确切的评价。

(2)年度经营计划是今后一年中活动的基准。如施工生产计划、开发计划、企业改造计划、质量计划等，都是企业各部门活动实际开展中必须贯彻实施的基本标准。

正因如此，企业经营管理者必须科学制定年度经营计划，全体职工必须全身心地投入实施好年度经营计划。

企业中、长期经营计划和年度经营计划并不是简单地表现为时间上的长短之别，在计划的内容、计划的方法和具体运作上都存在着差异。从内容上看，中、长期经营计划和年度经营计划表现为总体和部分的关系。中、长期经营计划所要达到的目标，总是可以分解为每年多能达到的目标，也总是要依靠这种分解，才能使总的目标得以实现。对于一些数量性的指标，其分解较简单，而对一些质量性的指标，其分解则相对难些。较之中、长期经营计划，年度经营计划的制定，就需要更多地运用定量的办法，使所制定的计划真正具有操作性。

年度经营计划在落实中、长期经营计划时，也会否定中长期经营计划的某些内容，这是正常的。因为中长期经营计划所提出的某些要求或任务，可能会因为形势的变化，企业内外条件的变化而变得不切实际，在这种情况下，年度经营计划排除这些要求或任务，会使企业的经营活动避免盲目性，减少损失。

3. 年度经营计划编制程序

企业年度经营计划一般按如下程序来编制：

(1)确定年度经营目标，编制年度经营目标计划。根据企业的中、长期经营计划所规定的计划年度经营目标、计划年度工程任务招揽情况及正在进行施工的建设项目等，初步确定企业本年度经营目标的主要经济技术指标，如目标利润、交竣工面积，建筑业总产值和增加值、税金等。

(2)年度施工生产计划编制。根据所确定的经营目标和所承担的施工生产任务来编制年度施工生产计划。

(3)编制其他计划。如质量计划、技改与开发计划、劳动计划、成本计划、财务计划等保证性计划。

(4)制订落实经营计划的方案及措施。为了保证企业年度经营计划的顺利实施,必须制订相应的实施方案及保证措施,其主要包括资金的筹措、目标责任制、经营策略和管理机制等方面的措施。

(5)计划的审核与评价。编制好的企业年度经营计划,须送交领导和有关部门审核与评价。一般企业应由职工代表大会行使审核权;股份制企业由股东代表大会进行审核。其审核和评价的内容主要是:计划指标是否先进、合理;计划的可行性;计划进度安排是否合理;计划在保证经济效益的同时是否兼顾了社会效益和环境效益等。

4. 年、季度计划的编制方法

建筑企业生产经营成果通常以年度作为考核期。年度计划的编制方法多种多样,但从建筑企业计划体系着眼,从编制指导思想入手,主要是综合平衡法。

综合平衡法的基本出发点,是使企业在计划期内所确定的计划任务,建立在市场需求与企业自身综合生产能力平衡的基础上,或使企业的前方经营(工程合同要求)与后方生产能力(计划生产任务)平衡,切实保证经营合同现实可靠,保障工程合同计划履约率的兑现。

年度经营计划的综合平衡包括以下几方面的内容:

(1)目标利润与交竣工工程量之间的平衡。经营计划的核心是目标利润,确定的交竣工工程量必须确保目标利润的实现。

(2)交竣工工程量与生产任务之间的平衡。经营计划要体现以销定产的原则,企业在工程量、工期、质量等方面必须满足合同要求的计划竣工工程。

(3)生产任务、招揽工程量及生产能力之间的平衡。

(4)生产任务和企业资源之间的平衡。资源包括劳动力、原材料、燃料、动力、设备、资金等。

以上几个方面的平衡问题是相互联系、相互制约的,任何一方面的变动和调整,都会影响到其他方面。因此,综合平衡既要逐项试算,又要反复调整。只有在综合分析的基础上,才能较好地解决全面平衡问题。

二、建筑企业计划的实施与控制

编制计划仅仅是工作的开始,更为重要的工作在于计划的实施,并在实施过程中进行目标跟踪控制,使计划变成现实。

(一)建筑企业计划的实施

(1)把各项计划指标逐级分解下达给作业队或班组,由各职能部门归口管理,成为他们的行动准则。

(2)采取层层定"包"、全面交底、讨论落实的办法进行贯彻。

(3)建立经济责任制,让成果与利益挂钩,保证计划得以实施。

(4)做好动态的平衡调度工作,协调生产活动,使计划顺利实施。

(5)发动群众,依靠群众的积极性,超额完成计划。

(二)计划的控制

计划的控制是指根据信息反馈原理,对计划执行情况进行检查分析,及时发现执行结果和计划目标之间的偏差,采取相应措施加以纠正的工作过程。计划控制的目的在于保证计划顺利实施。计划控制的内容主要有工程进度、工程质量、工料消耗、利润和成本控制等。

计划控制一般可分为反馈控制、过程控制和预先控制三种类型,如图 6-4 所示。反馈控制即成果控制,是针对生产经营活动的结果进行控制;过程控制是针对企业的生产经营活动本身进行控制;预先控制是针对企业的生产经营活动的前提条件进行控制。从控制效果来分析,预先控制最佳,它是将问题消灭在设计和施工计划之中。

建筑企业计划的修正

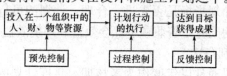

图 6-4 控制类型图

本章小结

现代建筑企业的生产经营活动,涉及企业内部和外部的主动因素,迫使管理人员不能单凭经验、直觉和主观意志来进行管理,而必须按照现代管理科学所确立的原理和方法,对企业进行严格科学的管理。本章主要介绍了计划管理的概念、建筑企业的计划体系、计划指标体系、建筑企业计划的编制等内容。

思考与练习

一、填空题

1. _____ 是为了使企业生产经营活动能够达到预期目的的综合性管理。

2. 建筑企业的计划体系应以 _____ 为中心,坚持 _____ 的战略目标和满足当前市场的需求,建立以 _____ 为核心的生产经营计划体系。

3. _____ 是企业计划内容和任务的具体化、数量化,用于表示在一定计划期内,企业生产经营活动所能达到的预期目标和水平。

4. _____ 是指以货币表现的企业在计划期内要完成的建筑安装生产活动的成果的指标。

5. _____ 是表示计划期内劳动效率的指标,它是反映企业经济效益的指标之一。

6. _____ 指标是反映企业计划期内生产经营管理效果的重要的综合性指标。

7. 计划控制的内容主要有 _____、_____、_____、_____ 和 _____ 等。

二、选择题

1. 计划管理工作的内容不包括(　　)。
   A. 计划的预测　　B. 计划的编制　　C. 计划的实施　　D. 计划的控制
2. 建筑企业计划的分级管理方法适用于企业的(　　)。
   A. 中、长期计划　　　　　　　　B. 年(季)度计划
   C. 月度计划　　　　　　　　　　D. 旬计划
3. 在建筑企业计划体系中，(　　)是企业未来发展的蓝图。
   A. 企业年度计划　　　　　　　　B. 企业的中、长期计划
   C. 企业季度计划　　　　　　　　D. 旬计划
4. 建筑企业的计划体系，应以(　　)为中心。
   A. 经济效益　　　　　　　　　　B. 长期发展的战略目标
   C. 满足当前市场的需求　　　　　D. 建立以经营合同计划
5. 建筑企业计划按指标表示的内容不同，可分为数量指标和(　　)。
   A. 数量指标　　B. 质量指标　　C. 价值指标　　D. 实物指标
6. 计划指标按(　　)可分为价值指标和实物指标。
   A. 指标表示内容不同　　　　　　B. 指标表现形式不同
   C. 指标作用不同　　　　　　　　D. 指标作用性质不同

三、简答题

1. 计划管理的任务是什么？
2. 简述建筑企业计划管理的特点。
3. 在企业计划管理的不同阶段，计划指标的作用表现在哪些方面？
4. 为了保证计划任务的完成，编制建筑企业计划必须遵循哪些原则？

第七章 建筑企业技术管理

知识目标

1. 了解建筑企业技术管理的概念及任务；掌握建筑企业技术管理的基础工作与基本工作。
2. 了解技术开发概念、意义、依据和途径；熟悉建筑企业技术开发的组织管理。
3. 了解建筑企业自主创新的概念，熟悉建筑企业自主创新管理。
4. 了解建筑企业技术标准化管理的概念、作用，工法的概念及分类；掌握工法的内容、工法的应用。

能力目标

能在施工管理中参与组织图纸会审、填写技术交底。

第一节 建筑企业技术管理概述

一、建筑企业技术管理的概念及任务

1. 技术管理的概念

技术管理是指对企业生产经营过程中各项技术活动及其技术要素进行的各项管理活动的总称。技术管理是企业管理的一个重要组成部分。建筑企业生产经营过程中的技术活动主要是图纸会审、技术交底、技术试验和技术开发等。技术工作的基本要素有职工、技术装备、技术文件和技术档案等。

2. 建筑企业技术管理的任务

要做好技术管理工作，必须要明确技术管理的任务。建筑企业技术管理的基本任务：正确贯彻国家的技术政策，研究、认识和利用技术规律；科学地组织各项技术工作，建立企业正常的生产技术秩序，保证生产的顺利进行；不断改进原有技术和采用新技术，推进企业的技术进步，不断提高企业的技术水平；努力提高技术的经济效益，做到技术与经济的统一。

二、建筑企业技术管理的内容

建筑企业技术管理的内容由技术管理的任务决定，其与建筑施工技术工作的特点相适应。建筑企业技术管理的工作内容包括基础工作和基本工作两部分。

(一)基础工作

建筑企业技术管理的基础工作包括以下几个方面：

1. 建立技术管理工作系统

我国建筑企业建立的垂直技术管理系统，一般由公司的总工程师、分公司主任工程师、项目工程师、单位工程(栋号)技术员组成，即以总工程师为首的企业技术管理系统。总工程师、主任工程师、项目工程师分别在公司经理、分公司经理和项目经理的直接领导下开展工作。

2. 建立与健全技术责任制

技术责任制是为适应现代化大生产的需要而建立起来的一种严格的科学管理制度，是企业的技术工作系统，为各级技术人员确定明确的职责范围，以达到各负其责、各司其事，把整个企业的生产活动和谐、有节奏地组织起来的目的。技术责任制是企业技术管理工作的核心，它对调动各级技术人员的积极性和创造性，认真贯彻国家技术政策，做好技术管理，促进建筑技术的发展和保证工程质量都有极为重要的作用。

3. 制定与贯彻技术标准和技术规程

工程技术标准是对工程质量进行检验的技术依据。技术规程是对建筑产品的施工生产过程、操作方法、设备的使用与维修、施工安全技术等方面所作的具体技术规定。

4. 制订并贯彻技术工作计划

制订并贯彻技术工作计划是企业技术管理工作的首要环节，它能使技术工作有的放矢，有效地促进生产，提高效益。技术工作计划应按年、季编制，在认真总结前期技术工作的基础上，结合本期的工程特点和技术工作要求进行。其内容包括：施工组织设计及其应贯彻的重点内容；工程设计及其应控制的重点内容；核定、颁发和贯彻新标准；研究开发和技术革新、推广项目；技术交底及其重点内容；技术样板(试点)工程；质量安全管理；技术组织措施计划等。

5. 健全技术原始记录

技术原始记录是企业经营管理原始记录的重要组成部分，反映了企业技术工作的原始状况，为开展技术管理提供依据，是技术分析、决策的基础。技术原始记录包括材料、构配件及工程质量检验记录，质量、安全事故分析和处理记录，设计变更记录，施工日志等。在技术原始记录中，施工日志是反映施工生产过程的重要原始记录，施工中必须严格建立和健全施工日志制度。

6. 建立工程技术档案

为了给工程交工后的使用、维修、改建、扩建等提供依据，建筑施工企业必须按照建设项目及单位工程建立工程技术档案资料。工程技术档案可分为两大部分：一部分是工程交工验收后交由建设单位或城市建设档案馆保管的技术档案；另一部分是由建筑施工企业保存的施工组织与管理方面的工程技术档案。

(二)基本工作

1. 图纸会审

图纸会审是指开工前,由建设单位组织,有设计单位、监理单位和施工单位参加,对全套施工图纸共同进行的检查与核对。

施工图纸是进行施工的依据,图纸学习与会审的目的是领会设计意图,熟悉图纸的内容,明确技术要求,及早发现并消除图纸中的技术错误和不当之处,保证施工顺利进行。因此,图纸会审是一项严肃、重要的工作。

(1)图纸学习与自审。施工单位在收到施工图及有关技术文件后,应立即组织有关人员学习研究施工图纸。在学习、熟悉图纸的基础上,由施工单位进行自审。自审的重点包括如下几个方面:

1)了解、研究图纸与说明有无矛盾,图纸是否齐全,规定是否明确。

2)主要尺寸、标高和位置有无错误,平面图和立面图之间的关系是否有矛盾或标注有无遗漏。

3)土建与水、电和设备之间如何交叉衔接。

4)所采用的标准图编号和型号与设计图纸有无矛盾。

5)结构图中是否有钢筋明细表,若无钢筋明细表,关于钢筋构造方面的要求在图中是否说明清楚。

(2)图纸会审。图纸会审由建设单位组织,邀请设计单位、监理单位和施工单位共同参加。会审的主要内容有以下几个方面:

1)设计图纸必须是设计单位正式签署的图纸,凡是无证设计或越级设计,以及非设计单位正式签署的图纸不得施工。

2)设计是否符合国家的有关技术政策、经济政策和规定。

3)设计计算的假设条件和采用的处理方法是否符合实际情况,施工时有无足够的稳定性,对安全施工有无影响。

4)地质勘探资料是否安全,设计的地震烈度是否符合当地要求。

5)建筑、结构、水、暖、电、卫与设备安装之间有无重大矛盾。

6)图纸及说明是否安全、清楚、明确,有无矛盾。

7)图纸上的尺寸、标高、轴线、坐标及各种管线、道路、立体交叉、连接有无矛盾等。

8)防火要求是否满足。

9)实现新技术项目、特殊工程、复杂设备的技术可能性和必要性如何,是否有必要的措施。

(3)图纸会审纪要。图纸会审应由施工单位整理会议纪要。图纸会审的记录要会签。会后由组织会审的单位,将审查中提出的问题以及解决办法,根据记录,写成正式文件或会议纪要,作为施工或修改设计的依据。图纸会审纪要一般包括以下内容:

1)会议地点、时间和参加会议人员名单。

2)建设单位与施工单位对设计提出的要求,以及要求修改的内容。

3)施工单位为便于施工、施工安全或建筑材料问题而要求设计单位修改部分设计图纸,会议商讨结果与解决办法。

4)会议中尚未解决或需要进一步商讨的问题与要求。

按图施工是建设施工人员必须严格遵守的纪律，施工人员无权对设计图纸进行修改。在施工过程中，如发现图纸有差错，与实际情况不符或因施工条件、材料规格、品格和质量不能符合设计要求，以及职工提出了合理化建议等原因，需要进行施工图修改时，必须严格执行技术核定和设计变更签证制度。如设计变更的内容对建设规格投资等方面影响较大时，必须报请原批准单位同意。

所有技术核定和设计变更资料，包括设计变更通知和修改图纸等，都必须有文字记录，并归入技术档案，以作为施工和竣工结算的依据。

2. 技术交底

在工程正式施工以前，为了使参加施工的技术人员和工人熟悉和了解所承担工程的特点、设计意图、技术要求、施工工艺和应注意的问题，以便科学地组织施工，必须认真做好技术交底工作。

(1) 技术交底的内容。

1) 图纸交底。目的是使施工人员了解施工工程的设计特点、做法要求、抗震处理和施工时应注意事项等，以便掌握设计关键，结合本企业的施工力量、技术水平和施工设备等合理组织按图施工。

2) 施工组织设计交底。将施工组织设计的全部内容向参与施工的有关人员交代，以便掌握工程特点、施工部署、任务划分、施工方法、施工进度、各项管理措施和平面布置等，用先进的技术手段和科学的组织手段完成施工任务。

3) 设计变更和洽商交底。将设计变更的结果向参与施工的人员做统一说明，便于统一口径，避免差错。

4) 分项工程技术交底。分项工程技术交底主要包括施工工艺、技术安全措施、规范要求、操作规程和质量标准要求等。

对重点工程、工程重要部位、特殊工程和推广与应用新技术、新工艺、新材料和新结构的工程，在技术咨询时更需要作全面、明确、具体和详细的技术交底。

(2) 技术交底的组织。

1) 施工单位总工程师向施工队进行施工方案实施技术交底。

2) 施工队专责工程师向单位工程负责人、质量检查员、安全员、有关职能人员、班组长进行施工方案、施工方法、质量要求及施工注意事项等内容交底。

3) 单位工程负责人员再向参与施工的班组长和操作工人进行交底，这是技术交底的关键，其内容包括：有关工程的各项要求；必须注意的尺寸、轴线、标高以及预留孔洞、预埋件的位置、规格和数量等；材料的品种、规格、等级、质量要求以及混凝土、砂浆、防水和耐火材料的配合比；施工方法、施工顺序、工程配合、工序搭接和安全操作要求；各项技术指标的要求和实施措施；设计变更情况；施工机械性能及使用注意事项等。

班组长在接受各项技术交底后，应组织班组的工人进行认真的讲座，制定保证全面完成任务的班组措施。班组长对新工人还应组织应知、应会的技术学习和技术练兵。

技术交底是一项重要的技术管理。书面交底仅仅是一种形式，技术管理的大量工作是检查和督促。在施工过程中，要反复检查技术交底的落实情况，加强施工监督，对中间验收要严格，从而保证施工质量。

3. 材料、构件试验检验

材料、构件试验检验是指对施工所需材料及构件在施工前进行的试验和检验。它是合理使用资源和确保工程质量的重要措施。

为了做好这项工作，建筑企业要根据实际需要建立健全试验、检验机构和制度，配备相应的人员和仪器设备，在企业技术部门的总工程师的领导下开展工作。

(1) 对技术检验部门和施工技术人员的要求。

1) 遵守国家有关技术标准、规范和设计要求，按照试验和检验规程进行操作，提出准确可靠的数据。

2) 试验检验机构按规定对材料进行抽样检查，提供数据存入工程档案。

3) 施工技术人员在施工中应经常检查各种材料、半成品、成品的质量和使用情况，对不符合质量要求的，确定解决办法。

(2) 对原材料、构件、设备检验的要求。

1) 用于施工的原材料、成品、半成品和设备等，必须由供应部门提供合格的证明文件。对没有证明文件或虽有证明文件，但技术部门认为必要时，在使用前必须进行抽查和复验，证明合格后才能使用。

2) 钢材、水泥、砖和焊件等结构用材料，除应有出厂证明或检验单以外，还要根据规范和设计要求进行检验。

3) 高低压电缆和高压绝缘材料要进行耐压试验。

4) 混凝土、砂浆和防水材料的配合比，应进行试配，证明合格后才能使用。

5) 钢筋混凝土构件及预应力钢筋混凝土构件，均应按规定方法进行抽样检验。

6) 预制厂和机修厂等必须对成品和半成品进行严格检查，签发出厂合格证，不合格的不能出厂。

7) 新材料、新产品和新构件，应有权威的技术检验部门关于其技术性能的鉴定书，制定出质量标准及操作规程后，才能在工程上使用。

8) 对工业设备和建筑设备，安装前必须进行检查验收，做好记录。重要的设备、仪器仪表还应开箱检验。

4. 安全技术管理

(1) 建筑生产中的不安全因素。建筑安装工程工种繁多，流动性大，许多工种常年处于露天作业，高空操作，立体交叉施工，施工中不安全因素较多。

1) 人的因素：包括思想麻痹；操作技术不熟练，安全知识差；违章作业、违章指挥等。

2) 物的因素：机械设备年久失修，超负荷运转或带病运转；现场布置杂乱无序，视线不畅，交通阻碍；现场安全标志不清等。

3) 管理因素：忽视劳动保护；纪律松弛，管理混乱，有章不循或无章可循；缺乏必要的安全检查；缺乏安全技术措施等。

(2) 安全管理制度。

1) 建立安全生产责任制。安全生产责任制是企业岗位责任制的组成部分。根据"管生产必须管安全"的原则，明确规定企业各级领导、职能部门、工程技术人员和生产工人在施工中应负的安全责任。在当前建筑承包中，必须将施工安全列入承包主要指标内，建立安全施工责任制。

2)建立安全检查制度。安全检查是揭示和消除事故隐患、交流经验、促进安全生产的有效手段。安全检查分为经常性安全检查、专业性安全检查、季节性安全检查和节假日安全检查。

3)建立安全生产教育制度。运用各种形式,进行经常有针对性的安全教育。对新工人、学徒工、临时工及外包建筑队伍人员,要进行入场前安全教育,学习安全操作规程和安全生产规章制度;在使用新工艺、新材料、新机械设备施工前,须进行详细的技术交底和安全交底,必要时应进行技术和安全培训;对塔式起重机和电梯司机等特种作业人员,除进行安全教育外,必须经过培训,持安全合格证方可上岗工作。

4)建立健全伤亡事故的调查处理制度。发生伤亡事故,要按照规定,逐级报告。对重大事故要认真调查,分析原因,确定性质,分别情况,严肃处理。坚持按照"四不放过"原则进行处理,即事故原因分析不清不放过;事故责任者和群众没有受到教育不放过;没有防范措施不放过,事故的责任者没有受到处理不放过。根据国家有关规定做好事故的善后处理工作,吸取教训,防止事故的重复发生。

(3)加强安全技术工作。

1)严格执行安全生产责任制度,使企业及项目部各级领导、各职能系统、各类人员都负起责任,并制定安全施工奖罚条例。

2)建立健全安全专职机构,配备专职安全技术干部,项目部设置专职安全检查员,在现场进行经常性安全检查。

3)要切实保证职工在安全的条件下进行施工作业。现场内的安全、卫生、防火设施要齐全有效。

4)安全技术措施要有针对性,安全交底要认真细致。在施工组织设计、施工方案、技术交底中,应将安全技术措施列为主要内容。

(4)建立职业健康安全管理体系。职业健康安全管理体系是一个系统化、程序化和文件化的管理体系。坚持"安全第一,预防为主"的方针,切实遵守国家职业健康安全法律、法规和其他要求,强调过程控制,有针对性地改善企业的职业健康安全行为,以达到对职业安全有效的持续改进,真正做到经济发展与保护员工的安全与健康同步进行。

技术管理基本要求

第二节 建筑企业技术开发和自主创新

一、技术开发

(一)技术开发概念和意义

技术开发是指在进行科学技术的基础研究和在应用研究的基础上,将新的科研成果应用于生产实践的开拓过程。对企业来说,技术开发指的是对企业中第一次应用或出现的新技术所开展的一系列活动。包括创新、学习、掌握、有效地应用等过程。建筑企业技术开发主要有新产品的开发、新设备与工具的开发、新设备与工具的开发、新的施工工艺的开发以及新的管理技术的开发等。

技术开发对企业具有战略意义。技术开发是企业发展的生命线,只有通过技术开发,才能不断发展新产品,获得新技术,从根本上提高产品质量,增强竞争能力。

(二)技术开发的依据和途径

1. 技术开发的依据

(1)国家的技术政策。国家的技术政策包括科学技术成果的专利政策、技术成果有偿转让政策等。

(2)产品生产发展的需要。产品生产发展的需要是指未来对建筑产品的种类、规模、质量、功能等的需要。

(3)企业的实际情况。企业的实际情况是指企业的人力、物力和财力及外部的协作条件等。

2. 技术开发的程序

(1)调查研究,掌握技术动态。进行充分的调查研究,了解科技信息,做好技术预测,掌握好开发时机。

(2)选择技术开发的具体课题。这是提高技术开发效益的关键。通过可行性研究选定开发项目,拟定研制方案。

(3)进行研制和引进开发。按拟定的研制方案,集中人力、物力和财力,加速开发工作,并注意价值分析和质量评价。

(4)设计性试制和生产性试验阶段。设计是技术开发的重要环节,它涉及技术、经济和政策等很多问题。做到技术先进、经济合理和生产的可能。通过小批量生产,检验新技术,以进一步完善设计,改进和稳定工艺,消除正式生产中的技术障碍。

(5)应用阶段。这个阶段应做好成果的鉴定和推广。注意总结和评价,为今后进一步改进或进行新的开发做准备。

3. 技术开发的途径

(1)独创型技术开发。独创型技术开发是指从应用研究,甚至是从基础研究开始,通过科学研究取得技术上的重大突破,然后应用于生产实践。

(2)引进型技术开发。引进型技术开发是指从企业外部(外国、外地区、外单位)引进新技术,经过消化、吸收,使之在本企业定居,以至综合与创新,并通过继续开发使之融入本企业技术体系。

(3)综合型技术开发。综合型技术开发是通过对现有技术的综合,进行技术开发,形成新技术。综合型技术开发可以一种技术为主体,使另一种技术与之有机结合形成新技术,也可以综合两种以上技术形成新技术。

(三)建筑企业技术开发的组织管理

(1)确立技术开发方向和方式。我国建筑企业不能照搬外国承包商自行开发占主导地位的技术开发方式。根据我国国情,首先应根据企业自身的特点和建筑技术发展趋势确定技术开发方向，走和科研机构、大专院校联合开发的道路，但是从长远战略考虑，还应有企业自己的研究开发机构，成立研发中心，强化自己的技术优势，在技术上形成一定的垄断，走技术密集型企业的道路。

(2)加大技术开发的投入。建筑企业应制定短、中、长期的研究投入费用及占营业额的比例，逐步提高科技投入量，监督实施，并建立规范化的评价、审查和激励机制；增加研发力量，重视科研人才，增添先进的设备和设施，保证技术开发具有先进手段。

(3)加大科技推广和转化力度。欧美、日本、韩国的各大建筑公司都非常重视技术开发成果的应用，他们的很多研究课题都来自生产实际需要。如日本大成建设除专门研究机构外，建筑本部也设有技术部，负责生产方法的效率化和合理化，土木本部中的技术部负责工法的材料简便化，以及生产方法的效率化和合理化等。因此，研究开发部门与现场施工部门密切配合应是我国建筑企业技术发展的趋势。

(4)增大技术装备投入。增大技术装备投入才能提高劳动生产率。因此，应当让现代的、新的建筑机械和设备不断进入施工现场。因此，考虑投入规模至少应当是承包商年收益的2%～3%，并逐年增长。

(5)强化应用计算机和网络技术。建筑企业利用软件进行招标投标、工程设计和概预算工作，利用网络收集施工技术等情报信息，通过电子商务降低采购成本。

(6)加强科技开发信息的管理。建立强有力的情报信息中心，有专人和专款的投入，直属最高管理层领导，为最快决策做参考。

建筑企业技术开发模式

二、企业自主创新

(一)建筑企业自主创新的概念

自主创新是指企业通过自身努力和探索产生技术突破，攻破技术难关，并在此基础上依靠自身能力推动创新的后续环节，完成技术商品化，获取商业利润，达到预期目标的创新活动。随着我国建筑业的迅速发展，以企业为主体的创新体系正在逐步形成，许多建筑业企业正通过努力提高技术创新水平来增强核心竞争力。

建筑企业大量的自主创新活动是在项目层进行。但往往单纯依靠项目层技术力量完成技术创新，难度很大。因此，建筑企业为了提高企业自主创新的成功率，必须建立专业的研究开发中心(特级资质建筑企业要具有省部级或相当于省部级水平及以上的企业技术中心)，配置专业研发人员，与项目技术管理人员共同组成研发队伍，共同进行自主创新的技术攻关。形成以项目为载体、以市场需求为主要动力，产学研相结合的自主创新体系，建立以专利、专有技术权属保护和有偿转让为动力的技术创新激励机制，加大科技投入，进行具有前瞻性的技术研究，加强技术创新、发展自己的专有技术和工法，并进一步加快创新成果向技术标准的转化进程。

(二)建筑企业自主创新管理

1. 知识产权保护

(1)自主创新核心技术的保护。建筑企业的自主创新在很大程度上是通过自主研究与开发，形成并掌握新的核心技术实现的。企业能否通过自主创新技术，取得技术优势，进而取得竞争优势，其中一个很重要的问题就是建筑企业能否独占并控制其核心技术，它是建筑企业自主创新能否达到理想效果的前提。

(2)专利管理。技术创新本身存在一定的自然壁垒，模仿追随者要仿制新技术成果存在一定困难，而且也需要一定的时间，尤其是对于复杂技术和包括大量技术诀窍的新产品和新工艺来说，模仿的难度会更大，所需的时间更长。但是，随着现代检测和分析手段的不断发展，复杂技术的解密手段日益提高，特别是智能支持技术的应用，进一步提高了跟随者复制新技术的能力。因此，建筑企业想要保持对自主创新技术的独占性，仅仅依靠技术的自然壁垒是永远不够的，还必须及时进行专利的申请。

1)专利的基本常识。专利一般有三种含义：一是指专利权；二是指取得专利权的发明创造；三是指专利文献，但主要是指专利权。《中华人民共和国专利法》规定，专利共有三种，即发明专利、实用新型专利和外观设计专利。

专利权是指国家专利主管机关依法授予专利申请人或其权力继承人在一定期间内实施其发明创造的独占权。专利权是一种无形财产权，具有排他性质，受国家法律保护。任何人想要实施专利，除法律另有规定的以外，必须事先取得其专利权人的许可，并支付一定的费用，否则就是侵权，要负法律责任。

《专利法》规定：发明专利权的期限为20年。实用新型专利权和外观设计专利权的期限为10年，均自申请日起计算。

2)建筑企业专利工作的机构与任务。建筑企业专利工作的任务是充分依靠和运用专利制度，使专利机制成为促进建筑企业技术创新的一个主要动力机制和保护机制，鼓励和调动企业职工的积极性，为企业技术创新以及生产、经营全过程服务。建筑企业应把专利管理工作纳入技术责任制，由企业的总工程师主管专利工作，设立专门的专利工作机构，并配备专职或兼职管理人员。建筑企业专利工作机构的具体任务如下：

①开展专利技术的规划、计划、开发和管理制度，并将其纳入企业的技术进步规划中。

②组织专利技术的开发、实施和管理专利实施许可合同。

③办理企业专利申请、专利权保护、专利评价评估、专利诉讼等具体事宜。

④进行专利资产运营，包括专利权转让、许可贸易、运用实施，专利权作价投资等有关工作。

⑤管理企业技术活动中形成的与专利申请相关的技术档案及有关的专利文献。

3)申报专利。申报专利是保护建筑企业自主创新核心技术的法律方法。建筑企业想要保持对自主创新技术的独占性，必须求助于法律保护，即借助专利制度对其进行保护。

企业还必须注意专利申请的及时性。因为法律并不保护首先获得技术突破但后申请专利的创新者，而只保护首先申请专利的创新者。因此，建筑企业对于自主创新技术一定要及时申请专利，充分利用法律保护知识产权，从而取得竞争中的技术优势。

(3)知识产权管理。知识产权管理是建筑企业技术创新管理的重要内容。为了做好建筑企业知识产权管理，管理者自身要培养和树立技术创新管理理念，强化市场和竞争意识。建筑企业首先要立足于提高和培养企业各层领导、全体员工、特别是研究与开发人员的知识产权意识，制定企业知识产权战略，作为技术创新战略的重要组成部分，并组织实施。同时，建立完善的工作网络和健全的规章制度，加强研究与开发过程中的知识产权管理，培养一批高素质的企业知识产权管理方面的工作人员。

2. 技术转让

建筑企业对自主创新技术产品或技术，应当适时进行商业转让。从实际情况看，不进行转让、过早转让、过晚转让或向不恰当对象转让新技术，对建筑企业自身发展都是十分不利的。

(1)建筑企业应在适当时候、向适当对象对新技术进行适度转让。技术转让不仅可以使建筑企业从自主创新中获得丰厚的经济回报，而且可以改善产业结构、加速新兴产业发展、强化企业竞争优势并奠定其在产业中的核心地位。过早转让新技术对企业发展显然是不利的，但不转让或过晚转让新技术，企图长期保持对新技术和新产品市场的独占性也是不明智的。这种做法既不经济，又不现实，而且不利于新技术产业的形成和健康发展。

(2)通过新技术转让，推动行业发展。没有行业发展，自主创新企业的发展也就失去了依托。选择适当需求者，有利于培植与扶持一批理想的行业竞争者。理想竞争者的出现不仅不会削弱自主创新企业在行业中的地位，反而有助于创新者核心地位的提高，有利于自身发展。因为培植理想竞争者有助于吸收需求波动，填补市场空白，改善现行产业结构，还有利于分担市场开发成本，普及产品技术标准和增加进一步改进新产品的动力等。因此，自主创新企业要获得长足发展，必须合理使用技术转让策略，通过技术转让引导一批建筑企业成为跟随者，顺利推广技术规范，推动行业发展。

3. 自主创新产品或技术的自我完善

在一项率先性自主创新产品或技术成功之后，总会有大量跟随者进行模仿创新。其中不乏实力雄厚和技术先进的竞争对手，如果自主创新企业不重视自主创新产品或技术的自我完善，则可能导致跟随企业有机可乘，夺去自主创新企业开辟的市场。

4. 创新后续环境的投入

企业自主创新产品或技术投入市场后能否被接受，为企业带来利润，不仅仅是由研究与开发的成效决定的，将这种创新产品或技术推向市场的环节也起着至关重要的作用。然而，目前不少建筑企业在创新技术或产品完成之后，减少了对其后续推向市场环节的关注和资源投入，这种行为大大影响了企业自主创新技术的推广效果。因此，建筑企业应重视对创新产品或技术的后续环境投入。

第三节　建筑企业技术标准化管理与工法制度

一、标准化管理

1. 技术标准化管理的概念及作用

(1)技术标准化管理的含义。技术标准化管理是指为了取得最佳的经济效果，依据科学技术和实践经验，在充分协商的基础上，对经济技术活动中具有多样性和相关特性的重复事物，按一定的程序和形式颁发的统一规定。

(2)技术标准化管理的作用。标准化管理是一项重要的社会活动,建筑企业管理中的标准化对象,主要是生产活动中具有大量重复性特征的事物。在技术管理中推行标准化工作的一个直接的、主要的目的在于获得全面的、最佳的经济效益,因此,搞好建筑企业标准化管理工作具有十分重要的意义。技术标准化管理的作用主要表现在以下四个方面。

1)提高科学管理水平。技术标准化管理是现代化大生产的必要条件,它能使建筑企业经济技术活动按标准有秩序地进行。有了标准,各项工作就有了衡量的尺度,可以减少施工生产中的盲目性和管理中的混乱现象,可使管理方法定型,简化管理程序,从而提高企业的科学管理水平。

2)提高产品质量。技术标准化管理能够促使管理工作高效化,可以大大减少随机的处理问题,它规定了工艺、原料、管理的标准,有利于从技术上保证建筑产品的质量、工期,并有效控制成本,为用户与社会提供合格的产品。

3)合理利用资源。技术标准化管理是建筑企业消除浪费、节约活劳动和物化劳动的有效手段。企业的技术标准化管理可以充分地利用资源,减少重复劳动和不必要的资源消耗,同时提高劳动生产率和工作效率,进而提高建筑企业的经济收益。

4)促进组织专业协作化生产。技术标准化管理也是建筑企业组织专业生产的可靠技术基础。企业按技术标准组织生产,形成互换性、通用性强的产品,才能在此基础上进行专业化协作。因此,技术标准化管理的推广和应用能够促进企业组织专业协作化生产,进而推动建筑企业的技术进步。

2. 建筑企业标准体系和标准化对象

建筑企业的标准体系是指从企业整体的经济效益出发,由技术、经济和组织管理等各种标准构成的一个有机整体。建筑企业的基本标准体系见表7-1。建筑企业标准化对象包括:原材料、半成品、构配件和零件等;施工工艺、施工方法、施工技术与管理;工程招标投标、工程承包、合同条款等;概预算、工程估价;规划设计;施工组织设计;施工过程中的各种管理,以及竣工后的服务等企业管理的各个方面。

表7-1 建筑企业的基本标准体系

标准种类	标准名称
施工技术规范	1. 工艺流程 2. 操作规程 3. 设备维护和检修规程 4. 安全技术规程
施工技术标准	1. 建筑材料及半成品技术标准及相应的检验标准 2. 建筑安装工程施工及验收规范 3. 建筑安装工程质量评定标准
管理标准	1. 事务管理规范 2. 生产管理标准和规则
准标准	1. 手册和便览 2. 设计要览、管理要览和工作要览 3. 技术图表、数据和式样等

3. 企业标准化的推进和管理

为了推进标准化工作和加强标准化工作的管理，企业应建立相应的组织机构，宣传标准化，组织学习有关标准，并在企业各部门，甚至各环节同时推进标准化，谋求整体的综合效益。企业应做好以下标准化的管理工作：

(1)随着技术进步，不断调整和修订标准或另选其他标准，并建立定期的重新评价制度，使技术标准与技术进步相适应。

(2)建立分类和回收过时标准的管理制度，杜绝现行标准与过时标准相混杂的情况。

(3)做好日常标准化管理工作，健全标准化管理制度，完善数据资料，搞好信息反馈。

二、工法制度

1. 工法的概念及分类

工法是指以工程为对象，以工艺为核心，运用系统工程的原理，把先进技术和科学管理结合起来，经过工程实践形成的综合配套的施工方法。工法是企业标准的重要组成部分，是企业开发应用新技术工作的一项重要内容，是企业技术水平和施工能力的重要标志。工法必须具有先进、适用和保证工程质量与安全、提高施工效率、降低工程成本等特点。

工法分为国家级(一级)、省(部)级(二级)和企业级(三级)三个等级。企业经过工程实践形成的工法，其关键技术达到国内领先水平或国际先进水平，有显著经济效益或社会效益的为国家级工法；其关键技术达到省(部)先进水平，有较好经济效益或社会效益的为省(部)级工法；其关键技术达到本企业先进水平，有一定经济效益或社会效益的为企业级工法。

2. 工法的内容

企业要根据承建工程任务的特点，制定工法开发与编写的年度计划，由项目领导层组织实施。经过工程实践形成的工法，应指定专人编写。工法的内容一般应包括：

(1)前言。概述本工法的形成过程和关键技术的鉴定及获奖情况等。

(2)特点。指本工法在使用功能或施工方法上的特点。

(3)适用范围。说明最适宜采用本工法的工程对象或工程部位。

(4)工艺原理。说明本工法工艺核心部分的原理。

(5)工艺流程及操作要点。

(6)材料。本工法使用新型材料的规格、主要技术指标、外部要求等。

(7)机具设备。本工法所必需的主要施工机械、设备、工具、仪器等名称、型号、性能及合理的数量。

(8)劳动组织及安全。本工法所需工种构成、人员数量和技术要求，以及应注意的安全事项和采取的具体措施。

(9)质量要求。本工法必须遵照执行的国家及有关部门、地区颁发的标准、规范的名称，并说明本工法在现行标准、规范中未规定的质量要求。

(10)效益分析。本工法应用的工程项目名称、地点、开竣工日期、实物工程量和应用效果。一项工法的形成，一般须有三个应用实例。

3. 工法的应用

企业应由分管施工生产的副经理或总工程师负责推行工法的领导工作，技术管理部门负责归口工法的日常管理工作。

　　工法的审定工作按工法等级分别由企业和相应主管部门组织进行。审定时应聘请有关专家组成工法审定委员会。审定工法时，专家们应根据工法的技术水平与技术难度、经济效益与社会效益、使用价值与推广应用前景、编写内容与文字水平，综合评定工法等级。

　　工法的知识产权归企业所有。企业开发编写的工法，实行有偿转让。工法中的关键技术，凡符合国家专利法、国家发明奖励条例和国家科学技术进步奖励条例的，可分别申请专利、发明奖和科学技术进步奖。

　　企业要根据承建工程任务的特点，编制推广应用工法的年度计划。工法可作为技术模块在施工组织设计和标书文件中直接采用。工程完工后要及时总结工法的应用效果。企业要注意技术跟踪，随着科学技术进步和工法在应用中的改进，及时对原编工法进行修订，以保持工法技术的先进性和适应性。

本章小结

　　技术管理是建筑企业管理的重要组成部分，是企业发展的核心要素，是企业能够为业主提供优质服务和优质工程的技术保证。加强技术管理对于稳定企业生产技术工作秩序、保障建筑企业安全生产、搞好环境保护和保证工程质量、提高企业的技术水平和经济效益具有十分重要的意义。本章主要介绍建筑企业技术开发和自主创新、建筑企业技术标准管理与工法制度。

思考与练习

一、填空题

1. ＿＿＿＿＿＿是指对企业生产经营过程中各项技术活动及其技术要素进行的各项管理活动的总称。

2. 建筑企业技术管理的工作内容包括＿＿＿＿＿＿和＿＿＿＿＿＿两部分。

3. ＿＿＿＿＿＿是指开工前，由建设单位组织，有设计单位、监理单位和施工单位参加，对全套施工图纸共同进行的检查与核对。

4. 图纸会审应由＿＿＿＿＿＿整理会议纪要。

5. ＿＿＿＿＿＿是指认为进行科学技术的基础研究和在应用研究的基础上，将新的科研成果应用于生产实践的开拓过程。

6. 发明专利权的期限为＿＿＿＿＿＿，实用新型专利权和外观设计专利权的期限为＿＿＿＿＿＿，均自申请日起计算。

7. 工法分为＿＿＿＿＿＿、＿＿＿＿＿＿和＿＿＿＿＿＿三个等级。

二、选择题

1. 在学习、熟悉图纸的基础上，施工单位进行自审。自审的内容不包括（　　）。

　　A. 设计是否符合国家的有关技术政策、经济政策和规定

B. 主要尺寸、标高和位置有无错误，平面图和立面图之间的关系是否有矛盾或标注有无遗漏

C. 所采用的标准图编号和型号与设计图纸有无矛盾

D. 结构图中是否有钢筋明细表，若无钢筋明细表，关于钢筋构造方面的要求在图中是否说明清楚

2. 图纸会审纪要一般不包括（　　）内容。
   A. 会议地点、时间和参加会议人员名单
   B. 建设单位与施工单位对设计提出的要求，以及要求修改的内容
   C. 地质勘探资料是否安全，设计的地震烈度是否符合当地要求
   D. 会议中尚未解决或需要进一步商讨的问题与要求

3. 技术交底的内容不包括（　　）。
   A. 图纸交底　　　　　　　　　B. 施工组织设计交底
   C. 设计变更和洽商交底　　　　D. 材料试验、检验合格证明

三、简答题

1. 建筑企业技术管理的任务是什么？
2. 建筑企业技术管理的基础工作包括哪几个方面？
3. 图纸会审的主要内容有哪些？
4. 简述技术开发的依据和途径。
5. 简述技术标准化管理的概念及作用。

第八章 建筑企业质量管理

知识目标

1. 了解质量、质量管理的基本概念；熟悉工程质量管理的特点、原则、过程。
2. 了解质量管理体系的概念；熟悉质量管理体系基础；掌握建筑企业质量管理体系的建立与实施，建筑企业质量管理体系的持续改进。
3. 熟悉质量数据的收集；掌握建筑企业质量控制常用的统计分析方法。
4. 熟悉建筑工程质量检查依据、内容、方法；熟悉质量验收的划分、质量验收标准。

能力目标

1. 能运用质量统计分析方法对工程质量进行分析。
2. 具备参与建筑工程质量检查与评定的基本技能。

第一节 质量管理概述

一、质量的基本概念

（一）质量

ISO 9000 族标准中对"质量"的定义是：质量是指一组固有特性满足要求的程度。

对上述定义可从以下几个方面去理解：

（1）质量不仅是指产品质量，也可以是某项活动或过程的工作质量，还可以是质量管理体系运行的质量。质量是由一组固有特性组成的，这些固有特性是指满足顾客和其他相关方的要求的特性，并由其满足要求的程度加以表征。

（2）特性是指区分的特征。特性可以是固有的或赋予的，可以是定性的或定量的。特性有各种类型，如物质特性（如机械的、电的、化学的或生物的特性）、感官特性（如嗅觉、触觉、味觉、视觉及感觉控测的特性）、行为特性（如礼貌、诚实、正直）、人体工效特性（如语言或生理特性、人身安全特性）、功能特性（如飞机的航程、速度）。质量特性是固有的特性,并通过产品、过程或体系设计和开发及其后实现过程形成的属性。固有的意思是指在某事或某物中本来就有的,尤其是那种永久的特性。赋予的特性(如某一产品的价格)并非是产品、过程或体系的固有特性,不是它们的质量特性。

(3)满足要求就是应满足明示的(如合同、规范、标准、技术、文件、图纸中明确规定的)、通常隐含的(如组织的惯例、一般习惯)或必须履行的(如法律、法规、行业规则)需要和期望。与要求相比较,满足要求的程度才能反映为质量的好坏。对质量的要求除考虑满足顾客的需要外,还应考虑组织自身利益、提供原材料和零部件等的供方的利益和社会的利益等多种需求。例如,需考虑安全性、环境保护、节约能源等外部的强制要求。只有全面满足这些要求,才能评定为好的质量或优秀的质量。

(4)顾客和其他相关方对产品、过程或体系的质量要求是动态的、发展的和相对的。质量要求随着时间、地点、环境的变化而变化。如随着技术的发展、生活水平的提高,人们对产品、过程或体系会提出新的质量要求。因此,应定期评定质量要求、修订规范标准,不断开发新产品、改进老产品,以满足已变化的质量要求。另外,不同国家不同地区因自然环境条件不同、技术发达程度不同、消费水平不同和民俗习惯等的不同会对产品提出不同的要求,产品应具有这种环境的适应性,对不同地区应提供不同性能的产品,以满足该地区用户明示的或隐含的要求。

(二)工程质量

工程质量有狭义和广义两个方面的含义。狭义的工程质量是指施工的工程质量(即施工质量);广义的工程质量是指除施工质量外,还包括工序质量和工作质量。

1. 施工质量

施工质量是指承建工程的使用价值,也就是施工工程的适应性。正确认识施工的工程质量是至关重要的。质量是为使用目的而具备的工程适应性,不是指绝对最佳的意思。应该考虑实际用途和社会生产条件的平衡,考虑技术可能性和经济合理性。建设单位提出的质量要求,是考虑质量性能的一个重要条件,通常表示为一定幅度。施工企业应按照质量标准,进行最经济的施工,以降低工程造价、提高动能,从而提高工程质量。

2. 工序质量

工序质量也称生产过程质量,是指施工过程中影响工程质量的主要因素(如人、机器设备、原材料、操作方法和生产环境五大因素等)对工程项目的综合作用过程,是生产过程五大要素的综合质量。

3. 工作质量

工作质量是指参与工程的建设者,为了保证工程的质量所从事工作的水平和完善程度。工作质量包括:社会工作质量,如社会调查、市场预测、质量回访等;生产过程工作质量,如思想政治工作质量、管理工作质量、技术工作质量和后勤工作质量等。工程质量的好坏是建筑工程形成过程中各方面、各环节工作质量的综合反映,而不是单纯靠质量检验方法检查出来的。为保证工程质量,要求有关部门和人员精心工作,对决定和影响工程质量的所有因素严加控制,即通过工作质量来保证和提高工程质量。

二、质量管理的基本概念

1. 质量管理

质量管理是指确定质量方针、目标和职责并在质量体系中通过如质量策划、质量控制、质量保证和质量改进使其实施的全部管理职能。质量管理的职能活动有：确定质量方针和目标；确定岗位职责和权限；建立质量体系并使之有效运行。

2. 质量方针

质量方针是由组织的最高管理者正式颁布的、该组织总的质量宗旨和方向。质量方针是组织总方针的一个组成部分，由最高管理者批准。它是组织的质量政策，是组织全体职工必须遵守的准则和行动纲领，是企业长期或较长时期内质量活动的指导原则。它反映了企业领导的质量意识和决策。

3. 质量体系

质量体系是指为实施质量管理所需的组织结构、程序、过程和资源。

（1）组织结构是一个组织为行使其职能而按某种方式建立的职责、权限及其相互关系，通常以组织结构图予以规定。一个组织的组织结构图应能显示其机构设置、岗位设置以及他们之间的相互关系。

（2）资源可包括人员、设备、设施、资金、技术和方法，质量体系应提供适宜的各项资源以确保组织过程和产品的质量。

（3）一个组织所建立的质量体系应既满足本组织管理的需要，又满足顾客对本组织的质量体系要求，但主要目的应是满足本组织管理的需要。顾客仅仅评价组织质量体系中与顾客订购产品有关的部分，而不是组织质量体系的全部。

（4）质量体系和质量管理的关系是，质量管理需通过质量体系来运作，即建立质量体系并使之有效运行是质量管理的主要任务。

4. 质量策划

质量策划是质量管理中致力于设定质量目标并规定必要的作业过程和相关资源以实现其质量目标的部分。最高管理者应对实现质量方针、目标和要求所需的各项活动和资源进行质量策划，并且策划的输出应文件化。质量策划是质量管理中的筹划活动，是组织领导和管理部门的质量职责之一。组织要在市场竞争中处于优胜地位，就必须根据市场信息、用户反馈意见、国内外发展动向等因素，对老产品改进和新产品开发进行筹划，即对研制什么样的产品、应具有什么样的性能、达到什么样的水平，提出明确的目标和要求，并进一步为如何达到这样的目标和实现这些要求从技术、组织等方面进行策划。

5. 质量控制

质量控制是指为达到质量要求所采取的作业技术和活动。质量控制的对象是过程。控制的结果应能使被控制对象达到规定的质量要求。为使控制对象达到规定的质量要求，必须采取适宜的有效措施，包括作业技术和方法。

6. 质量保证

质量保证是指为了提供足够的信任表明实体能够满足质量要求，而在质量体系中实施并根据需要进行证实的全部有计划和有系统的活动。质量保证定义的关键是"信任"，对达到预期质量要求的能力提供足够的信任，信任的依据是质量体系的建立和运行。质量保证不是买到不合格产品以后的保修、保换、保退，因为这样的质量体系将所有影响质量的因素，包括技术、管理和人员方面的因素，都采取了有效的方法进行控制，因而具有减少、消除特别是预防不合格的机制。简而言之，质量保证体系具有持续稳定地满足规定质量要求的能力。质量保证总是在有两方的情况下才存在，由一方向另一方提供信任。由于两方的具体情况不同，质量保证分为内部和外部两种。内部质量保证是企业向自己的管理者提供信任；外部质量保证是供方向顾客或第三方认证机构提供信任。

7. 质量改进

质量改进是指质量管理中致力于提高有效性和效率的部分。质量改进的目的是向组织自身和顾客提供更多的利益，如更低的消耗、更低的成本、更多的收益以及更新的产品和服务等。质量改进是通过整个组织范围内的活动和过程的效果以及效率的提高来实现的。组织内的任何一个活动和过程的效果以及效率的提高都会导致一定程度的质量改进。质量改进不仅与产品、质量、过程以及质量环等概念直接相关，而且也与质量损失、纠正措施、预防措施、质量管理、质量体系、质量控制等概念有着密切的联系，所以说质量改进是通过不断减少质量损失而为本组织和顾客提供更多的利益的，也是通过采取纠正措施、预防措施而提高活动和过程的效果及效率的。质量改进是质量管理的一项重要组成部分或者说支柱之一，它通常在质量控制的基础上进行。

三、工程质量管理的特点

由于工程项目施工涉及面广，是一个极其复杂的综合过程，再加上工程项目位置不固定、生产流动、结构类型不一、质量要求不一、施工方法不一、体型大、整体性强、建设周期长、受自然条件影响大等特点，因此，建筑工程项目的质量管理比一般工业产品的质量管理更难以实施，其特征主要表现在以下几个方面：

(1)影响质量的因素多。如设计、材料、机械、地形、地质、水文、气象、施工工艺、操作方法、技术措施、管理制度等，均直接影响施工项目的质量。

(2)容易产生质量变异。项目施工不像工业产品生产，有固定的自动性和流水线，有规范化的生产工艺和完善的检测技术，有成套的生产设备和稳定的生产环境，有相同系列规格和相同功能的产品，同时，影响施工项目质量的偶然性因素和系统性因素都较多，因此，很容易产生质量变异。例如，材料性能微小的差异、机械设备正常的磨损、操作微小的变化、环境微小的波动等，均会引起偶然性因素的质量变异；使用材料的规格、品种有误，施工方法不妥，操作不按规程，机械故障，仪表失灵，设计计算错误等，则会引起系统性因素的质量变异，造成工程质量事故。因此，在施工中要严防出现系统性因素的质量变异，要把质量变异控制在偶然性因素范围内。

(3)容易产生第一、第二判断错误。施工项目由于工序交接多、中间产品多、隐蔽工程多，若不及时检查实质，事后再看表面，就容易产生第二判断错误，也就是说，容易将不合格产品认定为合格产品。反之，若检查不认真，测量仪表不准，读数有误，就会产生第一判断错误，也就是说，容易将合格产品认定为不合格产品。这些在进行质量检查验收时应特别注意。

(4)质量检查不能解体、拆卸。工程项目建成后，不可能像某些工业产品那样，再去拆卸或解体检查内在的质量，或重新更换零件；即使发现质量有问题，也不可能像工业产品那样实行"包换"或"退款"。

（5）质量要受投资、进度的制约。施工项目的质量受投资、进度的制约较大，一般情况下，投资大、进度慢的工程质量就好；反之，质量则差。因此，项目在施工中，还必须正确处理质量、投资、进度三者之间的关系，使其达到对立的统一。

四、工程质量管理的原则

国际标准化组织总结了质量管理近百年的实践经验，吸纳了当代最杰出的质量管理专家的理念，用高度概括而又易于理解的语言，总结出质量管理的八项原则，这些原则也是建立质量管理体系的理论基础。建筑企业在进行质量管理过程中应遵循以下八项原则：

1. 以顾客为关注焦点

组织依存于顾客。因此，组织应当理解顾客当前和未来的需求，满足顾客要求并争取超越顾客期望。

建筑企业的目标是为顾客提供满意的建筑产品。随着经济的发展，市场变化日趋复杂，用户的需求和期望也在不断发展变化。因此，建筑企业要及时调整自己的经营策略和采取必要的措施，以适应市场的变化，满足用户不断发展的需求和期望，还应超越用户的需求和期望，使自己的产品或服务始终处于领先的地位。

2. 领导作用

领导者应确保组织的目的与方向一致。他们应当创造并保持良好的内部环境，使员工能充分参与实现组织目标的活动。为了营造一个良好的经营环境，建筑企业的最高管理者应明确企业的质量方针和质量目标，并随时将企业的运行结果与目标进行比较，根据情况来决定实现质量方针、目标的措施和持续改进的措施；在领导作用上还要做到透明、务实和以身作则。

3. 全员参与

建筑企业的质量管理不仅需要企业最高管理者的正确领导，还有赖于全体员工的参与。各级人员都是组织之本，唯有其充分参与，才能使他们为组织的利益发挥才干。所以，要对全体员工进行质量意识、职业道德、以顾客为中心的意识和敬业精神的教育，还要激发他们的积极性和责任感。

4. 过程方法

将活动和相关资源作为过程进行管理，可以更有效地得到期望的结果。任何利用资源并通过管理，将输入转化为输出的活动，均可视为"过程"。系统地识别和管理企业所应用的过程，特别是这些过程之间的相互作用，称之为"过程方法"。

过程方法的目的是获得持续改进的动态循环，并使企业的总体业绩得到显著的提高。过程方法通过识别企业内的关键过程，随后加以实施和管理并不断进行改进来达到用户的满意。

过程方法鼓励企业对其所有的过程有一个清晰的理解。过程包含一个或多个将输入转化为输出的活动，通常一个过程的输出直接成为下一个过程的输入，但有时多个过程之间会形成比较复杂的过程网络。这些过程输入和输出与内部和外部的用户相连。在应用过程方法时，必须对每个过程，特别是关键过程的要素进行识别和管理。这些要素包括输入、输出、活动、资源、管理和支持性过程。此外PDCA循环适用于所有过程，可结合考虑。

5. 管理的系统方法

将相互联系的过程作为体系来看待、理解和管理，有助于组织提高实现目标的有效性和效率。

所谓系统方法，实际上包括系统分析、系统工程和系统管理三大环节。它以系统地分析有关的数据、资料或客观事实开始，确定要达到的优化目标；然后通过系统工程，设计或策划达到目标而应采取的各项措施和步骤，以及应配置的资源，形成一个完整的方案；最后在实施中通过系统管理而取得高的有效性和效率。

在质量管理中采用系统方法，就是要把质量管理体系作为一个大系统，对组成质量管理体系的各个过程加以识别、理解和管理，以达到实现质量方针和质量目标。管理的系统方法包括确定顾客的需求和期望，建立质量方针和目标，确定过程和职责，确定过程有效性的测量方法并用来测定实现过程的有效性，防止不合格，寻找改进机会，确定改进方向，实施改进，监控改进效果，评价结果，评审改进措施和确定后续措施等。

管理的系统方法和过程方法关系非常密切。它们都是以过程为基础，都要求对各个过程之间的相互作用进行识别和管理。管理的系统方法着眼于整个系统和实现总目标，使得企业所策划的过程之间相互协调和相容。过程方法则着眼于具体过程，对其输入、输出和相互关联和相互作用的活动进行连续的控制，以实现每个过程的预期结果。

6. 持续改进

持续改进总体业绩应当是组织的永恒目标。持续改进实际上是建筑企业对顾客日益增长的需求和期望的积极反应，是建筑企业质量管理的一个永恒的话题，它可以确保企业质量管理体系的动态进化。在建筑企业质量管理体系中，持续改进主要包括产品质量、过程及体系的有效性和效率的提高。

7. 基于事实的决策方法

有效决策建立在数据和信息分析的基础上。成功的结果取决于活动实施之前的精心策划和正确决策。决策的依据应采用准确的数据和信息，分析和依据信息做出判断是一种良好的决策。在对数据和信息进行科学分析时，可借助于其他的辅助手段，统计技术就是最重要的工具之一。

8. 与供方互利的关系

组织与供应商相互依存，互利的关系可增强双方创造价值的能力。供方向企业提供的产品将对企业向用户提供的产品产生重要的影响，因此，建筑企业处理好与供应商的关系，关系到企业能否持续稳定地提供顾客满意的产品，具有重要的意义。将供方、协作方、合作方都看作是企业经营战略同盟中的合作伙伴，形成共同的竞争优势，可以优化成本和资源，有利于企业和供方的共同利益。

五、工程质量管理的过程

为了加强对施工项目的质量管理，明确各施工阶段管理的重点，可把建筑施工项目质量分为事前控制、事中控制和事后控制三个阶段，如图 8-1 所示。

(一) 事前控制

事前控制是对工程施工前准备阶段进行的质量控制。它是指在各工程对象正式施工活动开始前，对各项准备工作及影响质量的各因素和有关方面进行的质量控制。

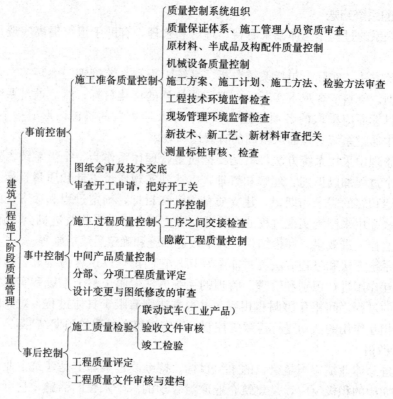

图 8-1 建筑工程施工阶段质量管理的过程

1. 施工技术准备工作的质量控制

施工技术准备工作的质量控制包括以下几点：

(1)组织施工图纸审核及技术交底。

(2)核实资料。核实和补充对现场调查及收集的技术资料，应确保其可靠性、准确性和完整性。

(3)审查施工组织设计或施工方案。重点审查施工方法与机械选择、施工顺序、进度安排及平面布置等能否保证组织连续施工，审查所采取的质量保证措施。

(4)建立保证工程质量的必要试验设施。

2. 现场准备工作的质量控制

现场准备工作的质量控制包括以下几点：

(1)检查场地平整度和压实程度是否满足施工质量要求。

(2)测量数据及水准点的埋设是否满足施工要求。

(3)检查施工道路的布置及路况质量是否满足运输要求。

(4)检查水、电、热及通信等的供应质量是否满足施工要求。

3. 材料设备供应工作的质量控制

材料设备供应工作的质量控制包括以下几点：

(1)检查材料设备供应程序与供应方式能否保证施工顺利进行。

(2)检查所供应的材料设备的质量是否符合国家有关法规、标准及合同规定的质量要求。设备应具有产品详细说明书及附图；进场的材料应检查验收，验规格、验数量、验品种、验质量，做到合格证、化验单与材料实际质量相符。

(二)事中控制

事中控制就是对施工过程中进行的所有与施工有关方面的质量控制，也包括对施工过程中的中间产品(工序产品或分部、分项工程产品)的质量控制。

事中控制的策略是：全面控制施工过程，重点控制工序质量。其具体措施是：工序交接有检查；质量预控有对策；施工项目有方案；技术措施有交底；图纸会审有记录；配制材料有试验；隐蔽工程有验收；计量器具校正有复核；设计变更有手续；钢筋代换有制度；质量处理有复查；成品保护有措施；行使质控有否决；质量文件有档案(凡是与质量有关的技术文件，如水准、坐标位置、测量、放线记录，沉降、变形观测记录，图纸会审记录，材料合格证明、试验报告，施工记录，隐蔽工程记录，设计变更记录，调试、试压运行记录，试车运转记录，竣工图等都要编目建档)。

(三)事后控制

事后控制是指对通过施工过程所完成的、具有独立功能和使用价值的最终产品(为工程或整个建设项目)及其有关方面(如质量文档)的质量进行控制。其具体工作内容有：

(1)组织联动试车。

(2)准备竣工验收资料，组织自检和初步验收。

(3)按规定的质量评定标准和办法，对完成的分项工程、分部工程及单位工程进行质量评定。

(4)组织竣工验收。

建筑企业质量
管理的意义

第二节 建筑企业质量管理体系的建立

一、质量管理体系的概念

质量管理体系是指在质量方面指挥和控制组织的管理体系。它致力于建立质量方针和质量目标，并为实现质量方针和质量目标确定相关的过程、活动和资源。质量管理体系主要在质量方面能帮助组织提供持续满足要求的产品，以满足顾客和其他相关方的需求。组织的质量目标与其他管理体系的目标，如财务、环境、职业、卫生与安全等的目标应是相辅相成的。因此，质量管理体系的建立要注意与其他管理体系的整合，以方便组织的整体管理，其最终目的是使顾客和相关方都满意。

二、质量管理体系基础

(一)质量管理体系的理论说明

说明质量管理体系的目的就是要帮助企业增进用户满意;说明用户对企业的重要性;说明用户对企业持续改进的影响,由于用户对需求和期望是不断变化的,这就驱使企业持续改进其产品化过程;说明了质量管理体系的重要作用。

(二)质量管理体系的要求与产品要求

ISO 9000族标准把质量管理体系要求与产品要求加以区分。ISO 9000族标准是对质量管理体系的要求,而对产品没有提出任何具体要求。

(三)质量管理体系方法

质量管理体系方法是管理系统方法的原则在建立和实施质量管理体系中的具体应用。

建立和实施质量管理体系有八个步骤,即:①确定顾客和相关方的需求和期望;②建立企业的质量方针和质量目标;③确定实现质量目标必需的过程和职责;④确定和提供实现质量目标必需的资源;⑤规定测量每个过程的有效性和效率的方法;⑥应用这些方法确定每个过程的有效性和效率;⑦确定防止不合格并消除产生原因的措施;⑧建立和应用持续改进质量管理体系的过程。

可以看出,以上第①、②项是系统分析工作,其成果是建立质量方针和质量目标。第③、④、⑤、⑦项是系统工程,即质量的策划和设计工作,其重点是确定过程、职责、资源、测量方法及纠正措施等。而第④、⑥、⑧项是具体实施过程的系统管理,包括具体测定现有的或改进后的过程的有效性和效率、提供资源及持续改进体系等。因此,可以说,建立和实施质量管理体系所采用的方法是质量管理体系方法,而质量管理体系方法则是管理的系统方法的原则在建立和实施质量管理体系中的具体应用。上述八个步骤也符合PDCA循环的方法。

(四)过程方法

所谓"过程方法",就是"系统地识别和管理企业所应用的过程,特别是这些过程之间的相互作用"。这里,首先是识别质量管理体系所需要的过程,包括企业的管理活动、资源提供、产品实现和测量有关的过程,并确定过程的顺序和相互作用。其次是要对各过程加以管理,也就是要控制各个过程的要素,包括输入、输出、活动和资源等,这样才能够使过程有效。

ISO 9000族标准把以过程为基础的质量管理体系用一个模式图来表示,如图8-2所示。从图8-2可以看出,质量管理体系的四大过程"管理职责""资源管理""产品实现"和"测量分析及改进"彼此相连,最后通过质量管理体系的持续改进而进入更高阶段。利用这个模式图,企业可以明确主要过程,进一步展开、细化,并对过程进行连续控制,从而改进质量管理体系的有效性。

(五)质量方针和质量目标

质量方针是指由组织的最高管理者正式发布的该组织的总的质量宗旨和方向。质量目标是指在质量方面所追求的目的。

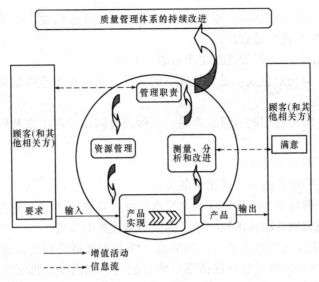

图 8-2　以过程为基础的质量管理体系模式图

质量方针和质量目标的作用是：它们指出了企业在质量方面的方向和追求的目标，使企业的各项质量活动都围绕这个方针和目标来进行，让企业的全体员工都来关注它们的实施和实现。质量方针指出了企业满足顾客要求的意图和策略，而质量目标则是实现这些意图和策略的具体要求。两者都确定了想要达到的预期结果，使企业利用其资源来实现这些结果。

质量方针和质量目标的关系是质量方针是为建立和评审质量目标提供了框架并要具体体现企业对持续改进的承诺；质量目标则在此框架内确立、开展和细化；两者应保持一致，不能脱节和偏离。

对质量目标的其他要求是：质量目标应适当展开，除有一个总目标外，有关部门和企业的适当层次还应根据总目标确定自己的分目标；质量目标的实现程度应是可以测量的，但可测量并不意味目标必须是定量的，目标也可用定性方式表示。

(六)最高管理者在质量管理体系中的作用

最高管理者指企业的最高领导层，具有决策、指挥和控制的职责和权力。他(他们)最重要的任务就是要通过他们具体的领导作用和各种措施来创造一个良好的内部环境。在这个环境中，质量管理体系得到有效的运行，全体员工可以充分参与，发挥他们的主动性、积极性和创造性。

最高管理者应发挥的领导作用包括九个方面：①制定并保持企业的质量方针和质量目标；②通过增强员工的质量意识、积极性和参与程度，在整个企业内促进质量方针和质量目标的实现；③确保整个企业各部门和全体员工都关注顾客的要求；④确保实施适宜的过程以满足顾客和其他相关方要求并实现质量目标；⑤确保建立、实施和保持一个有效的质量管理体系及实现这些质量目标；⑥确保获得必要的资源；⑦定期评审质量管理体系；⑧决定质量方针和质量目标的措施；⑨决定改进质量管理体系的措施。

(七)文件

所谓文件是指信息及其承载媒体。

文件的价值是传递信息、沟通意图、统一行动。文件的具体用途主要包括满足顾客要求和质量改进、提供适宜的培训、重复性（或再现性）和可追溯性、提供客观证据和评价质量管理体系的有效性和持续适宜性。

质量管理体系中使用文件的类型主要有以下几种：

（1）质量手册。即规定企业质量管理体系的文件，它是向企业内部和外部提供关于质量管理体系的一致信息。

（2）质量计划。即对特定的项目、产品、工程或合同，规定由谁及何时使用哪些程序和相关资源的文件。

（3）规范。即阐明要求的文件。

（4）指南。即阐明推荐的方法或建议的文件。

（5）程序、作业指导书和图样。这些都是提供使过程能始终如一完成的信息及文件。

（6）记录。为完成的活动或得到的结果提供客观证据的文件。

质量管理体系文件固然是重要的，但编制文件并不是最终目的。建立一个形成文件的质量管理体系，并不要求将质量管理体系中所有的过程和活动都形成文件。质量管理体系中文件数量的多少、详略程度等取决如下一些因素：企业的类型和规模、过程的复杂性和相互作用、产品（施工）的复杂性、顾客的要求、适用的法规要求、经证实的人员能力，以及满足体系要求所需证实的程度等。总之，质量管理体系文件的目的就是使质量管理体系的过程得到有效的运作和实施。

（八）质量管理体系评价

企业在质量管理体系建立并实施后，可能会发现其不完善或不适应的情况。所以，需要对它的适宜性、充分性和有效性进行系统的、定期的评价。

企业质量管理体系的评价包括质量管理体系过程的评价、质量管理体系的审核、质量管理体系的评审和自我评定。

1. 质量管理体系过程的评价

企业的质量管理体系是由许多相互关联和相互作用的过程构成的，所以对各个过程的评价是质量管理体系评价的基础。

在评价质量管理体系时，应对每个被评价的过程，提出如下基本问题：①过程是否已被识别并适当规定？②职责是否已被分配？③程序是否得到实施和保持？④在实现所要求的结果方面，过程是否有效？

对于前面两个问题，一般可以通过质量管理体系文件的审核得到答案，而后两个问题则必须通过现场审核和综合评价才能得到结论。这样，企业就可以利用对上述四个问题的综合回答来确定企业质量管理体系评价的结果。

2. 质量管理体系的审核

所谓审核就是指为获得审核证据并对其进行客观的评价，以确定满足审核准则的程度所进行的系统的、独立的并形成文件的过程。

企业在进行质量管理体系审核时，"审核准则"一般指《质量管理体系 要求》（GB/T 19001—2016）标准、质量手册、程序以及适用的法规等。

体系审核用于确定符合质量管理体系要求的程度。审核发现（即审核的结果）可用于评定质量管理体系的有效性和识别改进的机会。

体系审核有第一方审核（内审）、第二方审核和第三方审核三种类型。第一方审核由企业自己或以企业的名义进行,用于内部用的,可作为企业自我合格声明的基础。第二方审核由企业的顾客或其他人以顾客的名义进行。第三方审核由外部独立的组织进行。这类组织通常是经认可的,提供符合要求的认证。

3. 质量管理体系评审

企业最高管理者的一项重要任务就是要主持、组织企业质量管理体系评审,就质量方针和质量目标对企业质量管理体系的适宜性、充分性、有效性和效率进行定期的、系统的评价。这种评审可包括考虑是否需要修改企业的质量方针和质量目标,以响应相关方需求和期望的变化。从这个意义上来讲,管理评审的依据是相关方的需求和期望。管理评审也是个过程,有输入和输出。其中,审核报告与其他信息(如顾客的需求、工程质量、预防和纠正措施等)可作为输入;而评审结论,即确定需采取的措施则是评审的输出。

企业质量管理体系评审是一种第一方的自我评价。

4. 自我评定

企业的自我评定是一种参照质量管理体系或卓越模式(如评质量奖),对企业的活动和结果所进行的全面的和系统的评审,也是一种第一方评价。

自我评定可以对企业业绩以及体系成熟度提供一个全面的情况,它还有助于识别需要改进的领域及需要优先开展的活动。

(九)持续改进

持续改进是八项质量管理原则之一。持续改进原则用于质量管理体系时,其目的在于增加企业提升顾客和其他相关方满意的概率。

企业在对质量管理体系实施持续改进时,也要采取管理系统方法。其步骤如下:①分析和评价现状,以识别改进的区域;②确定改进的目标;③寻找可能的解决办法以实施这些目标;④评价这些解决办法并做出选择;⑤实施选定的解决办法;⑥测量、验证、分析和评价实施的结果以确定这些目标已经实现;⑦正式采纳更改,形成正式的规定;⑧必要时,对结果进行评审,以确定进一步改进的机会。

(十)统计技术的作用

统计技术有助于对过程中产生的变异进行测量、描述、分析、解释和建立数学模型。帮助我们更好地理解变异的性质、程度和产生变异的原因,从而可帮助我们决策,即采取相应的措施,解决已出现的问题,甚至可以预防由变异产生的问题。因此,统计技术是促进持续改进产品质量和过程及体系的有效性的有力武器。

(十一)质量管理体系与其他管理体系的关注点

一个企业的管理体系包含若干个不同的分体系,如质量管理体系、财务管理体系、环境管理体系、职业健康安全管理体系等。这些管理体系有各自的方针和目标。除质量目标外,企业还可能有成长、筹资、收益性、环境及职业健康与安全等目标。这些目标相辅相成,构成了企业各方面的奋斗目标。

企业的各部分管理体系也是相互联系的。最理想的是将这些分体系有机地结合成一个总的管理体系,尽量采用相同的要素(如文件、记录等)。这些将有利于企业的总体策划、资源的配置、确定互补的目标并评价企业的整体有效性。

(十二)质量管理体系与卓越模式之间的关系

ISO 9000族标准的质量管理体系方法和企业卓越模式(如美国的马尔柯姆·波得里奇国

家质量奖、欧洲的欧洲质量奖、日本的戴明奖等）之间有共同之处，也有不同之处。它们所依据的原则相同，主要差别是它们的应用范围不同。

三、建筑企业质量管理体系的建立与实施

1. 建筑企业质量管理体系的建立

建筑企业质量管理体系的建立一般可分为以下三个阶段：

（1）质量管理体系的建立。质量管理体系的建立是企业根据质量管理八项原则，在确定市场及顾客需求的前提下，制定企业的质量方针、质量目标、质量手册、程序文件和质量记录等体系文件，并将质量目标分解落实到相关层次、相关岗位的职能和职责中，形成企业质量管理体系执行系统的一系列工作。

（2）质量体系文件的编制。质量体系文件是质量管理体系的重要组成部分，也是企业进行质量管理和质量保证的基础。编制质量体系文件是建立和保持体系有效运行的重要基础工作。质量体系文件包括质量手册、质量计划、质量体系程序、详细作业文件和质量记录等。

（3）质量管理体系的运行。质量管理体系的运行是在生产及服务的全过程按质量管理文件体系规定的程序、标准、工作要求及岗位职责进行操作运行，在运行过程中监测其有效性，做好质量记录，并持续改进。

2. 质量管理体系的认证与监督管理

（1）质量管理体系的认证。质量管理体系由公证的第三方认证机构，依据质量管理体系的要求标准，审核企业质量管理体系要求的符合性和实施的有效性，进行独立、客观、科学、公正的评价，得出结论。认证应按申请、审核、审批与注册发证等程序进行。

（2）获准认证后的监督管理。企业获准认证的有效期为三年，企业获准认证后，应经常性地进行内部审核，保持质量管理体系的有效性，并每年接受一次认证机构对企业质量管理体系实施的监督管理。获准认证后监督管理工作的主要内容有企业通报、监督检查、认证注销、认证暂停、认证撤销、复评及重新换证等。

3. 建筑企业质量管理体系的实施运行

保持质量管理体系的正常运行和持续实用有效，是企业质量管理的一项重要任务，是质量管理体系发挥实际效能、实现质量目标的主要阶段。

（1）组织协调。质量管理体系是入选的软件体系，它的运行是借助于质量管理体系组织结构的组织和协调来进行的。组织和协调工作是维护质量管理体系运行的动力。质量管理体系的运行涉及企业众多部门的活动。

（2）质量监督。质量管理体系在运行过程中，各项活动及其结果不可避免地会有发生偏离标准的可能。为此，必须实施质量监督。

（3）质量信息管理。企业的组织机构是企业质量管理体系的骨架，而企业的质量信息系统则是质量管理体系的神经系统，是保证质量管理体系正常运行的重要系统。在质量管理体系的运行中，通过质量信息反馈系统对异常信息的反馈和处理，进行动态控制，可以使各项质量活动和工程实体质量保持受控状态。

（4）质量管理体系审核与评审。企业进行定期的质量管理体系审核与评审，一是对体系要素进行审核、评价，确定其有效性；二是对运行中出现的问题采取纠正措施，对体系的

运行进行管理，保持体系的有效性；三是评价质量管理体系对环境的适应性，对体系结构中不适用的方面采取改进措施。开展质量管理体系审核和评审是保持质量管理体系持续有效运行的主要手段。

四、建筑企业质量管理体系的持续改进

持续改进是八项质量管理原则之一，持续改进原则在用于质量管理体系时，最终目的是提高组织的有效性和效率，它包括围绕改善产品的特征及特性、提高过程的有效性和效率所开展的所有活动、方法和路径。

1. 持续改进的活动

为了促进质量管理体系有效性的持续改进，在组织时应考虑开展下列活动：

(1)通过质量方针和质量目标的建立在相关职能和层次中展开，营造一个激励改进的氛围和环境。

(2)通过对顾客满意程度、产品要求符合性以及过程、产品的特性等测量数据，来分析其趋势和评价现状。

(3)利用审核结果进行内部质量管理体系审核，不断发现组织质量管理体系中的薄弱环节，确定改进的目标。

(4)进行管理评审，对组织质量管理体系的适宜性、充分性和有效性进行评价，做出改进产品、过程和质量管理体系的决策，寻找解决办法，以实现这些目标。

(5)采取纠正和预防的措施，避免不合格情况的再次出现或潜在不合格情况的发生。

因此，组织应当建立识别和管理改进活动的过程，这些改进可能导致组织对产品或过程的更改，直至对质量管理体系进行修正或对组织进行调整。

2. 持续改进的方法

为了进行质量管理体系的持续改进，可采用PDCA循环的方法。PDCA循环是一种科学的工作程序和管理方法。它通过计划(Plan)、实施(Do)、检查(Check)和处理(Action)四个阶段不断循环，把企业质量管理活动有机地联系起来。

(1)P 计划：根据顾客的要求和组织的方针，分析和评价现状，确定改进目标，寻找解决办法并评价这些解决办法，最后做出选择。

(2)D 实施：实施选定的解决办法。

(3)C 检查：根据方针、目标和产品要求，对过程、产品和质量管理体系实施结果方面的测量、验证、分析和评价，以确定这些目标是否已经实现。

(4)A 处理：采取措施，正式采纳更改，持续改进过程业绩。

一般来说，应用PDCA循环时必须注意以下几点：

(1)要整个企业上下左右都进行PDCA循环。整个企业是大循环，企业下属科室、工区等是中循环，再下属的施工队是小循环。上一级循环是下一级循环的依据，下一级循环又是上一级循环的具体贯彻，如图8-3所示。

(2)要不停地进行PDCA循环。要提高工程质量或工作质量，不是经过一个PDCA循环就可以解决问题的。每个循环结束，质量提高一步，如图8-4所示。

(3)要不断地向上循环。每一次PDCA循环的最后阶段，一般都要求制订出技术和管理的标准。

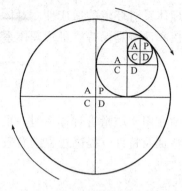

图 8-3 大小 PDCA 循环示意

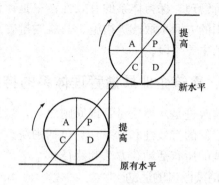

图 8-4 PDCA 循环不断提高上升示意

3. 持续改进活动的两个基本途径

（1）渐进式的日常持续改进，管理者应营造一种文化，使全体员工都能积极参与、识别改进机会，它可以对现有过程做出修改和改进，或实施新过程。通常由日常运作之外的跨职能小组来实施，且由组织内人员对现有过程进行渐进的过程改进，如 QC 小组活动等。

（2）突破性项目应通常针对现有过程的再设计来确定。它应该包括以下阶段：

1）确定目标和改进项目的总体框架。
2）分析现有的"过程"，并认清变更的机会。
3）策划和确定过程改进。
4）实施改进。
5）对过程的改进进行验证和确认。
6）对已完成的改进进行评价。

建筑企业质量管理体系的基本原则

第三节 建筑企业质量管理的统计分析方法

一、质量统计数据

（一）质量数据的收集

数据是进行质量控制的基础，是工程项目质量监控的基本出发点。质量统计数据的收集有全数检验和抽样检验，但在实际应用中，数据的产生依赖于抽样检验。

1. 抽样检验的目的

抽样检验的基本思想是从整批产品中随机抽取部分产品作为样本，根据对样本的检验结果，使用一定的判断规则，去推断整批产品的质量水平。对于非破坏性检验，如果批量小且检验费用低，采用 100% 的检验是可行的；如果批量大或检验费用高，采用 100% 的检验是不可行的,只允许抽样检验。

抽样检验的目的,就是根据样本的质量特征分析判断已经制造出来的全部成品或半成品(包括原材料)的质量是否符合技术标准。

2. 抽样检验的方法

(1)单纯随机法。单纯随机法是用随机数表、随机数生成器或随机数色子来进行抽样,广泛应用于原材料、购配件的进货检验和分项工程、分部工程、单位工程竣工后的检验。

(2)系统抽样法。系统抽样法是每隔一定的时间或空间抽取一个样本的方法,其第一个样本是随机的,所以,又称为机械随机抽样法。此方法主要用于工序间的检验,如混凝土的坍落度检验。

(3)二次抽样法。二次抽样法又称二次随机抽样,当总体很大时,将总体分为若干批,先从这些批中随机地抽几批,再随机地从抽中的几批中抽取所需的样品。如对批量很大的砖的抽样就可按二次抽样的方法进行。

(4)分层抽样法。分层抽样法是先将批分为若干层,然后从每层中抽取样本的方法。这种方法是为了使样本具有较好的代表性,如砂、石、水泥等散料的检验和分层堆放整齐的构配件的检验,都可用这种方法抽取样品。

3. 抽样检验中的两类风险

(1)供方风险。其也称生产者风险,指将合格品判为不合格品,而错误地拒收的概率,用 A 表示。对主控项目和一般项目均应控制在 5% 以内。

(2)需方风险。其也称消费者风险,指将不合格品判为合格品,而错误地接收的概率,用 B 表示。对主控项目应控制在 5% 以内,一般项目应控制在 10% 以内。

(二)质量样本数据的特征值

(1)均值。样本的均值又称为样本的算术平均值。它表示数据集中的位置。

(2)中位数。先将样本中的数据按大小排列,样本为奇数时,中间的一个数即为中位数;样本为偶数时,中间两个数的平均值即为中位数。

(3)极值。一个样本中的最大值和最小值称为极值,第 i 个样本的最大值用 $x_{i\max}$ 表示;第 i 个样本的最小值用 $x_{i\min}$ 表示。

(4)极差值。样本中最大值与最小值之差称为极差,第 i 个样本的极差值用 R_i 来表示。

(5)标准偏差。总体的标准偏差用 δ 表示。

$$\delta = \sqrt{\frac{\sum_{i=1}^{N}(x_i-\mu)^2}{N}} \tag{8-1}$$

式中　N——总体大小;

　　　μ——总体均值。

样本的标准偏差用 S 表示。

$$S = \sqrt{\frac{\sum_{i=1}^{n}(x_i-\overline{x})^2}{n-1}} \tag{8-2}$$

式中　x_i——第 i 个样品的数值;

　　　n——样本大小。

S 也称标准偏差的无偏估计。它的大小反映了数据的波动情况，即分散程度。

$$C_v = \frac{S}{\bar{x}} \times 100\% (样本) \tag{8-3}$$

或

$$C_v = \frac{\delta}{\mu} \times 100\% (总体)$$

二、建筑企业质量控制常用的统计分析方法

建筑企业质量管理常用的统计分析方法有排列图法、直方图法、因果分析图法、相关图法、控制图法、分层法及统计调查表法。这七种方法可在 PDCA 循环各阶段有选择地运用。

(一)排列图法

排列图又称帕累托图(Pareto)，也称主次因素排列图。它是从影响产品的众多因素中找出主要因素的一种有效方法。

该图是意大利经济学家帕累托(Pareto)创立的。他发现社会财富的分布状况是绝大多数人处于贫困状态，少数人占有大量财富，并左右整个社会经济的命脉，即所谓"关键的少数与次要的多数"的原理。后由质量管理专家朱兰博士(Dr. J. M. Juran)把它应用于质量管理。

1. 排列图的概念

排列图有两个纵坐标，左侧纵坐标表示产品频数，即不合格产品件数；右侧纵坐标表示频率，即不合格产品累计百分数。如图 8-5 所示，图中横坐标表示影响产品质量的各个不良因素或项目，按影响质量程度的大小，从左到右依次排列。每个直方形的高度表示该因素影响的大小，图中曲线称为帕累托曲线。在排列图上，通常把曲线的累计百分数分为三级，与此相对应的因素分为三类：A 类因素对应于频率 0~80%，是影响产品质量的主要因素；B 类因素对应于频率 80%~90%，为次要因素；与频率 90%~100% 相对应的为 C 类因素，属一般影响因素。运用排列图，可以找出主次矛盾，使错综复杂的问题一目了然，有利于采取对策，加以改善。

2. 排列图的作图步骤

制作排列图需要以准确而可靠的数据为基础，一般按以下步骤进行：

(1)按照影响质量的因素进行分类。分类项目要具体而明确，一般按产品品种、规格、不良品、缺陷内容或经济损失等情况而定。

(2)统计计算各类影响质量因素的频数和频率。

(3)画左右两条纵坐标，确定两条纵坐标的刻度和比例。

(4)根据各类影响因素出现的频数大小，从左到右依次排列在横坐标上。各类影响因素的横向间隔距离要相同，并画出相应的直方形。

(5)将各类影响因素发生的频率和累计频率逐个标注在相应的坐标点上，并将各点连成一条折线。

(6)在排列图的适当位置，注明统计数据的日期、地点、统计者等可供参考的事项。

例如，某工地现浇混凝土结构尺寸质量检查结果是：在全部检查的 8 个项目中不合格点(超偏差限值)有 165 个，为改进并保证质量，应对这些不合格点进行分析，以便找出混

凝土结构尺寸质量的薄弱环节。

(1)收集整理数据。首先收集混凝土结构尺寸各项目不合格点的数据资料,见表8-1。各项目不合格点出现的次数即频数。然后对数据资料进行整理,将不合格点较少的轴线位置、预埋设施中心位置、预留孔洞中心位置三项合并为"其他"项。按不合格点的频数由大到小的顺序排列各检查项目,"其他"项排在最后。以全部不合格点数为总数,计算各项的频率和累计频率,结果见表8-2。

表8-1 不合格点统计表

序号	检查项目	不合格点数
1	轴线位置	6
2	垂直度	10
3	标高	1
4	截面尺寸	48
5	电梯井	18
6	表面平整度	80
7	预埋设施中心位置	1
8	预留孔洞中心位置	1

表8-2 不合格点项目频数频率统计表

序号	项目	频数	频率/%	累计频率/%
1	表面平整度	80	48.5	48.5
2	截面尺寸	48	29.1	77.6
3	电梯井	18	10.9	88.5
4	垂直度	10	6.1	94.6
5	轴线位置	6	3.6	98.2
6	其他	3	1.8	100.0
合计		165	100	

(2)排列图的绘制步骤如下:

1)画横坐标。将横坐标按项目数等分,并按项目频数由大到小顺序从左至右排列,该例中横坐标分为六等份。

2)画纵坐标。左侧的纵坐标表示项目不合格点数即频数,右侧纵坐标表示累计频率。要求总频数对应累计频率100%。该例中总频数165应与累计频率100%在一条水平线上。

3)画频数直方形。以频数为高画出各项目的直方形。

4)画累计频率曲线。从横坐标左端点开始,依次连接各项目直方形右边线及其所对应的累计频率值的交点,所得的曲线为累计频率曲线。

5)记录必要的事项。如标题、收集数据的方法和时间等。

图8-5为本例混凝土结构尺寸不合格点排列图。

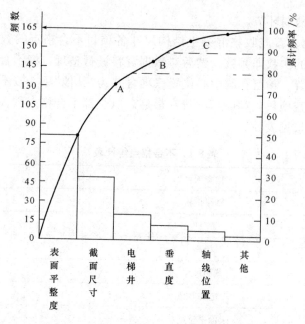

图 8-5　某混凝土结构尺寸不合格点排列图

(二)直方图法

1. 直方图的概念

直方图又称质量分布图、矩形图、频数分布直方图。它是将产品质量频数的分布状态用直方形来表示，根据直方的分布形状和与公差界限的距离来观察、探索质量分布规律，分析、判断整个生产过程是否正常。利用直方图，可以制定质量标准，确定公差范围；可以判明质量分布情况是否符合标准的要求。其缺点是不能反映动态变化，而且要求收集的数据较多(50～100 个以上)，否则难以体现其规律。

2. 直方图的绘制步骤

直方图可以按以下步骤绘制：

(1)计算极差。收集一批数据(一般取 $n>50$)，在全部数据中找出最大值 x_{max} 和最小值 x_{min}，极差 R 可以按下式求得：

$$R = x_{max} - x_{min}$$

(2)确定分组的组数。一批数据究竟分为几组并无一定规则，一般采用表 8-3 的经验数值来确定。

表 8-3　数据分组参考表

数据个数(n)	组数(k)
50 以内	5～6
50～100	6～10
101～250	7～12
250 以上	10～20

(3)计算组距。组距是组与组之间的差距。分组要恰当，如果分得太多，则画出的直方

图像"锯齿状"而看不出明显的规律，如分得太少，会掩盖组内数据变动的情况。组距可按下式计算：

$$h = \frac{R}{k} \tag{8-4}$$

式中　R——极差；
　　　k——组数。

(4) 计算组界 r_i。一般情况下，组界计算方法如下：

$$r_1 = x_{\min} - \frac{h}{2}$$

$$r_i = r_{i-1} + h$$

为了避免某些数据正好落在组界上，组界取值应多一位小数。

(5) 频数统计。根据收集的每一个数据，用正字法计算落入每一组界内的频数，据以确定每一个小直方的高度。以上做出的频数统计，已经基本上显示了全部数据的分布状况，再用图表示则更加清楚。直方图的图形由横轴和纵轴组成。选用一定比例在横轴上画出组界，在纵轴上画出频数，绘制成柱形的直方图。

3. 直方图的观察与分析

(1) 直方图图形分析。直方图形象、直观地反映了数据分布的情况，通过对直方图的观察和分析可以看出生产的稳定性及其质量的情况。常见的直方图典型形状有以下几种，如图 8-6 所示。

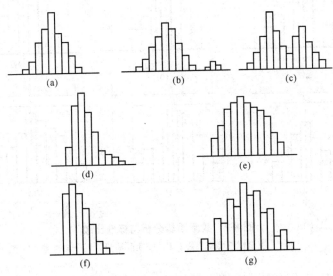

图 8-6　常见的直方图图形
(a) 对称型；(b) 孤岛型；(c) 双峰型；(d) 偏向型；
(e) 平顶型；(f) 绝壁型；(g) 锯齿型

1) 对称型——中间为峰，两侧对称分散者为对称型，如图 8-6(a) 所示。这是工序稳定正常时的分布状况。

2) 孤岛型——在远离主分布中心的地方出现小的直方，形如孤岛，如图 8-6(b) 所示。孤岛的存在表明生产过程中出现了异常因素，如原材料一时发生变化、有人代替操作、短期内工作操作不当等。

3)双峰型——直方图呈现两个顶峰,如图 8-6(c)所示。这往往是两种不同的分布混在一起的结果。例如,两台不同的机床加工零件所造成的差异。

4)偏向型——直方图的顶峰偏向一侧,故又称偏坡型,它往往是因计数值或计量值只控制一侧界限或剔除了不合格数据造成的,如图 8-6(d)所示。

5)平顶型——在直方图顶部呈平顶状态。一般是由多个母体数据混在一起造成的,或者由在生产过程中有缓慢变化的因素在起作用所造成的。如操作者疲劳而造成直方图的平顶状,如图 8-6(e)所示。

6)绝壁型——是由于数据收集不正常造成的,可能是有意识地去掉了下限以下的数据,或是在检测过程中存在某种人为因素,如图 8-6(f)所示。

7)锯齿型——直方图出现参差不齐的形状,即频数不是在相邻区间减少,而是隔区间减少,从而形成了锯齿状。造成这种现象的原因不是生产上的问题,而主要是因为绘制直方图时分组过多或测量仪器精度不够,如图 8-6(g)所示。

(2)实际分布与标准分布的比较。将正常形直方图与质量标准进行比较,判断实际施工能力。如图 8-7 所示,T 表示质量标准要求的界限,B 代表实际质量特性值分布范围。比较结果一般有以下几种情况:

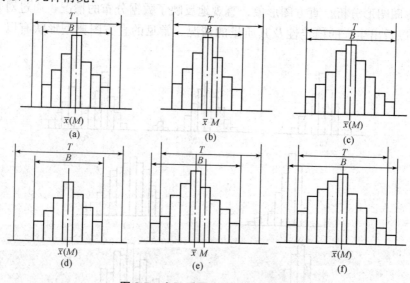

图 8-7 实际质量分析与标准比较
T——质量标准要求界限;B——实际质量特性分布范围

1)图 8-7(a),B 在 T 中间,质量分布中心 $\bar{x}$ 与质量标准中心 M 重合,实际数据分布与质量标准相比较两边还有一定余地。这样的生产过程,质量是很理想的,说明生产过程处于正常的稳定状态。在这种情况下生产出来的产品可认为全是合格品。

2)图 8-7(b),B 虽然落在 T 内,但质量分布中 $\bar{x}$ 与 T 的中心 M 不重合,偏向一边。这时生产状态一旦发生变化,就可能超出质量标准下限而出现不合格品。出现这种情况时应迅速采取措施,使直方图移到中间来。

3)图 8-7(c),B 在 T 中间,且 B 的范围接近 T 的范围,没有余地,生产过程一旦发生小的变化,产品的质量特性值就可能超出质量标准。出现这种情况时,必须立即采取措施,以缩小质量分布范围。

4)图8-7(d)，B在T中间，但两边余地太大，说明加工过于精细，不经济。在这种情况下，可以对原材料、设备、工艺、操作等控制要求适当放宽些，有目的地使B扩大，从而降低成本。

5)图8-7(e)，质量分布范围B已超出标准下限之外，说明已出现不合格品。此时必须采取措施进行调整，使质量分布位于标准之内。

6)图8-7(f)，质量分布范围完全超出了质量标准上、下界限，散差太大，产生了许多废品，说明过程能力不足，这时应提高过程能力，使质量分布范围B缩小。

(三)因果分析图法

因果分析图又称特性要因图、鱼刺图、树枝图。这是一种逐步深入研究和讨论质量问题的图示方法。在工程实践中，任何一种质量问题的产生，往往是由多种原因造成的。这些原因有大有小，把这些原因依照大小次序分别用主干、大枝、中枝和小枝图形表示出来，便可一目了然地、系统地观察出产生质量问题的原因。运用因果分析图可以帮助我们制定对策，解决工程质量上存在的问题，从而达到控制质量的目的。

1. 因果分析图的基本形式

因果分析图的基本形式如图8-8所示。因果分析图由质量特性(即质量结果，指某个质量问题)、要因(产生质量问题的主要原因)、枝干(指一系列箭线表示不同层次的原因)、主干(指较粗的直接指向质量结果的水平箭线)等组成。

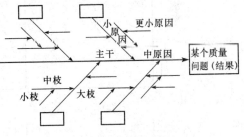

图8-8 因果分析图的基本形式

2. 因果分析图的绘制步骤

因果分析图的绘制一般按以下步骤进行：

(1)先确定要分析的某个质量问题(结果)，然后由左向右画粗干线，并以箭头指向所要分析的质量问题(结果)。

(2)座谈议论，集思广益，罗列影响该质量问题的原因。讨论时要请各方面的有关人员一起参加。把讨论中提出的原因，按照人、机、料、法、环五大要素进行分类，然后分别填入因果分析图的大原因的线条里，同样再按顺序把中原因、小原因及更小原因填入因果分析图内。

(3)从整个因果分析图中寻找最主要的原因，并根据重要程度以顺序①、②、③……表示。

(4)画出因果分析图并确定了主要原因后，必要时可到现场做实地调查，进一步弄清主要原因的项目，以便采取相应措施予以解决。

(四)相关图法

1. 相关图的概念

相关图又称散布图。在进行质量问题原因分析时，常常遇到一些变量共处于一个统一体中，相互联系、相互制约，在一定条件下又相互转化的情况。这些变量之间的关系，有些属于确定性关系，即它们之间的关系可以用函数关系来表达；而有些则属于非确定性关系，即不能由一个变量的数值精确地求出另一个变量的值。相关图法就是将两个非确定性变量的数据对应列出，并用点画在坐标图上，来观察它们之间关系的方法。对其进行的分析称为相关分析。

相关图可用于质量特性和影响质量因素之间的分析、质量特性和质量特性之间的分析、影响因素和影响因素之间的分析。如混凝土的强度（质量特性）与水灰比、含砂率（影响因素）之间的关系，强度与抗渗性（质量特性）之间的关系，水胶比与含砂率之间的关系等，都可用相关图来分析。

2. 相关图的类型

相关图是利用有对应关系的两种数值画出来的坐标图。由于对应的数值反映出来的相关关系不同，所以数据在坐标图上的散布点也各不相同。因此表现出来的分布状态有各种类型，大体归纳起来有以下几种：

(1)强正相关。它的特点是点的分布面较窄。当横轴上的 x 值增大时，纵坐标 y 也明显增大，散布点呈一条直线，图 8-9(a)所示的 x 和 y 之间存在着相当明显的相关关系，称为强正相关。

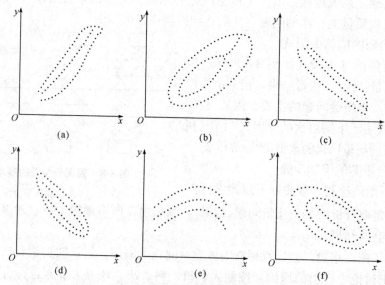

图 8-9　各类相关图
(a)强正相关；(b)弱正相关；(c)强负相关；
(d)弱负相关；(e)曲线相关；(f)不相关

(2)弱正相关。点在图上散布的面积较宽，但总的趋势是横轴上的 x 值增大时，纵轴上的 y 值也增大。如图 8-9(b)所示其相关程度比较弱，称为弱正相关。

(3)强负相关。和强正相关所示的情况相似，也是点的分布面较窄，只是当 x 值增大时，y 值减小，如图 8-9(c)所示。

(4)弱负相关。和弱正相关所示的情况相似，只是当横轴上的 x 值增大时，纵轴上的 y 值却随之减小，如图 8-9(d)所示。

(5)曲线相关。如图 8-9(e)所示的散布点不是呈线性散布，而是呈曲线散布。它表明两个变量间具有某种非线性相关关系。

(6)不相关。在相关图上点的散布没有规律性。横轴上的 x 值增大时，纵轴上的 y 值可能增大，也可能减小，即 x 和 y 间无任何关系，如图 8-9(f)所示。

(五)控制图法

控制图法又称管理图法，是用于分析和判断施工生产工序是否处于稳定状态所使用的一种带有控制界限的图表。它的主要作用是反映施工过程的运动状况，分析、监督、控制施工过程，对工程质量的形成过程进行预先控制。所以，控制图法常用于工序质量的控制。

1. 控制图的基本原理与形式

控制图的基本原理就是根据正态分布的性质合理确定控制上下限。如果实测的数据落在控制界限范围内，且排列无缺陷，则表明情况正常、工艺稳定、不会出废品；如果实测的数据落在控制界限范围外，或虽未越界但排列存在缺陷，则表明生产工艺状态出现异常，应采取措施加以调整。

控制图的基本形式如图 8-10 所示。横坐标为样本（子样）序号或抽样时间，纵坐标为被控制对象，即被控制的质量特性值。控制图上一般有三条线：在上面的一条虚线称为上控制界限，用符号 UCL 表示；在下面的一条虚线称为下控制界限，用符号 LCL 表示；中间的一条实线称为中心线，用符号 CL 表示。中心线标志着质量特性值分布的中心位置，上、下控制界限标志着质量特性值允许波动的范围。

在生产过程中可通过抽样取得数据，并把样本统计量描在图上来分析判断生产过程状态。如果点随机地落在上、下控制界限内，则表明生产过程正常且处于稳定状态，不会产生不合格品；如果点超出控制界限，或点排列有缺陷，则表明生产条件发生了异常变化，生产过程处于失控状态。

2. 控制图控制界限的确定

根据数理统计的原理，考虑经济的原则，世界上大多数国家采用"三倍标准偏差法"来确定控制界限，即将中心线定在被控制对象的平均值上，以中心线为基准向上向下各量三倍被控制对象的标准偏差，即为上、下控制界限，如图 8-11 所示。

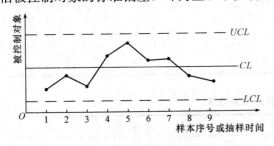

图 8-10 控制图的基本形式

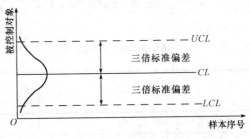

图 8-11 控制界限的确定

采用三倍标准偏差法是因为控制图是以正态分布为理论依据的。采用这种方法可以在最经济的条件下实现生产过程控制，保证产品的质量。在用三倍标准偏差法确定控制界限时，其计算公式如下：

中心线 $CL=E(X)$

上控制界限 $UCL=E(X)+3D(X)$

下控制界线 $LCL=E(X)-3D(X)$

式中　X——样本统计量，X 可取 $\bar{x}$（平均值）、$\tilde{x}$（中位数）、x（单值）、R（极差）、R_s

(移动极差)、P_n(不合格品数)、P(不合格品率)、C(缺陷数)、u(单位缺陷数)等；

$E(X)$——X 的平均值；

$D(X)$——X 的标准偏差。

按三倍标准偏差法，各类控制图控制界限的计算公式见表 8-4。控制图用系数见表 8-5。

表 8-4 控制图控制界限的计算公式

控制图种类		中心线	控制界限
计量值控制图	平均数 $\bar{x}$ 控制图	$\bar{\bar{x}} = \dfrac{\sum_{i=1}^{k} \bar{x_i}}{k}$	$\bar{\bar{x}} \pm A_2 \bar{R}$
	极差 R 控制图	$\bar{R} = \dfrac{\sum_{i=1}^{k} R_i}{k}$	$D_4 \bar{R}, D_3 \bar{R}$
	中位数 $\tilde{x}$ 控制图	$\bar{\tilde{x}} = \dfrac{\sum_{i=1}^{k} \tilde{x_i}}{k}$	$\bar{\tilde{x}} \pm m_3 A_2 \bar{R}$
	单值 x 控制图	$\bar{x} = \dfrac{\sum_{i=1}^{k} x_i}{k}$	$\bar{x} \pm E_2 \bar{R_s}$
	移动极差 R_s 控制图	$\bar{R_s} = \dfrac{\sum_{i=1}^{k} R_{s_i}}{k}$	$D_4 \bar{R_s}$
计数值控制图	计件	不合格品数 P_n 控制图	$\bar{P_n} = \dfrac{\sum_{i=1}^{k} P_i n_i}{k}$	$\bar{P_n} \pm 3\sqrt{\bar{P_n}(1-\bar{P_n})}$
		不合格品率 P 控制图	$\bar{P} = \dfrac{\sum_{i=1}^{k} P_i n_i}{k}$	$\bar{P} \pm 3\sqrt{\bar{P}(1-\bar{P})}$
	计点	缺陷数 C 控制图	$\bar{C} = \dfrac{\sum_{i=1}^{k} C_i}{k}$	$\bar{C} \pm 3\sqrt{\bar{C}}$
		单位缺陷数 u 控制图	$\bar{u} = \dfrac{\sum_{i=1}^{k} u_i}{k}$	$\bar{u} \pm 3\sqrt{\dfrac{\bar{u}}{n}}$

表 8-5 控制图用系数表

样本容量 n	A_2	D_4	D_3	$m_3 A_2$	E_2
2	1.88	3.27	—	1.88	2.66
3	1.02	2.57	—	1.19	1.77
4	0.73	2.28	—	0.80	1.46
5	0.58	2.11	—	0.69	1.29
6	0.48	2.00	—	0.55	1.18
7	0.42	1.92	0.08	0.51	1.11
8	0.37	1.86	0.14	0.43	1.05
9	0.34	1.82	0.18	0.41	1.01
10	0.31	1.78	0.22	0.36	0.96

(六) 分层法

分层法又称分类法或分组法，就是将收集到的质量数据，按统计分析的需要进行分类整理，使之系统化，以便找到产生质量问题的原因，及时采取措施加以预防。分层的结果使数据各层间的差异突出地显示出来，减少了层内数据的差异。在此基础上再进行层间、层内的比较分析，可以更深入地发现和认识质量问题产生的原因。

分层法的形式和作图方法与排列图基本相同。分层时，一般按以下方法进行划分：
(1) 按时间分，如按日班、夜班、日期、周、旬、月、季划分。
(2) 按人员分，如按新、老、男、女或不同年龄特征划分。
(3) 按使用仪器、工具分，如按不同的测量仪器、不同的钻探工具等划分。
(4) 按操作方法分，如按不同的技术作业过程、不同的操作方法等划分。
(5) 按原材料分，如按不同材料成分、不同进料时间等划分。

(七) 统计调查表法

在质量管理活动中，应用统计表是一种很好的收集数据的方法。统计表是为了掌握生产过程中或施工现场的情况，根据分层的设想作出的一类记录表。统计表不仅使用方便，而且能够自行整理数据，粗略地分析原因。

质量管理统计表的形式是多种多样的，使用场合不同、对象不同、目的不同、范围不同，其表格形式内容也不同，可以根据实际情况自行选择或修改。常用的有：分项工程作业质量分布调查表；不合格项目调查表；不合格原因调查表；施工质量检查评定用调查表等。

第四节　建筑工程质量检查与验收

一、建筑工程质量检查

建筑工程质量检查就是在工程质量形成的全过程中，专业质量检查员（包括专职检查人员和兼职检查人员）对所施工的工程项目或产品实体质量及工艺操作质量进行实际而及时的测定、检查等活动。

通过质量检查，防止不合格工程或产品进入到下个施工活动或进入用户手中，把住质量关，把发生或可能发生的质量问题解决在施工过程之中，并通过质量检查得到反馈的质量信息，发现存在的质量问题，采取有效的措施进行处理和整改，确保工程或产品质量的稳定与提高。

(一) 质量检查的依据

(1) 国家颁发的工程施工质量验收统一标准、专业工程施工质量验收规范等。
(2) 原材料、半成品及构配件的质量检验标准。

(3)设计图纸及施工说明书等有关设计文件。

(二)质量检查的内容

工程质量检查的主要内容是：原材料、半成品及构配件的检查；工程地质、地貌测量定位、标高等资料的复核检查；分部工程、分项工程的各项施工活动的质量检查；隐蔽工程项目的检查；施工过程中的原始记录及技术档案资料的检查；竣工项目的处理检查；对工程使用功能的检查等。

(三)质量检查的方法

1. 全数检查

对产品进行逐项的全部检查。这种检查方法工作量大、花费时间长，检查结果真实、准确，往往在对关键性或质量要求特别严格的检验批、分部、分项工程，才采用这种检查方法。

2. 抽样检查

在施工过程中，对检验批以及分部、分项工程，按一定比例从总体中抽出一部分的样本，进行检查分析，以此判断总体的质量情况。这种检查方法与全数检查相比，具有投入人力少、花费时间短和检查费用低的优点。

二、建筑工程质量验收

(一)质量验收的划分

建筑工程质量验收应划分为单位(子单位)工程、分部(子分部)工程、分项工程和检验批。

1. 单位工程的划分

(1)具备独立施工条件并能形成独立使用功能的建筑物及构筑物为一个单位工程。

(2)建筑规模较大的单位工程，可将其能形成独立使用功能的部分划分为若干个子单位工程。

2. 分部工程的划分

(1)分部工程的划分应按专业性质、建筑部位确定。如建筑工程可划分为九个分部工程：地基与基础、主体结构、建筑装饰装修、建筑屋面、给水排水及采暖、电气、智能建筑、通风与空调和电梯等分部工程。

(2)当分部工程规模较大或较复杂时，可按材料种类、施工特点、施工程序、专业系统及类别等划分为若干个子分部工程。如地基与基础分部工程可分为：无支护土方、有支护土方、地基与基础处理、桩基、地下防水、混凝土基础、砌体基础、劲钢(管)混凝土和钢结构等子分部工程。

3. 分项工程的划分

分项工程应按主要工种、材料、施工工艺、设备类别等进行划分。如无支护土方子分部工程可分为土方开挖和土方回填等分项工程。

4. 检验批的划分

所谓检验批是指按同一生产条件或按规定的方式汇总起来的供检验用的、由一定数量样本组成的检验体。检验批由于其质量基本均匀一致，因此可以作为检验的基础单位。

分项工程可由一个或若干个检验批组成。检验批可根据施工、质量控制和专业验收需要按楼层、施工段、变形缝等进行划分。分项工程划分成检验批进行验收有助于及时纠正

施工中出现的质量问题,确保工程质量,也符合施工的实际需要。检验批的划分原则是:

(1)多层及高层工程中主体部分的分项工程可按楼层或施工段划分检验批,单层建筑工程的分项工程可按变形缝等划分检验批。

(2)地基基础分部工程中的分项工程一般划分为一个检验批。

(3)屋面分部工程的分项工程中的不同楼层屋面可划分为不同的检验批。

(4)其他分部工程中的分项工程,一般按楼层划分检验批。

(5)安装工程一般按一个设计系统或设备组别划分为一个检验批。

(6)室外工程统一划分为一个检验批。

(二)工程质量验收

1. 检验批质量合格标准

(1)主控项目和一般项目的质量经抽样检验合格。

(2)具有完整的施工操作依据、质量检查记录。

主控项目是指建筑工程中对安全、卫生、环境保护和公众利益起决定性作用的检验项目。主控项目是对检验批的基本质量起决定性影响的检验项目,其不允许有不符合要求的检验结果,即这种项目的检查具有否决权。因此,主控项目必须全部符合有关专业工程施工质量验收规范的规定。所谓一般项目是指除主控项目以外的检验项目。

质量控制资料反映了检验批从原材料到最终验收的各施工过程的操作依据、检查情况以及保证质量所必需的管理制度等。对其完整性的检查,实际是对过程控制的确认,这是检验批合格的前提。

2. 分项工程质量验收合格标准

(1)分项工程所含的检验批均应符合合格质量的规定。

(2)分项工程所含的检验批的质量记录应完整。分项工程的验收是在检验批的基础上进行的。一般情况下,两者具有相同或相近的性质,只是批量的大小不同而已。

3. 分部(子分部)工程质量验收合格标准

(1)分部(子分部)工程所含分项工程的质量均应验收合格。

(2)质量控制资料应完整。

(3)地基与基础、主体结构和设备安装等分部工程有关安全及功能的检验和抽样检测结果应符合有关规定。

(4)观感质量验收应符合要求。

4. 单位(子单位)工程质量验收合格标准

(1)单位(子单位)工程所含分部(子分部)工程的质量均应验收合格。

(2)质量控制资料应完整。

(3)单位(子单位)工程所含分部工程有关安全和功能的检测资料应完整。

(4)主要功能项目的抽查结果应符合相关专业质量验收规范的规定。

(5)观感质量验收应符合要求。单位工程质量验收也称质量竣工验收,是施工项目投入使用前的最后一次验收,也是最重要的一次验收。

当施工项目质量不符合要求时的处理

本章小结

工程建设质量关系到国家的发展、企业的生存以及人们的健康安全。本章主要介绍了质量管理的基本概念、建筑企业质量管理体系的建立、建筑企业质量管理常用的统计分析方法、质量检查与验收。

思考与练习

一、填空题

1. ＿＿＿＿是指为实施质量管理所需的组织结构、程序、过程和资源。
2. ＿＿＿＿是指为达到质量要求所采取的作业技术和活动。
3. 为了加强对施工项目的质量管理，可把建筑施工项目质量分为＿＿＿＿、＿＿＿＿和＿＿＿＿三个阶段。
4. 质量管理体系是指在质量方面＿＿＿＿和＿＿＿＿的管理体系。
5. 质量检查的方法有＿＿＿＿、＿＿＿＿。
6. 建筑工程质量验收应划分为＿＿＿＿、＿＿＿＿、＿＿＿＿和＿＿＿＿。

二、选择题

1. （　　）反映了企业领导的质量意识和决策。
   A. 质量体系　　　　B. 质量策划　　　　C. 质量方针　　　　D. 质量控制
2. （　　）是质量管理中致力于设定质量目标并规定必要的作业过程和相关资源以实现其质量目标的部分。
   A. 质量策划　　　　B. 质量控制　　　　C. 质量保证　　　　D. 质量体系
3. 关于工程质量管理的特点说法错误的是（　　）。
   A. 容易产生质量变异　　　　　　　　B. 容易产生第一、第二判断错误
   C. 质量检查不能解体、拆卸　　　　　D. 质量不能受投资、进度的制约
4. 事后控制具体工作内容不包括（　　）。
   A. 组织联动试车
   B. 准备施工项目方案和技术措施交底资料
   C. 按规定的质量评定标准和办法，对完成的分项工程、分部工程及单位工程进行质量评定
   D. 组织竣工验收
5. 企业质量管理体系的评价不包括（　　）。
   A. 质量管理体系过程的评价　　　　　B. 质量管理体系的审核
   C. 质量管理体系的改进　　　　　　　D. 自我评定
6. 以下不属于建筑工程质量统计数据收集的方法有（　　）。
   A. 单纯随机法　　B. 系统抽样法　　C. 二次抽样法　　D. 随机抽样法

7. ( )又称管理图法,是用于分析和判断施工生产工序是否处于稳定状态所使用的一种带有控制界限的图表。

   A. 控制图法　　　B. 直方图法　　　C. 排列图法　　　D. 分层法

8. 利用直方图,不能做到的是( )。

   A. 可以制定质量标准

   B. 确定公差范围

   C. 可以判明质量分布情况是否符合标准的要求

   D. 反映动态变化

9. ( )又称散布图,是利用有对应关系的两种数值画出来的坐标图。

   A. 分层法　　　B. 直方图法　　　C. 排列图法　　　D. 相关图法

三、简答题

1. 什么是质量?什么是质量管理?
2. 什么是施工质量?什么是工序质量?
3. 什么是质量改进?质量改进的目的是什么?
4. 建筑企业在进行质量管理过程中应遵循哪八项原则?
5. 建立和实施质量管理体系的步骤有哪些?
6. 建筑企业质量管理体系的建立一般可分为哪几个阶段?
7. 建筑企业质量管理常用的统计分析方法有哪些?

第九章　建筑企业生产要素管理

知识目标

1. 了解人力资源管理的概念、作用、内容，人力资源规划的程序及内容；熟悉建筑企业人员招聘、录用、培训及考核制度；掌握建筑企业人力资源的优化配置和能力开发。
2. 了解材料管理基本概念；熟悉材料消耗定额的概念、作用、种类及制定方法；掌握库存管理的方法。
3. 了解机械设备管理的含义、任务、内容；熟悉机械设备的合理装备；掌握机械设备的损耗形式、设备的磨损规律、机械设备的检查、维修和修理。
4. 了解设备更新的概念；掌握机械设备更新经济界限的确定、设备的考核指标。

能力目标

1. 能应用人力资源相关知识进行自我职业生涯规划。
2. 能进行简单的人力资源优化配置。
3. 能对材料库存情况进行简单的分析。
4. 能对材料供货情况进行简单的分析。
5. 能联系实际计算考核机械管理水平的指标。

第一节　人力资源管理概述

一、人力资源管理的概念及作用

1. 人力资源管理的概念

人力资源是与自然资源、物质资源或信息资源相对应的概念，是指在劳动生产过程中，可以直接投入的体力、智力、心力的总和，以及在此基础上形成的基本素质，包括知识、技能、经验、品性与态度。人力是人的素质得到综合发挥所产生的作用力，包括人的现实劳动能力和潜力。

人力资源管理是指由一定管理主体为实现人力扩大再生产和合理分配使用人力而进行的人力开发、配置、使用、评价等环节的总和。人力资源管理渗透于社会各个领域，具有较大的复杂性。人力资源管理可根据管理范围的不同，分为对于全社会人力资源管理和对于企业、事业单位人力资源管理。

2. 人力资源管理的作用

企业在市场经济条件下要生存发展，就要重视人的因素，特别要重视加强企业的人力资源管理。人力资源管理在现代企业管理中居于核心地位。

人力资源管理的作用主要体现在以下几个方面：

(1)有利于促进生产经营的顺利进行。
(2)有利于调动企业员工的积极性，提高劳动生产率。
(3)有利于现代企业制度的建立。
(4)有利于减少劳动耗费，提高经济效益并使企业的资产保值、增值。

二、人力资源管理的内容

1. 制定企业人力资源发展战略规划

为了适应企业发展需求，企业必须建立起与企业战略相匹配的人力资源战略规划。将人力资源决策上升到企业决策层的高度，将人力资源管理战略纳入企业发展规划之中。围绕企业战略、综合考虑企业战略用工需求，在保障人力资源总量需求的基础之上，实现人力资源质量和结构与企业的战略发展相协调。

2. 岗位分析和工作设计

对组织中的各个工作和岗位进行分析，确定每一个工作和岗位对员工的具体要求，包括技术及种类、范围和熟悉程度；学习、工作与生活经验；身体健康状况；工作的责任、权利与义务等方面的情况。把这种具体要求形成书面材料的工作岗位职责说明书，作为招聘、评价、培训、调配、晋升等工作的根据。

3. 人力资源的招聘与选拔

根据组织内的岗位需要及工作岗位职责说明书，利用人才招聘交流会、网络信息平台等信息媒介，经过教育程度、工作经历、年龄、身体心理健康状况等方面的审查，以及笔试、面试、情景模拟等方法筛选录用人选。

4. 形成劳动合同关系

员工一旦被组织聘用，就要与组织形成一种合同关系，在国家有关法律和政府有关法规的框架下，确定和保护双方的合法权益，并就新员工的工资、福利、工作条件和环境等事宜达成相关协议，签订劳动合同。

5. 员工教育、培训

对于新员工教育培训，主要包括职业道德和劳动纪律、劳动安全卫生、质量技术管理知识与要求、岗位职责、员工权益等。针对广大员工的工作能力和技能培训，开展富有针对性的岗位技能培训。针对管理人员培训，侧重增强其管理理论、管理技能和应急应变能力。

6. 绩效考核

工作绩效考核，就是对照工作岗位职责说明书和工作任务，对员工的业务能力、工作表现及工作态度等进行定性和定量的评价过程。通过考核员工工作绩效,及时做出信息反馈,奖优罚劣,激发员工的工作热情,从而改善和提高员工的工作绩效。

7. 薪酬、福利管理

根据员工的资历、职级、岗位及实际表现和工作成绩等方面,设计科学合理的薪酬、福利体系和制度。所谓科学合理,就是能够激发广大员工的工作积极性和创造性,把薪酬与工作态度、成绩、贡献结合起来,科学合理的薪酬制度是企业正常生产秩序的基础和保障。

员工福利是社会和组织保障的一部分,是工资报酬的补充或延续。它主要包括社会养老保险、医疗保险、失业保险、工伤保险、节假日制度,以及为了保障员工的工作,在安全卫生方面提供必要的安全培训教育、良好的劳动工作条件等。

8. 员工档案管理

人力资源管理部门有责任保管员工入厂时的简历以及工作期间工作态度、工作表现、工作成绩、工资报酬、职务升降、奖惩、接受培训和教育等方面的书面记录材料。

还要加强员工的安全与保健工作,保障员工的健康,减少污染,减少工伤和死亡事故的发生所必须采取的措施。

三、人力资源规划的程序及内容

人力资源规划是预测企业未来的人才需求情况,并通过相应的计划制订和实施使供求关系协调平衡的过程。其任务是确定各种和各类程度的人力需求,进而推定未来人力需求的变动情形,决定工作所需的各种类别和等级的人力及就业市场的人力供需状况。

(一)人力资源规划的程序

人力资源规划工作程序一般分为以下三个步骤:

(1)企业现有人力资源的状况分析。其主要包括对企业现有的人力数量、分布、利用及潜力状况、流动比率等进行统计。

(2)人力资源供求预测。其包括对各类、各等级人力的需求预测,企业内部人力供给和外部供给的预测,供求之间的差异分析等。

(3)总体规划和所属各项业务计划的制订及平衡。这是企业人力资源管理的行动纲领。

(二)人力资源规划的内容

人力资源规划的内容主要包括总体规划与各项业务计划两个层次。人力资源的总体规划是有关计划期内人力资源开发利用的总目标、总政策、总体实施步骤及总预算的安排;而人力资源规划所属的业务计划包括人力资源需求计划、人力资源配置计划、人力资源培训计划、人力资源经济激励计划等。

1. 人力资源需求计划

人力资源需求计划主要反映计划期内应调入、补充、调出的各种人员的变化情况。

(1)确定劳动效率。确定劳动力的劳动效率,是劳动力需求计划编制的重要前提,只有确定了劳动力的劳动效率,才能制订出科学合理的计划。在工程施工中,劳动效率通常用"产量/单位时间"或"工时消耗量/单位工作量"来表示。

在一个工程中,分项工程量一般是确定的,它可以通过图纸和规范的计算得到,而劳动效率的确定却十分复杂。在建筑工程中，劳动效率可以在《建设工程劳动定额》中直接查到，它代表社会平均先进的劳动效率。但在实际应用时，必须考虑到具体情况，如环境、气候、地形、地质、工程特点、实施方案的特点、现场平面布置、劳动组合等，进行合理调整。根据劳动力的劳动效率，即可得出劳动力投入的总工时，其计算式如下：

$$\begin{aligned}劳动力投入总工时 &= 工程量/(产量/单位时间)\\ &= 工程量 \times 工时消耗/单位工程量\end{aligned} \quad (9-1)$$

（2）确定劳动力投入量。劳动力投入量也称劳动组合或投入强度。在工程劳动力投入总工时一定的情况下，假设在持续的时间内，劳动力投入强度相等，而且劳动效率也相等，在确定每日班次及每班次的劳动时间时，可依下式进行计算：

$$\begin{aligned}某活动劳动力投入量 &= 劳动力投入总工时/班次/日 \times 工时/班次 \times 活动持续时间\\ &= 工程量 \times 工时消耗量 \times 单位工程量/班次/日 \times 工时/班次 \times 活动持续时间\end{aligned} \quad (9-2)$$

（3）编制人力资源需求计划。

1）在编制劳动力需求量计划时，由于工程量、劳动力投入量、持续时间、班次、劳动效率、每班工作时间之间存在一定的变量关系，因此，在计划中要注意它们之间的相互调节。

2）在工程项目施工中，经常安排混合班组承担一些工作任务，此时，不仅应考虑整体劳动效率，还应考虑到设备能力和材料供应能力的制约，以及与其他班组工作的协调。

3）劳动力需求量计划中还应包括对现场其他人员的使用计划，如为劳动力服务的人员（如医生、厨师、司机等）、工地警卫、勤杂人员、工地管理人员等，可根据劳动力投入量计划按比例计算，或根据现场的实际需要安排。

例如，某项工程的劳动力需求量计划表见表9-1，它是以年（季）表示的，报项目经理批准后即可执行。根据此表可以编制月度（或旬）施工作业计划。

表 9-1 劳动力需求量计划表

项目	2017 年度				平均人数	期末人数	2018 年度		备注
	Ⅰ季	Ⅱ季	Ⅲ季	Ⅳ季			Ⅰ季	Ⅱ季	
总计									
一、直接生产人员									
1. 建筑安装工人									
2. 附属生产工人									
3. 学徒工									
二、非直接生产人员									
1. 工程技术人员									
2. 管理人员									
3. 服务人员									
4. 其他人员									

2. 人力资源配置计划

人力资源配置包括人力资源的合理选择、供应和使用。因此，企业要建立适应市场经济要求的资源配置制度和管理机制，其中最重要的就是做好人力资源配置计划工作。

(1) 人力资源配置计划编制的依据。人力资源配置计划编制的依据如下：

1) 人力资源配备计划。人力资源配备计划阐述人力资源在何时、以何种方式加入和离开项目小组。人员计划可能是正式的，也可能是非正式的，可能是十分详细的，也可能是框架概括型的。

2) 资源库说明。可供项目使用的人力资源情况。

3) 制约因素。外部获取时的招聘惯例、招聘原则和程序。

(2) 人力资源配置计划编制的内容。人力资源配置计划编制的内容有：

1) 研究制定合理的工作制度与运营班次，根据类型和生产过程特点，提出工作时间、工作制度和工作班次方案。

2) 研究员工配置数量，根据精简、高效的原则和劳动定额，提出配备各岗位所需人员的数量，技术改造项目，优化人员配置。

3) 研究确定各类人员应具备的劳动技能和文化素质。

4) 研究测算职工工资和福利费用。

5) 研究测算劳动生产率。

6) 研究提出员工选聘方案，特别是高层次管理人员和技术人员的来源和选聘方案。

(3) 人力资源配置计划编制的方法。

1) 按设备计算定员，即根据机器设备的数量、工人操作设备定额和生产班次等计算生产定员人数。

2) 按劳动定额定员，根据工作量或生产任务量，按劳动定额计算生产定员人数。

3) 按岗位计算定员，根据设备操作岗位和每个岗位需要的工人数计算生产定员人数。

4) 按比例计算定员，按服务人数占职工总数或者生产人员数量的比例计算所需服务人员的数量。

5) 按劳动效率计算定员，根据生产任务和生产人员的劳动效率计算生产定员人数。

6) 按组织机构职责范围、业务分工计算管理人员的人数。

3. 人力资源培训计划

人力资源培训计划是人力资源管理计划的重要组成部分。按培训对象的不同可分为工人培训计划、管理人员培训计划、技术人员培训计划等；按计划时间长短的不同可分为中、长期计划(规划)、短期计划；还可按培训的内容进行分类。

人力资源培训计划的内容应包括培训目标、培训方式、培训时间、各种形式的培训人数、培训经费、师资保证等。编制人力资源培训计划的具体步骤如下：

(1) 调查研究阶段。

1) 研究我国关于劳动力培训的目标、方针和任务，以及工程项目对劳动力的要求等。

2) 预测工程项目在计划内的生产发展情况，以及对各类人员的需要量。

3) 摸清劳动力的技术、业务、文化水平，以及其他各方面的素质。

4) 摸清项目的人、财、物、教等培训条件和实际培训能力，如培训经费、师资力量、培训场所、图书资料、培训计划、培训大纲和教材的配置等。

(2) 计划起草阶段。
1) 根据需要和可能，经过综合平衡，确定职工教育发展的总目标和分目标。
2) 制定实施细则，包括计划实施的过程、阶段、步骤、方法、措施和要求等。
3) 经充分讨论，将计划用文字和图表形式表示出来，形成文件形式的草案。
(3) 批准实施阶段。上报项目经理，批准后形成正式文件，下达基层，付诸实施。

4. 人力资源经济激励计划

建筑企业施工管理的目的就是经济地实现工程施工目标，为此，常采用激励手段来提高产量和生产率。常用的激励方法有行为激励法和经济激励法两种。在建设项目中，行为激励虽可创造出健康的工作环境，但经济激励却可以使参与者直接受益。

(1) 经济激励计划的作用。
1) 经济激励计划通过减少监督时间，以获得工作过程中可靠的反馈，实现对工人工作的有效控制。在不增加任何预算成本的前提下，就可以帮助项目管理增加产量并提高生产率。反馈也能为计划未来工作和估算未来工作成本，以及改进激励计划提供信息。
2) 经济激励计划能帮助工人不用影响工作成本估算即增加收入，获得对工作的满意度。它也能激励工人发展更好的工作方法。

(2) 经济激励计划的类型。经济激励计划的基础是按时间或任务设置的可以达到的产出目标比率。一般对直接劳动力来说，这些产出目标由生产率定额得到；对于间接劳动力来说，工作时间和利润共享可能是提供经济激励的唯一方法。

目前，在建筑企业人力资源管理过程中，已经形成了多种经济激励计划，但这些计划常随着工程项目类型、任务和工人工作小组的性质而改变。经济激励计划大致可分成以下几类：

1) 时间相关激励计划。即按基本小时工资成比例地付给工人超时工资。
2) 工作相关激励计划。即按照可以测量的完成工作量付给工人工资。
3) 一次付清工作报酬。该计划有两种方式：一种是按从完成工作的标准时间中省出的时间付给工人工资；另一种是按完成特定工作的固定量，一次性付清。
4) 按利润分享奖金。在预先确定的时间，如一季度、半年或一年支付奖金。确定给定工作的最终经济激励计划是很困难的过程，但是，一项计划一旦达成，若没有相关各方的同意是不能更改的。

5. 其他人力资源计划

建筑企业人力资源计划常常还包括工程项目运行操作人员和管理人员的招聘雇用、调遣、培训的安排，如对设备和工艺由外国引进的项目，常常还要将操作人员和管理人员送到国外进行培训。

四、建筑企业人员招聘、录用、培训及考核

(一) 人员招聘

人员招聘是指组织通过采用一切科学方法去寻找、吸引那些有能力又有兴趣到组织中来任职的人员，并从中选出适宜人员而予以聘用的过程。

1. 人员招聘的原则

人员招聘必须遵循以下原则：
(1) 遵守与就业相关的法律法规。在招聘过程中，企业应严格遵守《中华人民共和国劳动

法》《中华人民共和国劳动合同法》及相关的法律法规。坚持双向选择、公平竞争、平等就业的原则。在招募和录用过程中，避免种族、性别、年龄、信仰等方面的歧视，保护妇女儿童的合法权益，严格控制未成年人就业，对弱势群体(如残疾人、少数民族)予以保护和关心。

(2)公开原则。把招聘的单位，招聘的种类、数量、要求的资格条件及考试方法均向社会公开。这样做不仅可以大范围地广招贤才，而且有助于形成公平竞争的氛围，使招聘单位确实招到德才兼备的优秀人才。此外，在社会的监督下，还可以防止不正之风。

(3)平等原则。对应聘者应一视同仁，适用同一个标准，不得人为地制造各种不平等的限制。为了避免人为因素造成不平等的现象，在招聘录用过程中，尽量多采用考试、人才测评等客观标准及程序化工作方式，尽量避免用个别人的直觉、印象等方式选人。因为直觉、印象等往往带有很大的主观片面性，不利于平等竞争。

(4)竞争原则。人员招聘需要各种测试方法来考核和鉴别人才，根据测试结果的优劣来选拔人员。靠领导的目测或凭印象，往往带有很大的主观片面性和不确定性。因此，必须制定科学的考核程序、录用标准，才能真正选到良才。

(5)成本效率原则。招聘工作是企业的日常管理工作，同其他工作一样，也要讲究成本和效率，即要想方设法降低招聘成本，提高招聘效率。

(6)用人所长原则。招聘录用时，在择优选拔的前提下，应考虑有关人选的长处和短处及未来发展的潜力，用其所长，量才使用，做到"人尽其才""事得其人"。

2. 人员招聘的程序

(1)制订招聘计划。首先必须根据本组织目前的人力资源分布情况及未来某时期内组织目标的变化，分析从何时起本组织将会出现人力资源的缺口，是数量上的缺口，还是层次上需要提升。这些缺口分布在哪些部门，数量分布如何，层次分布是怎样的。根据对未来情况的预测和对目前情况的调查来制订一个完整的招聘计划。拟定招聘的时间、地点，欲招聘人员的类型、数量、条件，具体职位的具体要求、任务，以及应聘后的职务标准及薪资等。

(2)组建招聘小组。对许多企业来说，招聘工作是周期性或临时性的工作，因此，应该有专人来负责此项工作，在招聘时成立一个专门的临时招聘小组，该小组一般应由招聘单位的人事主管和用人部门的相关人员组成。专业技术人员的招聘还必须由有关专家参加，招聘工作开始前应对有关人员进行培训，使其掌握政策、标准，并明确职责分工，协同工作。

(3)确立招聘渠道，发布招聘信息。根据欲招聘人员的类别、层次及数量，确定相应的招聘渠道。一般可以通过有关媒介(如专业报纸、杂志、电台、电视、大众报刊)发布招聘信息，或去人才交流机构招聘，或者直接到大中院校招聘应届毕业生。

(4)甄别录用。一般的筛选录用主要涉及合格人选的录用事宜，其过程是依照人员录用的原则确定录用人员名单，通知被录用者，辞谢未被录用者，对录用人员进行体检、签订录用合同、培训、安排试用期等。在这个阶段，招聘者和求职者都要做出自己的决策，以便达成个人和工作的最终匹配。

(5)工作评估。人员招聘进来以后，应对整个招聘工作进行检查、评估，以便及时总结经验，纠正不足。评估结果要形成文字材料，供下次参考。此外，在新录用人员试用一段时间后，要调查其工作绩效，将实际工作表现与招聘时对其能力所做的测试结果做比较，确定相关程度，以判断招聘过程中所使用测试方法的信度和效度。

(二)人员录用

1. 建筑企业用工制度

用工制度是企业为了解决生产对劳动力的需要而采取的招收、录用和使用劳动者的制度，它是企业劳动管理制度的主要组成部分。随着国家和建筑业用工制度的改革，建筑企业可以采取多种形式用工。

(1)固定工。固定工即与建筑企业签长期用工合同的自有员工，主要由工人技师、特殊复杂技术工种工人组成。

(2)合同工。合同工是企业根据临时用工需求，本着"公开招工、自愿报名、全面考核、择优录取"的原则，从城镇、农村招收的合同制工人。

(3)计划外用工。计划外用工是企业根据任务情况，使用成建制的地方建筑企业或乡镇建筑企业，以弥补劳务人员的不足。

(4)建立劳务基地。企业出资和地方政府一起在当地建立劳务培训基地，采用"定点定向、双向选择、专业配套、长期合作"的方式，为企业提供长期稳定的劳务人员。

(5)建立协作关系。一些大型建筑企业利用自身优势，有选择地联合一批施工能力强、有资质等级的施工队伍，令他们建立一种长期稳定的伙伴协作关系。

2. 录用工作

录用有签订试用合同、员工的初始安排、试用和正式录用等过程。

新员工进入企业以前，一般要签订试用合同，对新员工和组织双方进行必要的约束和保证。试用合同内容包括试用的职位、试用的期限、试用期间的报酬与福利、试用期应接受的培训、试用期责任义务、员工辞职条件和被延长试用期的条件等。

一般来说，新员工进入企业以后其职位均是按照招聘的要求和应聘者的意愿安排的。有时组织可以根据需要，在征询应聘者意见以后，也可以将其分配到别的职位。对于一些岗位，应聘者可能要经过必要的培训以后才能进入试用工作。

试用期满后，如果新员工表现良好，能够胜任工作，就应办理正式录用手续。正式录用企业一般要与员工签订正式的录用合同。合同内容和条款应当符合《中华人民共和国劳动法》的有关规定。

(三)员工培训

企业员工的培训主要是指在将组织发展目标和员工个人发展目标相结合的基础上，有计划、有系统地组织员工从事学习和训练，增长员工的知识水平，提高员工的工作技能，改善员工的工作态度，激发员工的创新意识，使员工能够胜任目前所承担的或将要承担的工作与任务的人力资源管理活动。

1. 员工培训的形式

按照不同的分类方法，员工培训可以分为以下几种形式。

(1)按培训与工作的关系分类。从培训与工作的关系来划分，有在职培训和非在职培训两种。

1)在职培训。在职培训即人员在实际的工作中得到培训，这种培训很经济，不需要另外添置场所、设备，有时也不需要专职的教员，而是利用现有的人力、物力来实施培训。同时，培训人员不脱离岗位，可以在不影响工作和生产的情况下进行。

2)非在职培训。非在职培训即在专门的培训场所接受训练。其形式很多，如与学校挂钩方式、委托代培方式，有条件的单位也可自办各种培训学校及短训班。由于学员脱产学习，没有工作压力，时间集中，精力集中，其知识技能水平会提高很快，这种培训方式的缺点是需要资金、设备、专职教师、专门场所，成本较高。

为了克服两者的缺点，集中两者的优点，出现了另一种培训形式——半脱产培训，在实践中也能取得较好的效果。

(2)按培训的组织形式分类。从培训的组织形式来划分，有正规学校、短训班和自学等形式。

正规学校包括高等院校、党校、管理干部学院等，承担企业人员正规化培训任务，这种形式一般费用较高，通常用于较高层次管理人员的培养。

与正规学校相比，短训班形式专业性强、灵活、内容有鲜明的针对性，可以使一批人同时受到培养，又费时不长，花费不大，易于组织，已被广泛采用。这种形式的培训特别适用于专业培训，在某一问题上集中深化，使受训者了解有关动态和最新发展，跟上技术进步、管理变革和政策环境、市场竞争态势的变化，回到工作岗位立即应用，见效较快。

自学是一种自我完善、提高的培训方式。其特点是组织简单、费用低、行之有效，特别是成人自学考试制度实行以来，自学成才的人数呈增加趋势。企业对有志于自学培训的人员应采取措施支持和鼓励。

(3)按培训目标分类。从培训的目标来划分，有文化补课、学历培训、岗位职务培训等形式。

文化补习和学历培训的目的在于增加普通的文化科学知识，为以后各方面的进一步提高奠定文化基础。

岗位职务培训是从工作的实际需要出发，围绕着职位的特点而进行的针对性培训。这种培训旨在传授个人以行使职位职责、推动工作方面的特别技能，侧重于专门技术知识的灌输。同时，这种培训还用来使人员在担任更高职务之前，能够充分了解和掌握未来职位的职责、权力、知识和技能等。这样，在担任较高职务时，就有可能尽快胜任工作，打开局面。

(4)按培训层次分类。从培训的层次来划分，有高级、中级和初级培训。

2. 员工培训的内容

员工培训的内容包括管理人员的培训和工人的培训。

(1)管理人员的培训。

1)岗位培训。岗位培训是指对一切从业人员，根据岗位或者职务对其具备的全面素质的不同需要，按照不同的劳动规范，本着干什么学什么，缺什么补什么的原则进行的培训活动。它旨在提高职工的本职工作能力，使其成为合格的劳动者，并根据生产发展和技术进步的需要，不断提高其适应能力，包括对项目经理的培训，对基层管理人员和土建、装饰、水暖、电气工程的培训，以及对其他岗位的业务、技术干部的培训。

2)继续教育。继续教育包括建立以"三总师"为主的技术、业务人员继续教育体系，采取按系统、分层次、多形式的方法，对具有中专以上学历的处级以上职务的管理人员进行继续教育。

3)学历教育。学历教育主要是有计划地选派部分管理人员到高等院校深造。培养企业高层次专门管理人才和技术人才,毕业后回本企业继续工作。

(2)工人的培训。

1)班组长培训。按照国家建设行政主管部门制定的班组长岗位规范,对班组长进行培训,通过培训最终达到班组长岗位要求,保证100%持证上岗。

2)技术工人培训。按照《国家职业标准》的相关要求,开展初级、中级、高级职业资格理论知识考试和技能操作考核。

3)特种作业人员的培训。根据国家有关特种作业人员必须单独培训、持证上岗的规定,对从事电工、塔式起重机驾驶员等工种的特种作业人员进行培训,保证100%持证上岗。

4)对外埠施工队伍的培训。按照省、市有关外地务工人员必须进行岗前培训的规定,对所使用的外地务工人员进行培训,颁发省、市统一制发的外地务工经商人员就业专业训练证书。

(四)员工的绩效考核

企业员工绩效考核可根据职工在施工生产中的表现和其完成工作量的多少、质量等因素进行综合考核,这是劳动力考核的主体。通常是建立员工工作绩效考核卡,根据员工工作岗位的特点和要求,采取定岗定责,一人一岗一卡的方式进行考核。考核卡的内容中包括该名员工所在岗位的工作职责、工作要求和工作标准,考核时按卡检查考评该岗位工作。

(1)绩效考核的内容。管理人员绩效考核的内容有:

1)工作成绩。重点考核工作的实际成果,以员工工作岗位的责任范围和工作要求为标准,相同职位的职工以同一个标准考核。

2)工作态度。重点考核员工在工作中的表现,如责任心、职业道德、积极性。

3)工作能力。重点考核员工从事相应工作的能力。

(2)绩效考核的方法。管理人员绩效考核的方法有:

1)主观评价法。依据一定的标准对被考核者进行主观评价。在评价过程中,可以通过对比比较法,将被考核者的工作成绩与其他被考核者比较,评出最终的顺序或等级;也可以通过绝对标准法,直接根据考核标准和被考核者的行为表现进行比较。主观评价法比较简易,但也容易受考核者的主观影响,需要在使用过程中精心设计考核方案,减少考核的不确定性。

2)客观评价法。依据工作指标的完成情况进行客观评价。主要包括生产指标,如产量、销售量、废次品率、原材料消耗量、能源率等;个人工作指标,如出勤率、事故率、违规违纪次数等指标;客观评价法注重工作结果,忽略被考核者的工作行为,一般只适用于生产一线从事体力劳动的员工。

3)工作成果评价法。工作成果评价法是为员工设定一个最低的工作成绩标准,然后将员工的工作结果与这一最低的工作成绩标准进行比较,重点考核被考核者的产出和贡献。为保持员工的正常状况,通过奖惩、解聘、晋升、调动等方法,使员工技能水平和工作效率达到岗位要求。

(3)绩效考核的信度与效度。绩效考核的信度是指考评结果的一致性和稳定性。为了提高考核的信度,应注意:对考核者进行必要的培训,保证他们对考核内容理解一致和对考核标准的准确把握;采用全方位考核,对被考核者进行全面完整的评价;保持必要的考核次数和信息采集;在设计考核方案和考核方法时,尽量采用考核格式和程序的标准化以及考核标准的量化。

绩效考核的效度是指考核获取的信息及结果与考核的工作绩效之间的相关程度。考核效度意味着必要信息的被忽略或无关信息的被纳入。因此，在设计考核方案时，首先要做到考核维度的全面并使各维度的权重反映实际情况，然后用具体、明确、容易理解的词语和指标来定义它们的内容。

五、建筑企业人力资源的优化配置和能力开发

（一）建筑企业人力资源的优化配置

1. 人力资源优化配置的概念

企业人力资源优化配置的含义有两个方面：一是结构的优化，即配置的各种资源必须根据施工生产的需要有一个合理的结构，不能彼多此少，或彼少此多。如果结构不合理，生产的能力就只能按配置最少的资源来发挥，不可避免地发生资源浪费；二是总量投入的优化，即在结构合理的情况下，总量按需投入。

2. 人力资源优化配置的目的

企业人力资源优化配置的目的是保证生产计划或施工项目进度计划的实现，在考虑相关因素变化的基础上，合理配置人力资源，使劳动者之间、劳动者与生产资料和生产环境之间，达到最佳组合，使人尽其才、物尽其用、时尽其效，不断地提高劳动生产率，降低工程成本。与此相关的问题是人力资源配置的依据与数量，以及人力资源的配置方法和来源。

3. 人力资源优化配置的方法

一个施工企业，当已知人力资源需要数量以后，应根据承包到的施工项目，按其施工进度计划和工种需要数量进行配置。因此，劳动管理部门必须审核施工项目的施工进度计划和其劳动力需求计划，每个施工项目劳动力分配的总量，应按企业的建筑安装工人劳动生产率进行控制。

（1）应在人力资源需求计划的基础上再具体化，防止漏配，必要时根据实际情况对人力资源计划进行调整。

（2）如果现有的人力资源能满足要求，配置时应贯彻节约原则。如果现有劳动力不能满足要求，项目经理部应向企业申请加配，或在企业经理授权范围内进行招募，也可以把任务转包出去。如果在专业技术或其他素质上现有人员或新招收人员不能满足要求，应提前进行培训，再上岗作业。培训任务主要由企业劳务部门承担，项目经理部只能进行辅助培训，即临时性的操作训练或试验性操作练兵，进行劳动纪律、工艺纪律及安全作业教育等。

（3）配置劳动力时应积极可靠，让工人有超额完成的可能，以获得奖励，进而激发出工人的劳动热情。

（4）尽量使作业层正在使用的劳动力和劳动组织保持稳定，防止频繁调动。当在用劳动组织不适应任务要求时，应进行劳动组织调整，并要敢于打乱原建制进行优化组合。

（5）为保证作业需要，工种组合、技术工人与壮工比例必须适当、配套。

（6）尽量使劳动力均衡配置，以便于管理，使劳动资源强度适当，达到节约的目的。

（二）员工能力的开发和行为激励

1. 员工能力开发的概念与内容

（1）员工能力。员工能力是指职工在工作中表现出来的履行职务的能力。员工能力的高

低主要通过实际工作业绩体现。

影响员工能力的因素主要有体力、智力、知识、性格、经验、适应能力、工作热情等。员工能力就是这些因素有机结合而形成的一种综合能力,用公式表示如下:

$$员工能力=员工履行职务的能力$$
$$=体力+智力+知识+性格+经验+适应能力+工作热情 \qquad (9-3)$$

(2) 能力开发。能力开发就是将员工身上的潜在能力开发出来,让其充分发挥作用。能力开发大致包括以下三层含义:

1) 充分利用现有员工的人力资源,使每个员工都能充分发挥自己的聪明才智,在各自的工作岗位上积极努力地工作。

2) 不断培养职工的能力。对于员工的能力,不能只顾使用,必须进行"再培养",以使各类人员不断地获得新的能力。

3) 引进人才,形成新的能力。为了持续地促进企业的发展,只依靠和保持现有的员工能力是不够的,还要后继有人。

(3) 员工能力开发的内容。员工的能力由多种因素构成,主要应从以下因素入手进行开发。

1) 体力开发。体力开发指员工身体素质、耐久力的开发。

2) 智力开发。智力开发指员工的记忆、观察、想象、思考、判断、理解、分析、创造等能力的开发。

3) 知识开发。知识开发包括员工文化知识、专业技术知识、经营管理知识的培养。

4) 性格开发。这里所说的性格不是指人的个性,而是指员工在工作中表现出来的责任感、积极性、创新性、诚实性、协调性等。

5) 经验开发。总结和发挥员工在工作中积累起来的经验。

6) 适应能力的开发。培养员工对环境的适应性和应变能力。

7) 工作热情的开发。人的能力必须通过积极的工作,才能发挥出来。工作热情是员工能力的组成部分,激发工作热情是能力开发的一项重要内容。

2. 员工行为的激励

激励是人力资源管理的核心内容,是对人的潜在能力的开发。激励的目的在于充分发挥人的主观能动性,从而提高企业的社会效益。员工行为的激励就是利用各种手段来调动广大职工的积极性。

(1) 激励的原则。

1) 目标结合的原则。当一个人有了明确的目标后,能激发其工作热情和信心。要激励职工,首先要设置明确的目标,使职工了解他们要做的是什么,与个人的目标利益及长远利益有何关系。只有将企业目标与个人目标相结合,使职工认识到个人目标的实现离不开为实现企业目标所做的努力,才能收到良好的激励效果。

2) 因人制宜的原则。不同的人有不同的需要、不同的思想觉悟、不同的价值观和奋斗目标,因此,激励手段的选择与运用要因人而异。企业应定期进行职工需求的调查,掌握不同职工在不同时期、不同条件下最迫切的需要,只有运用能满足职工最迫切需要的措施,其功效才高,其激励强度才大。

3) 把握好激励的时间和力度的原则。激励要把握好时机,在不同的时间,其作用和效果是不一样的。超期的激励，可能导致人们对激励的漠视心理，影响激励的功效；迟到的激励则可能让人觉得多此一举，使激励失去意义。一般来讲，对好人好事应及时表扬，下属做了错事，固然应及时制止，但批评不一定要马上进行，要尽量防止扩大，以防止矛盾激化。对反复出现的积极行为，不能反复表扬，应把握时机，使人们有所期待，有所进取。

激励要把握好力度，要以职工的业绩为依据，论功行赏。激励作用的大小，很大程度上取决于奖励同贡献的联系程度。过度奖励或过度惩罚都会产生不良后果。

4）公平公正的原则。激励如果不公正，奖不当奖，罚不当罚，不仅收不到预期的效果，反而会造成许多消极后果。公平不是搞平均主义，而是照章进行奖罚，制度面前全体职工人人平等，当奖则奖，绝不吝惜；当罚则罚，绝不姑息。

(2) 激励的方式。

1）物质奖励。物质奖励是从满足职工的物质需要出发，对物质利益关系进行调节，从而激发职工的劳动热情。物质奖励有多种形式，如金钱奖励表现为奖金、股份、年终分红、增加工资等；实物奖励如住房、旅游等。

2）精神鼓励。精神鼓励是从满足职工的精神需要出发，通过对职工的心理状态的影响来达到激励的目的。精神鼓励多以授予荣誉称号、颁发奖状、开会表扬、宣传事迹、提升晋职、保送学习等形式出现。

3）正激励。正激励就是当一个人的行为表现符合企业及社会的需要时，通过奖励的方式来强化这种行为，以达到调动职工工作积极性的目的。

4）负激励。负激励就是当一个人的行为表现不符合企业及社会的需要时，通过制裁、处罚等方式来抑制这种行为，从反方向来实施激励。

5）内激励。内激励就是通过启发引导的方式，激发人的主动精神，使他们的工作热情建立在高度自觉的基础上，充分发挥出内在的潜力。如通过思想教育工作，使受教育者真正从思想上提高认识，树立起工作信念。

6）外激励。外激励就是运用环境条件来制约人们的动机，以此来强化或削弱某种行为，进而提高工作意愿。外激励多以规范的形式出现，通过建立一些措施和制度，鼓励或限制某些行为的产生，如建立岗位责任制、对失职行为予以限制等。

第二节　建筑企业材料管理

一、材料管理基本概念

1. 材料管理的定义

材料管理是指企业对施工生产过程中所需要的各种材料的计划、订购、运输、储备、发放和使用所进行的一系列组织与管理工作。做好这些物资管理工作，有利于建筑企业合理使用和节约材料，加速资金周转，降低工程成本，增加企业的营利，保证并提高建设工程产品的质量。

对工程材料的管理，主要是指在材料计划的基础上，对材料的采购、供应、保管和使用进行组织和管理。其具体内容包括材料定额的制定管理、材料计划的编制、材料的订货采购、材料的组织运输、材料的仓库管理、材料的现场管理和材料的成本管理等方面。

2. 材料管理工作任务

(1)预测分析市场需求。市场需求的预测分析是材料管理的首要任务。建筑企业要根据本身的生产能力、施工生产计划、市场信息等，对材料的市场供求变化、发展趋势、品种的更新换代进行预测和分析。

(2)合理制订材料供应计划。为了保证施工生产用料按质、按量、适时、配套、经济合理地供应，必须合理制订材料供应计划，搞好综合平衡。

(3)搞好流通以加速周转。缩短材料流通时间，加快周转速度能相对地减少材料在途中和在库的数量，从而减少储备资金的占用，减少利息支出，降低材料保管损耗和费用。

(4)降低消耗和监督使用。要合理地节约使用原材料，不断提高材料综合利用率，防止损失浪费。要制定合理的材料消耗定额和节约材料的技术组织措施，严格实行定额供料、包干使用、余料回收、节约奖励。同时要加强仓库和现场材料管理，减少储备过程的损失。

(5)加强核算以降低费用。在材料管理的全过程中，要树立经济核算观点，讲究经济效益，降低采购成本。物资供应部门掌握着建筑企业一半以上的生产经营资金，是建筑企业开展经济核算的重点。要建立健全各项规章制度，以确定经济责任，在不断提高经济效益的基础上，合理地分配经济利益，不断地提高材料管理水平。

二、材料消耗定额管理

1. 材料消耗定额的概念

建筑企业材料消耗定额，是指在一定的生产技术组织条件下，完成一定计量单位的工程或生产单位合格产品所必须消耗的一定规格的建筑材料或构配件的数量标准。它包括直接构成工程实体的材料消耗(净需要量)，在材料加工准备过程和施工过程中的必要合理的工艺性损耗，以及生产中产生的和运输保管不善造成的非工艺性损耗。

材料消耗定额，包括直接使用在工程上的材料净用量和在施工现场内运输及操作过程中不可避免的损耗量。材料的损耗一般按损耗率计算，材料的损耗量与材料总消耗量之比称为材料的损耗率。其计算公式表示为

$$消耗量 = \frac{损耗量}{总消耗量} \times 100\% \tag{9-4}$$

$$总消耗量 = 净用量 + 损耗量 = \frac{净用量}{1-损耗率} \tag{9-5}$$

为使用的方便，一般情况下计算材料总消耗量的公式可简化为

$$总消耗量 = 净用量 \times (1+损耗率) \tag{9-6}$$

2. 材料消耗定额管理的作用

材料消耗定额在建筑企业材料管理中具有重要的作用。它是确定材料需用量、库存量、编制材料计划、组织材料供应的依据；是限额领发料、考核分析材料消耗利用情况的依据；也是加强材料核算，进行材料成本控制的重要工具。从国家来看，材料消耗定额又是控制

一个建设项目主要材料指标的依据。

材料消耗定额水平,在一定程度上反映我国或地区建筑业的经营管理水平和生产技术水平。为了有效地发挥材料消耗定额的作用,促进生产力发展,定额水平的确定,既不应是先进水平,也不应是平均水平,而应是先进合理的水平。

3. 材料消耗定额的种类

建筑工程中使用的定额有概算定额、预算定额、施工定额三类。材料消耗定额一般不会单独编出,而是作为这三种定额的组成部分。也就是说,材料定额相应地分为材料消耗概算定额、材料消耗预算定额和材料消耗施工定额三种。

(1)材料消耗概算定额。材料消耗概算定额是建筑工程概算定额的组成部分,用来估算建设项目主要材料和设备等的需用量。常用的材料消耗概算定额有以下两种。

1)万元定额。它是指每万元建筑安装工作量所消耗的材料数量。这种定额是根据一定时期实际完成的建筑安装工作量与所消耗主要材料总量的统计资料经综合分析计算而得。其计算式为

$$每万元建筑安装工作量材料消耗 = \frac{报告期某种材料的消耗总量}{报告期建筑安装工作量(万元)} \quad (9-7)$$

计算结果,一般反映不出材料的规格、型号,准确性较差。在确定基本建设投资指标的情况下,据此来编制申请主要材料指标计划。

2)平方米定额。它是指每平方米建筑面积所消耗的材料数量。这种定额是根据一定时期实际完成的建筑安装工程竣工面积与所消耗材料的统计资料,按不同结构类型和用途,以单位工程为对象,进行综合分析计算而得。其计算公式为

$$某类型单位工程每平方米竣工面积材料消耗量 = \frac{某类型单位工程某种材料消耗总量}{某类型单位工程竣工面积}$$

$$(9-8)$$

这种计算方法的结果,比万元定额准确一些,项目细一些,可以据此编制备料计划。

(2)材料消耗预算定额。它是建筑工程预算定额的组成部分,是编制工程预算、施工计划、材料需用计划和供应计划的依据,是建筑工程材料管理中使用的主要定额。这种定额是以单位分项工程为基础进行计算的每一计量单位所消耗的材料数量标准。

建筑工程材料消耗由三个部分构成:第一是有效消耗部分,是指直接构成工程实体的材料消耗;第二是工艺性消耗部分,是指材料加工准备过程产生的损耗和生产过程中产生的损耗;第三是非工艺性损耗,是指合理的管理损耗。上述材料消耗中,第一、第二部分构成材料的工艺消耗定额(材料消耗施工定额),再加上非工艺性损耗,构成材料的综合消耗定额(材料消耗预算定额)。

(3)材料消耗施工定额。它是建筑工程施工定额的组成部分。其项目较预算定额更为细致和具体。它主要用于编制施工作业计划、备料计划,进行限额领料和考核工料消耗。该定额只适用于施工企业内部使用。

4. 材料消耗定额的制定方法

建筑材料消耗定额,是通过对施工过程中材料使用情况的观察和测定,获得实测原始要料的情况下制定的。其制定方法主要有以下几种。

(1)技术计算法。此法是根据施工图纸和施工规范等技术资料,通过计算确定经济合理

的材料消耗数量。采用这种方法制定的定额，技术依据充分，所以比较准确，但工作量大。

(2)统计法。此法是通过单位工程或分部分项工程材料消耗的历史统计资料计算和确定材料消耗数量。采用这种方法需要有健全的统计资料，且制定的定额不够准确，一般能反映出过去工程材料消耗的规律，因此，常用于制定概算定额。

(3)实验法。此法是按照国家的规定，运用专门的仪器设备进行试验而确定材料消耗数量。这种方法适用于测定能在实验室条件下进行的材料，如确定混凝土、砂浆、油漆等。

(4)测定法。此法是在一定的技术组织条件下，由技术熟练的工人操作，通过现场实地观察和测定而确定材料的消耗数量。这种方法容易消除某些不合理的消耗因素，比统计法准确，但受一定的生产技术水平和测定人员水平的限制。

定额制定的实际工作中，通常把上述几种方法结合使用。不同种类的材料消耗定额，应选用不同的制定方法。如主要材料消耗定额，以积水计算法为主；辅助材料消耗定额，以统计分析法为主。预算定额、施工定额以积水计算法、实测法为主，概算定额以统计法为主等。

材料供应方式

三、材料供应计划

(一)材料供应计划的作用

建筑企业的材料供应计划是企业生产经营计划的重要组成部分，它与施工生产计划、技术措施计划、降低成本计划、财务计划、运输计划等都有密切的关系，并为这些计划的顺利贯彻执行提供可靠的物质保证；对企业材料管理来说，材料计划又是进行材料订货、采购、组织运输、储存和使用的依据，起到促进企业加强材料管理，改进材料供应、管理、使用的组织工作的作用；搞好材料供应计划，也是企业降低成本、加速资金周转、节约资金占用的重要前提。

(二)材料供应计划的编制

1. 编制材料供应计划的准备工作

为了使材料供应计划编制得能切合实际、真正发挥其作用，在编制前应做好以下必要的准备工作。

(1)明确计划期施工生产计划、机械设备大修理计划和技术组织措施计划等情况，并且具体落实工程和生产任务、材料指标和材料资金。

(2)掌握和分析上个计划期材料使用情况，如施工生产任务完成情况、材料实际耗用情况，并认真做好清仓盘点工作，正确掌握各种材料的实际库存量。

(3)调查了解材料的供应和运输方面的资料，如各种材料的订购，供应的品种、规格和价格，供应的间隔天数，运输条件、时间等，尤其要了解掌握和预测计划期主要材料品种和数量供应方面的缺少数量及市场价格等。

(4)收集和整理有关材料消耗定额和储备定额等资料。

2. 材料供应计划的编制

(1)年度材料供应计划的编制。年度材料供应计划编制的主要内容：计算各种材料的需要量，期初期末储备量，经过综合平衡确定材料的采购量，再根据采购量编制采购计划。

1)材料需要量的确定。材料需要量是按材料种类、品种和规格来计算的,不同用途、不同种类的材料需要量的确定方法也各不相同。概括说来,有直接计算法和间接计算法两种。

①直接计算法,又称定额计算法。它是直接根据材料消耗定额和计划任务来计算材料的需要量。其中又包括实物工程定额法和投资概算定额法。前者根据计划实物工程量和预算定额进行计算确定,凡有条件的都应采取此法。后者是在技术资料不甚完备的情况下,根据万元定额或平方米概算定额计算确定,误差较大,一般约在±10%左右,故只能作为企业概算计划年度所需工程材料,安排资金使用,不能作为实物采购之用。直接计算法的基本计算公式如下:

$$某种材料需要量 = 计划工程量 \times 材料消耗定额 \qquad (9-9)$$

②间接计算法。主要有动态分析法和同类工程对比法。

a. 动态分析法是以历史上实际材料消耗水平为依据,考虑到计划期影响材料消耗变动因素,利用一定的比例或系数对上期的实际消耗进行修正,以确定材料需要量的方法。其计算公式为

$$某种材料需要量 = 上期该材料实际消耗量 \times \frac{计划期工程量}{上期实际完成工程量} \times 调增系数 \qquad (9-10)$$

式中 调整系数——根据降低材料消耗的目标,在计划期采取的各种节约措施以及消除上期实际消耗中的不合理因素来确定。

b. 同类工程对比法是在无定额无设计资料的情况下,根据同类工程的实际消耗材料进行对比分析计算而得。其计算公式为

$$某种材料需要量 = 计划工程量 \times 类似工程材料消耗定额(指标) \times 调整系数 \qquad (9-11)$$

间接计算法计算的材料需要量一般比较粗略,常用于辅助材料、无消耗定额的材料以及新工艺、新技术的材料。

当计算出材料的需要量后,还需要按计划期内工程进度确定分期需要量,如年计划分季、季计划分月、月计划分旬等。

工程用料的需要量,由施工生产部门提出,经营维修、技术革新等用料,原则上谁用料谁计算提出,再由材料部门综合汇总。

2)材料期初、期末库存量的确定。编制材料计划一般都是在计划末期之前进行,这样就要预计计划期初的库存量,这一库存量可根据编制计划时的实际库存量加上期初前的预计到货量减去期初前的预计消耗量求得。可用下面公式表示:

$$计划期初库存量 = 实际库存量 + 预计到货量 - 预计消耗量 \qquad (9-12)$$

计划期末库存量是为下期工程顺利进行所建立的储备量,根据下一计划期初的生产需要和材料供应条件来计算确定。通常对于按品种规格编制计划的材料,其计划期末库存量按经济库存量的一半加上安全库存量来确定。这是因为库存量是一个变量,在计划期末不可能恰好处在最高库存水平。按经济库存量一半计算是取平均值的意思。如果认为这样对保证生产不可靠,则可取一个大于0.5的系数与经济库存量相乘再加上安全库存量,作为期末库存量。用公式表示如下:

$$计划期末库存量 = (0.5 \sim 0.75) \times 经济库存量 + 安全库存量 \qquad (9-13)$$

对于某些采用季节性库存的材料,它是在采购季节逐渐积存,达到一定数量时就停止

采购,以后只陆续耗用。这些材料的期末储备量可根据下一计划期的具体需要情况加以确定。如果下一计划期生产扩大,则期末库存量也会相应扩大,若季节库存不发生在期末,则可以不考虑期末库存量。

3)材料采购量的确定。企业在确定各种材料需要量和期初、期末储备量的基础上,还要考虑计划期初库存量内不合用数量和企业内可利用资源,就可以进行综合平衡,编制材料平衡表,提出材料采购量,其计算公式如下:

材料采购量＝材料需要量＋计划期末库存量－(计划期初库存量－计划期内不合用数量)－
企业内可利用资源
(9-14)

计划期内不合用数量,是考虑库存量中由于材料规格、型号不符合计划期任务要求扣除的数量。企业内可利用资源,是指可以加工改制的积压呆滞物资,可利用的废旧物资,综合利用的工业废渣,以及采取技术措施可节约的材料等。

编好材料平衡表后,编制材料采购计划。年度材料供应计划是控制性的计划,是对外订货、对内供应的依据。编制的时间一般在上一年末季后期,由施工生产等部门提出本年的需要量,材料供应部门再汇总编制。

(2)季度、月度材料供应计划。季度材料供应计划是年度材料供应计划的具体化,是根据季度施工计划编制的,可以对年度材料供应计划及时进行调整。它是实施性计划,可用来核算企业本季度各类材料的采购量,落实各种材料的订货采购和组织运输任务,使材料供需在合同约束下得到保证,季度材料供应计划是由材料供应部门统一编制的。

月度材料供应计划是结合月施工作业计划的要求而编制的施工供料、备料计划,它是直接供料、控制用料的依据,是企业材料供应计划工作中的重要环节。要求全面、及时、准确,以确保正常施工的需要。各基层施工单位,根据工程进度,以单位工程为对象,以单位工程材料预算为依据编制各自的月材料计划,并在月底前(一般可在下旬25日前)报送企业材料供应部门,然后由供应部门编制出月度材料供应计划,见表9-2。

表9-2 月度材料供应计划

材料名称	规格	单位	月初库存量	需要量	月末储备量	供应数据			
						合计	上旬	中旬	下旬

材料供应计划编制的过程是一个不断分析研究材料供应情况、使用情况的过程,也是一个不断平衡的过程。通过平衡,材料供应计划要保证用料的品种、规格、数量的完整性和齐备性,保证供应的适时性和连续性。通过编制计划,可以明确计划期内材料供应管理工作的主要任务和方向,发现材料供应管理工作中的薄弱环节,从而采取切实可靠的措施,更好地保证正常施工需要和降低材料费用。

(三)材料供应计划的组织实施

材料供应计划的编制仅仅是计划工作的开始,更重要、更大量的工作是组织计划的实施,即执行计划。在材料供应计划执行过程中往往会遇到许多问题,如货源不落实、材料的实际到货数量、品种、规格以至材质都可能与计划不一致,供应时间与需要时间也可能不一致等。这就需要认真搞好材料供应的组织管理工作,以保证材料供应计划的实现。

材料供应计划的主要工作有以下几方面：

（1）做好材料的订货采购工作。使企业所需的全部材料从品种、规格、数量、质量和时间上都能按供应计划逐项得到落实，不留缺口，并用订货合同或其他取得材料的方式确定供需关系。

（2）组织好材料运输。

（3）做好计划执行过程中的检查工作。检查的内容有：订货合同、运输合同的执行情况，材料消耗定额的执行和完成情况，材料库存情况和材料储备资金的执行情况等。检查方法主要是利用各种统计资料，进行对比分析以及深入现场进行重点检查。通过及时检查，发现问题，找出计划中的薄弱环节，及时采取对策，以保证计划的实现。

（4）加强日常的材料平衡和调剂工作。要相互支援、串换，以便解决急需，调剂余缺，保证施工。此外，在材料计划执行终了，还应对全期供应计划执行情况进行全面检查，对计划订货采购量与到货量、计划需要量与实际消耗量、上期库存量与本期库存量进行比较，并对计划执行的准确程度进行全面分析，以求改进供应计划的编制工作。

四、材料库存管理

对建筑企业而言，库存是指某个建筑企业为了保证施工生产顺利进行而建立的一定的材料储备。库存具有整合需求和供给、维持各项活动顺畅进行的功能。库存管理就是用科学的方法对库存量大小进行控制。

1. 库存决策

（1）库存 ABC 分类。ABC 分类法是一种从种类繁多、错综复杂的多项目或多因素事物中找出主要矛盾，抓住重点，照顾一般的管理方法。建筑企业所需的材料种类繁多，消耗量、占用资金及重要程度各不相同。如果对所有的材料同等看待全面抓，势必难以管理好，且经济上也不合理。只有实行重点控制，才能达到有效管理。在一个企业内部，材料的库存价值和品种数量之间存在一定比例关系，可以描述为"关键的少数，次要的多数。"有 5%～10% 的材料，资金占用额达到 70%～75%；有 20%～25% 的材料，资金占用额大致为 20%～25%；还有 65%～70% 的大多数材料，资金占用额仅为 5%～10%。根据这一规律，将库存材料分为 A、B、C 三类，见表 9-3。

表 9-3 材料 ABC 分类表

分类	分类依据	品种数/%	资金占用量/%
A类	品种较少但需要量大、资金占用较高	5～10	70～75
B类	品种不多、资金占用额中等	20～25	20～25
C类	品种数量很多、资金占用比重却较少	65～70	5～10
合计		100	100

根据 A、B、C 三类材料的特点，可分别采用不同的库存管理方法。A 类材料是重点管理的材料，对其中的每种材料都要规定合理的经济订货批量，尽可能减少安全库存量，并对库存量随时进行严格盘点。把这类材料控制好了，对资金节省起重要作用。对 B 类材料也不能忽视，应认真管理，控制其库存。对于 C 类材料，可采用简化的方法管理，如定期

检查，组织在一起订货或加大订货批量等。三类材料的管理方法比较见表 9-4。

表 9-4　ABC 分类管理方法

管理类型		材料的分类		
		A	B	C
价　值		高	一般	低
定额的综合程度		按品种或按规格	按大类品种	按该类的总金额
定额的检查方法	消耗定额	技术计算法	写真计算法	经验估算法
	库存周转金额	按库存量的不同条件下的数学模型计算	同 A	经验估算法
检查		经常检查	一般检查	季或年度检查
统计		详细统计	一般统计	按全额统计
控制		严格控制	一般控制	金额总量控制
安全库存量		较低	较大	允许较高

（2）ABC 分类法工作步骤。

1）计算每一种材料年累计需用量。

2）计算每一种材料年使用金额和年累计使用金额，并按年使用金额大小的顺序排列。

3）计算每一种材料年需用量和年累计需用量占各种材料年需用总量的比重。

4）计算每一种材料使用金额和年累计使用金额占各种材料使用金额的比重。

5）画出帕莱特曲线图。

6）列出 ABC 分类汇总表。

7）进行分类控制。

2. 库存管理的技术方法

（1）材料储备定额的制定。

1）材料储备定额的概念、作用及种类。材料储备定额是指在一定的生产技术和组织管理条件下，为保证生产正常进行所必需的经济合理的材料储备数量的标准。

有了材料的储备定额，就可以以它为尺度监督材料库存动态，控制材料储备数量，使库存量经常保持在一个经济合理的水平上。同时，材料储备定额是企业编制材料供应计划、组织采购订货、核定材料储备资金、确定仓库面积和仓库设备数量的重要依据。

建筑企业材料的储备，一般包括经常储备和保险储备两部分。经常储备是指在正常情况下，在前后两批材料到达的供应间隔期中为满足日常施工生产连续进行而建立的储备。

这种储备的数量是不断变动的。当一批材料进入仓库或施工现场时，达到最高储备；随着施工生产的消耗逐渐减少，直到下一批材料到达前降到最低储备；当下一批材料到达时又达到最高储备。这样不断使用，不断补充，反复循环，周而复始，所以经常储备又称周转储备。保险储备又称安全储备，这是企业为了防备材料运送误期或来料品种规格不符合要求等原因，影响生产正常进行而建立的材料储备。在正常情况下，这种储备是不动用的，在特殊情况下，动用后应尽快补足。另外，对于某些在生产或运输中受季节性原因影响的材料，需要建立季节性储备。

2)经常储备定额的制订方法。经常储备定额的制订方法有两种,即储备天数法和经济订购批量法。

①储备天数法。储备天数法首先是确定材料的合理储备天数,然后据以确定材料的经常储备量。其计算公式为

$$Q=RT \tag{9-15}$$

式中　Q——经常储备定额;
　　　R——材料平均每日需用量;
　　　T——材料储备天数。

材料平均每日需用量是根据全年某种材料的需用量除以全年日历天数(一般按 365 天计)求得。当年内材料需用量波动较大时,也可以季度为单位确定平均日需用量。

材料储备天数,包括供应间隔天数,卸货验收天数和使用前准备天数。其中主要是材料供应间隔天数,而使用前准备天数并不是每种材料都必须有的,只有某些材料在入库后投入生产前必须经过一定的准备时间,如钢筋要加工、木材要干燥等。卸货验收天数和使用前准备天数可根据实际经验和生产技术条件进行确定。

材料供应间隔天数是指前后相邻两批材料到达的间隔天数,它是决定材料经常储备量的主要因素。而供应间隔期的长短主要取决于材料供应单位的供应条件以及运输条件等。

某种材料供应间隔期一般是根据报告年度的统计资料计算的加权平均供应间隔天数,结合企业计划年度的具体条件加以适当的调整后确定的,其计算公式为

$$d = \sum qd' / \sum q \tag{9-16}$$

式中　d——报告年度某材料的平均供应间隔天数;
　　　q——某材料每次入库数量;
　　　d'——某材料实际供应间隔天数。

②经济订购批量法。经济订购批量法是既考虑企业本身的经济效益,又考虑企业外部供应条件,来确定材料经常储备定额的一种方法。

经济订购批量是指某种材料的订购费用和仓库保管费用之和最低时的订购批量。当按这一批量进行订货时,可使总库存费用小。经济订购批量即经常储备量。订购费用是指使某种材料成为企业库存的有关费用,主要包括采购人员的工资、差旅费、采购手续费、检验费等。通常按材料的订购次数计算。

仓库保管费是指材料在库或在场所需要的一切费用。其主要包括库存材料占用资金的利息、仓库及仓库机械设备的折旧费和修理费、燃料动力费、采暖通风照明费、仓库管理费、库存材料在保管过程中的损耗,以及由于技术进步而使库存材料性能陈旧贬值而带来的损失等。通常按材料的库存量和存储时间来计算。

下面讨论订货瞬时到达补充库存时的经济订购批量的计算方法。

假定企业对材料的每日需用量是稳定而均匀的,且不允许有缺货;原材料供应稳定可靠,什么时候订购,订多少,什么时候到货都能保证;每次订购批量和订购时间间隔也稳定不变;材料不致变质,单位存储费不变。

符合上述假定条件的材料库存、耗用和订货、到货变动情况如图 9-1 所示。

由图 9-1 可知,当一批订货到达时,材料有最大库存量(即为订购批量),随着生产的进行逐渐均匀地被耗用,根据订货提前期(考虑自订货到材料运送到达的时间间隔)提前订

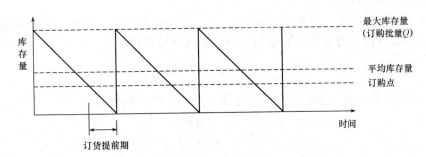

图 9-1　订货瞬时到达的库存情况变化图

货,正好当前一批材料全部用完时,下一批订货到达,库存水平恢复到订购批量,这样依次重复进行。

经济订购批量(假定以年度为计划期)的计算公式为

年度总库存费用(TIC)＝年度订购费用(OC)＋年度库存保管费(HC)

年度订购费用取决于年内订购次数 n 和每次订购费用 C_0,即

$$OC = n \cdot C_0 \tag{9-17}$$

而订购次数又与年内材料总需用量 D 和每次订购批量 Q 有关,即

$$n = D/Q$$

所以

$$OC = \frac{D}{Q} \cdot C_0 \tag{9-18}$$

当 D 和 C_0 一定时,每次订购批量越大,年内总的订购费用就越小。

年度仓库保管费用取决于年内平均库存量和单位库存保管费用 C_H。由于最大库存量即为每次订购批量,最小库存量为零,则年内平均库存量为 $Q/2$,年内库存保管费用为

$$HC = \frac{Q}{2} \cdot C_H \tag{9-19}$$

当 C_H 一定时,仓库保管费随每次订购批量 Q 的增加而增大。

订购批量与订购费用、仓库保管费用、总库存费用的关系如图 9-2 所示。

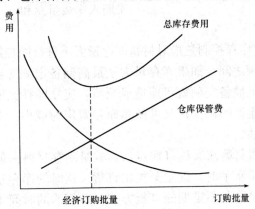

图 9-2　订货批量与费用关系图

由图 9-2 可以看出材料的总库存费用先是随订购批量的增加而逐渐减少,以后又随订

购批量的增加而逐渐增加,即由下降转为上升,其间必有一个最低点,即总库存费用最小点,其对应的订购批量为经济订购批量,可由公式推导求得。

$$TIC=OC+HC=\frac{D}{Q}C_0+\frac{Q}{2}C_H \tag{9-20}$$

将 TIC 对 Q 求一阶导数,并令其等于零,即得经济订购批量 Q^* 为

$$Q^*=\sqrt{\frac{2DC_0}{C_H}} \tag{9-21}$$

即 经济订购批量 $=\sqrt{\dfrac{2\times 年需要量\times 每次订购费用}{年单位库存保管费}}$

如果上式代入总库存费费用,可得最小总库存费用(TIC^*)计算公式:

$$TIC^*=\sqrt{2DC_0C_H} \tag{9-22}$$

当 D、C_0 和 C_H 已知后,就可以确定 Q^* 和 TIC^*。

3)保险储备定额的确定。保险储备或称安全库存是用来防止缺货风险的,它的大小应综合考虑仓库保管费用和缺货费用来确定。如果保险储备量大,则缺货的概率小,这将降低缺货费用;反之将增加。所以,保险储备定额应使这两种费用之和为最小,其值决定于仓库保管费用、缺货费用和发生缺货的概率。由于缺货费用很难测定,故通常是根据统计资料计算确定保险储备定额。

一般保险储备定额可采用保险储备天数法来求得,其计算公式如下:

$$Q_B=RT_B \tag{9-23}$$

式中 Q_B——保险储备定额;

R——平均每日需用量;

T_B——保险储备天数。

保险储备天数可根据报告期平均误期天数,再结合计划期到货误期的可能性加以确定。平均误期天数是根据报告期实际供应间隔天数中超过平均供应间隔天数的那一部分,以加权平均的方法计算出来的。计算公式为

$$平均误期天数=\frac{\sum\left[(误期的供应间隔天数-平均供应间隔天数)\times 误期入库数量\right]}{误期入库数量总和}$$

$$\tag{9-24}$$

(2)库存控制方法。库存控制是指对材料库存量大小进行的控制,使之经常保持在最高储备定额和最低储备定额之间。如果库存量大于最高储备定额就超储积压,应设法降低库存;如果库存量小于最低储备定额就可能造成缺货,应立即补充库存。这样才能使材料库存经济合理,既能保证生产的需要,又可使总库存费用为最小。库存控制方法最基本的是定量订购法和定期订购法。

1)定量订购法。定量订购法又称订购点法,就是库存材料由最高储备消耗降到最低储备之前的某一预定库存量水平时,就立刻提出订货。这时的库存量称为订购点库存量,简称订购点。定量订购法是一种不定期的订货方式,即订购的时间不定,而每次订购的数量则固定不变,如图 9-3 所示。

从图 9-3 可以看出,随着施工生产进行,库存材料逐渐使用消耗,当库存量下降到订购点 A 点时,就立即提出订货,订购数量为 Q。这批材料在 B 点时到达入库,库存量升到

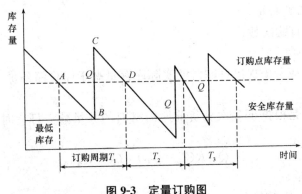

图 9-3 定量订购图

C 点，以后继续使用出库，库存量逐渐减少，到订购点 D 时，再进行订货，订购数量仍为 Q，这样依次重复进行以控制库存。

采用定量订购法控制库存，一是要事先确定订购点，即库存量到达什么水平提出订货，也就是什么时间订货补充库存；二是需要确定每次合理的订购数量，即经济订购批量。

从图 9-3 可以看出，订购点库存量是由订购时间内的材料需要量和保险储备量所组成，其计算公式为

$$Q_0 = RT_m + Q_B \tag{9-25}$$

式中 Q_0——订购点库存量；

T_m——最大订购时间；

R——平均每日需用量；

Q_B——保险储备量。

订购时间是指从材料提出订货到验收入库为止的时间，同订货提前期。为了保险起见取最大的订购时间。

一般定量订购法适用于高价物资，需要严格控制，重点管理的材料，以及需要量波动大的材料，不常用或因缺货造成经济损失较大的材料。

2) 定期订购法。定期订购法就是事先确定好订货的时间，如每季、每月或每旬订购一次，到达订货的日期就立即组织订货，订货的周期相等，但每次订货的数量则不一定，如图 9-4 所示。

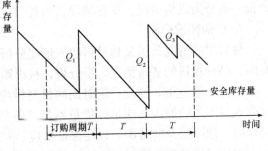

图 9-4 定期订购图

采用定期订购法控制库存，一是要事先确定订购周期，即多长时间订一次货，具体什么时间订货；二是需要确定每次的订购数量。

订购周期，即订购间隔时间。一般是先用材料的年需要量除以经济订购批量求得订购次数，然后用全年日历天数 365 天除以订购次数确定的，即

$$N = \frac{D}{Q^*} \quad T_C = \frac{365}{N} = \frac{365 Q^*}{D} \tag{9-26}$$

式中 D——材料年需要量；

Q^*——经济订购批量；

N——年最佳订购次数；

T_C——订购周期。

订购的具体日期应考虑提出订购时的实际库存量高于保险储备量，并满足订购时间的材料需要量。

每次订购的数量是根据下一次到货前所需材料的数量减去订货时的实际库存量而定，其计算公式为

$$Q = R(T_n + T_C) + Q_B - Q_A \tag{9-27}$$

式中　Q——订购数量；

R——平均每日需要量；

T_n——订购时间；

T_C——订购间隔时间；

Q_B——保险储备量；

Q_A——实际库存量。

定期订购法由于订购日期是固定不变的，所以，材料的保险储备必须考虑整个订购间隔期和订购时间的需要，不得不适当多留一些。

采用定期订购法不要求平时对材料严格实行连续盘点，只要到订货日期盘点实际库存量即可。另外，有些材料可以统一组织订货，这就简化了订货组织工作。再就是这种订货方式可以事先与供货单位协商供应时间，做到有计划地安排产需衔接，有利于双方实行均衡生产。

定期订购法适用于使用频繁的小量发放的平时不记账的材料，以及适合组织在一起运输或低价材料等。

五、材料管理评价

材料管理评价就是对企业的材料管理情况进行分析，发现材料供应、库存、使用中存在的问题，找出原因，采取相应的措施对策，以达到改进材料管理工作的目的。材料管理评价一般分为供应情况、库存情况、消耗情况的分析和评价。

1. 供应情况分析

材料供应情况分析又称材料收入情况分析。它是把主要材料分类进行，并从供应数量、时间、品种规格的齐备情况入手分析，找出影响材料正常供应的问题所在。

供应数量分析，要按一定时期的材料供应计划的需要量与该期的实际收入量比较，研究收入量不足的原因，即是订货量不足，还是供货单位组织运动或发货时间延误。然后针对原因，想办法及时解决，以便保证供应。

供应时间分析，有时供应数量没问题，而是由于供应时间不平衡，满足不了施工进度的要求，这也要查明原因，采取措施解决。进货品种规格情况分析，主要分析进货品种规格是否齐全配套，一般用进货品种齐备率表示：

$$进货品种齐备率 = \frac{实际进货品种数}{计划进货品种数} \times 100\% \tag{9-28}$$

2. 材料库存情况分析

材料库存情况分析的目的在于了解材料的周转情况和资金占用情况，以加速材料周转

和减少资金占用。

$$年度材料周转次数=\frac{12×库存材料月需用量}{月末库存量} \tag{9-29}$$

例如,某种材料每月需 200 t,月末库存量按月保持 300 t,可供两个月使用,那么一年该材料周转 8 次。

库存资金占用情况用库存资金占用率来表示。资金占用率为年度施工产值与库存总值之比。它反映每完成一定的施工产值占用多少库存材料价值,可用下式计算:

$$库存材料资金占用率=\frac{材料平衡库存}{年度施工产值}×100\% \tag{9-30}$$

材料库存总值可按全年月平均库存价值计算,或按各主要材料每一次最高库存价值计算,但要注意价格的波动因素。

3. 材料消耗情况分析

材料消耗情况分析要以定额为标准,按不同类型的消耗定额与实际情况进行比较,分析研究材料消耗超定额的原因,或找出节约材料的因素,作为改善材料消耗的依据。

材料消耗量直接关系到材料成本,材料价格变动也影响材料成本。所以,在进行材料消耗分析时,应计算材料消耗的节约额或超支额,进行计划成本和实际成本的比较分析。

材料成本节约或超支额＝材料预算成本－材料实际成本

＝材料计划用量×材料预算单价－材料实际用量×材料实际单价

由于材料耗用量减少和材料价格变动而产生的材料成本的节约额可用如下公式计算:

材料成本节约额＝材料实际用量×(预算单价－实际单价)＋(材料预算用量－材料实际用量)×预算单价

第三节 建筑企业机械设备管理

一、建筑企业机械设备管理基本概念

1. 机械设备管理的含义

建筑企业通常所说的机械设备,是指建筑企业自有并为施工服务的各种机械设备。它包括各类工程机械、汽车、维修和加工设备、动力设备、焊接设备、测试仪器和试验设备等。

机械设备管理是对机械设备从选购、验收、使用、维护、修理、更新到调出或报废为止的运动全过程的管理。按照优化原则,应对施工机械设备进行选择、合理使用与适时更新。

建筑机械设备是建筑企业的重要技术装备,是提高机械化水平的重要条件,是保证完成施工任务的物质基础。机械设备是建筑企业固定资产的重要组成部分,在固定资产中占

有很大的比例，而且随着建筑机械化的发展，比例会越来越大。这样，与其有关的费用，如折旧费、维修费用等在工程成本中的比重也会不断提高。因此，建筑企业的机械设备管理要面向生产，管用结合，合理使用，定期保养，不断提高机械设备的完好率和利用率，对完成施工任务和提高企业经济效益都有重大意义。

2. 机械设备管理的任务

建筑企业机械设备管理的主要任务：正确选择施工机械，保证机械设备处于良好状态，并提高机械设备的效率，适时改造和更新机械设备，提高企业的技术装备程度，以达到机械设备的寿命周期费用最低、设备综合效能最高的目标。

3. 机械设备管理的内容

机械设备管理应包括以下内容：

(1)机械设备的选择及配套。机械的技术性能必须满足使用要求。除主机外，还要注意辅助机械的配套，在数量和生产能力上必须彼此适应。如现场混凝土浇灌，从后台上料、石砂水泥运输、定量搅拌、成品出料运输、就地浇灌捣固等工序，都要相应配备砂石水泥上料机械、搅拌机械、水平运输机械等。其数量必须符合需要的比例，尽可能使各种机械设备的能力得到充分发挥，同时还必须考虑一机多用。

(2)建立和健全机械设备管理制度。针对机械设备管理的特点，从合理操作和经济效益两个方面着手建立和健全各项规章制度，如机械设备的操作规程、岗位责任制、计划检修制度等。

(3)正确使用机械设备。在做好机械使用过程中的日常管理的基础上，合理组织机械施工，充分发挥其效能，提高机械设备的利用率。

(4)正确检修、维护机械设备。按照检修制度，经常并及时做好维护、维修和检测工作，使其处于良好的技术状态，提高机械设备的完好率。

(5)正确更新机械设备。根据设备的性能和技术改造规划，有计划、有重点地对现有机械设备进行技术改造和更新。

二、机械设备的合理装备

1. 建筑机械设备的使用形式

(1)企业自行装备。企业根据工作的性质、任务类型、施工工艺特点和技术发展趋势购置自有机械，自行使用。企业为达到较高的机械利用率和经济效果，自有机械设备应当是常年大量使用的机械。

(2)租赁。对某些大型、专用的特殊建筑机械，一般企业自行装备在经济上不合理时，可向专门的机械供应站(租赁站)租赁使用。

(3)机械施工承包。某些操作复杂或要求人与机械密切配合的机械，由专业机械化施工公司装备，组织专业工程队组承包，如大型构件的吊装、大型土方工程等。

2. 机械设备装备的技术经济条件

机械设备装备的技术条件，是指装备技术对企业生产和管理上的适应性；经济条件是指技术达到的指标与经济耗费的对比关系。技术条件和经济条件有密切的关系。技术与经济相比，技术适应是

建筑企业机械设备的种类

个前提，技术上不适应，也无须讨论经济是否合理。但是，技术上先进，经济效益并不一定是最佳。所以，在进行机械设备的装备决策时要进行技术条件和经济条件的分析，才能保证机械设备装备的合理性。

机械设备装备的技术条件如下：

(1)生产性。这是指机械设备的生产效率，即以单位时间完成的产量来表示，也可以用功率、速度等技术参数表示。原则上设备的生产率越高越好。但是具体选择某一种机械设备时，必须使机械设备的生产效率与企业的施工生产任务相适应。如果选择的机械生产效率很高，但企业的任务量很小，则必然使设备的负荷过低而造成浪费。

(2)可靠性。可靠性是指机械设备精度和准确度的保持性、零件耐用性、安全可靠性等。

(3)维修性。现代机械设备一方面向大型、精密、自动化方向发展，同时又向轻型、微型、简易、方便方向发展。所以，在选择设备时应尽量选择比较容易维修的设备。如选择结构简单、零部件组合合理，标准化程度高、拆卸迅速、互换性好的设备。这样不但可以缩短修理时间，提高设备利用率，还可以大大降低修理费用。

(4)能源和原材料的消耗程度。设备的能源消耗一般以设备的单位开动时间的能源消耗量来表示，如小时耗油量或耗电量。也有以单位产品的能源耗量来表示，如汽车以吨/公里的耗油量表示。对于原材料的消耗，是指设备在加工过程中，对原材料的利用程度，如木材加工的成材率等。因此，在选择设备时，必须尽量选用那些能源消耗低和原材料加工利用程度高的设备。

(5)设备的安全性和环保性。随着建筑业现代化的发展，设备的事故和环境污染问题，已成为工程建设中一个十分严重的问题。加强设备的安全性，防止和消除设备的"三废"污染，直接关系到保护人民健康和为子孙后代造福的大问题。对一个企业来说，选择设备时，充分考虑设备的安全性和环保性，也是防止人身事故的发生，保证施工生产顺利进行的重要条件。

(6)成套性。成套性是指机械设备配套程度。如果设备数量多，但设备之间不配套，不仅机械效能不能充分发挥，而且经济上可能造成很大浪费。所以，不能认为设备的数量越多，机械化水平越高，就一定会带来好的经济效果，而应使设备在性能、能力等方面相互配套。

(7)灵活性。根据建筑机械使用的特点，对建筑机械设备的要求是轻便、灵活、多功能，适用性强，以及要求结构紧凑、重量轻、体积小、拼装性强等。灵活性高的机械，工作效率就高。

(8)专用性和通用性。专用机械一般是大功率、大容量、大能力的大型机械，专业性较强，适用于大工程、特殊工程的需要。通用机械一般是组装的多功能机械，适用于不同工程对象的不同要求，改换不同的装置就可以完成不同的施工任务，适用面广。企业应视生产经营范围确定选择专用、通用机械，以便达到提高机械利用率的目的。

机械装备的原则

三、机械设备的使用及维护管理

(一)机械设备的损耗

1. 设备的磨损

设备的损耗有两种形式：有形磨损和无形磨损。

(1)设备的有形磨损。机械设备在力的作用下,零(部)件产生摩擦、振动、疲劳、生锈等现象,致使设备的实物产生磨损,称为设备的有形磨损。设备的有形磨损又分为:设备在使用过程中,由于摩擦、振动等,使零(部)件产生实物磨损,导致零(部)件的尺寸、形状和精度发生改变,直至损坏所产生的第Ⅰ种形式的有形磨损;设备在闲置过程中,由于自然力的作用而生锈腐蚀,丧失了工作精度和使用价值而产生的第Ⅱ种形式的有形磨损。

当设备磨损到一定程度时,设备的使用价值降低,使用费用提高。要消除这种磨损,可以通过修理来恢复,但修理费应小于新机器的价值。当磨损使设备丧失工作能力,即使修理也不能恢复设备功能时,则需要更新设备。

(2)设备的无形磨损。所谓设备的无形磨损有两种,一种是指由于科学技术进步而不断出现性能更加完善、生产效率更高的设备,使原有设备的价值降低,或生产同样结构设备的价值不断降低而使原有设备贬值,此类磨损称为经济磨损;另一种是由于结构本身老化而造成的磨损,称为精神磨损。

经济磨损分为两种:由于相同结构设备再生产价值的降低而产生原有设备价值的贬值,称为第Ⅰ种形式的经济磨损;由于不断出现技术上更加完善、经济上更加合理的设备,使原设备显得陈旧落后,因此,产生经济磨损,称为第Ⅱ种形式的经济磨损。

在第Ⅰ种经济磨损形式下,设备的结构性能并未改变,但由于技术的进步,工艺的改善,成本的降低,劳动生产率不断提高,使生产这种设备的劳动耗费相应降低,而使原有设备贬值。但设备的使用价值并未降低,设备的功能并未改变,不存在提前更换设备的问题。第Ⅱ种经济磨损的出现,不仅使原设备的价值相对贬值,而且使用价值也受到严重的冲击,如果继续使用原有设备,会相对降低经济效益,这就需要用更新的设备代替原有设备。但是否更换,取决于是否有更新的设备及原设备贬值的程度。

2. 设备的磨损规律

机械设备的磨损规律,一般可用其磨损曲线来表示。其磨损曲线如图9-5所示。

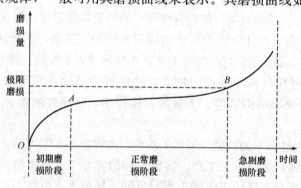

图9-5 机械设备磨损曲线图

由图9-5可看出,机械设备的磨损分为三个阶段。

(1)初期磨损阶段(曲线OA阶段)。机械设备开始磨损时,由于零件表面存在一定的微观不平度,因此磨损快,曲线较陡。当表面光滑度提高后,磨损逐渐减慢,达到一定程度后(即到A点)曲线趋于稳定。

(2)正常磨损阶段(曲线AB阶段)。这个阶段由于零件表面光洁度提高,零件间配合良好,润滑条件有了改善,磨损变小变慢,在较长时间内保持稳定的均匀磨损。如能适当加强维护保养，便可延长这个阶段的工作时间。

(3)急剧磨损阶段(曲线 B 点以后)。当磨损达到一定程度(B 点)，因配合零件的间隙增大，会产生冲击负荷，且润滑油流失大，不易形成液体摩擦，磨损开始加剧。达到 B 点时的磨损程度，称为极限磨损。

了解机械设备磨损规律的目的，是为了在达到极限磨损之前，及时进行修复和更换，以保证机械设备的精度和良好的工作效率。

(二)建筑企业机械设备的使用

机械设备的使用管理是机械设备管理的基本环节。加强机械设备的使用管理，可以正确、合理地使用设备，减轻机械磨损，保持设备良好的工作性能，延长设备的使用寿命，充分发挥设备的效率，以提高设备使用的经济效益。

1. 建立机械设备技术档案

机械设备技术档案是机械设备使用过程的技术性历史记录，该档案提供了机械设备出厂、使用、维修、事故等全面情况，是使用、维修设备的重要依据。因此，在机械设备使用中必须逐步建立技术档案。机械设备技术档案的主要内容有：机械设备的原始技术文件，如出厂合格证、使用保养说明书、附属装置及个别零部件图册等；机械设备的技术试验记录；机械设备的验收交接手续；机械设备的运转记录、消耗记录；机械设备的维修记录；机械设备的事故分析记录；机械设备的技术改造等相关资料。

2. 正确选用与合理部署机械设备

正确选用机械设备是机械使用管理的首要工作。机械设备的选用应遵循切合需要、实际可能、经济合理的原则。在建筑施工中，合理的部署机械设备，是发挥其效能的关键。因此，在编制施工组织设计时，要根据工程量、施工方法、工程特点的需要，正确选用机械设备；要做好机械设备配套工作，给机械施工创造良好条件；在安排施工生产计划时，要给机械设备留有维修保养时间。

3. 建立健全规章制度

正确使用机械设备应建立以下几项规章制度：

(1)定机、定人、定岗位责任的三定制度。三定制度即人机固定，就是由谁操作哪台机械设备不能随意变动，要做到岗位固定，责任分明。

(2)操作证制度。凡施工机械操作人员必须进行技术培训，经过考试合格，取得操作证方可持证上岗。

(3)机械设备交接制度。新购入或新调入的机械设备向使用单位或向操作人员交机时，或机械使用过程中操作人发生变动时，或机械送厂大修及修好出厂时以及设备出、入库时，均应办理交接手续，以明确责任。

(4)机械设备大检查和奖惩制度。要定期对设备的管理工作和设备的使用、保养状态，进行检查、评比，通过评比，交流经验，表彰先进，并对发现的问题限期整改。

4. 严格执行技术规定

机械设备的技术规定主要包括以下四个方面：

(1)技术试验规定：新购置或经过大修、改装的机械设备，必须进行技术试验，以测定机械设备的技术性能、工作性能和安全性能。确认合格后才能验收，投入使用。

(2)磨合期规定：新购置或经过大修的机械设备，在初期使用时，工作负荷或行驶速度要逐渐由小到大，使机械设备达到完善磨合状态。

(3)寒冷地区使用机械设备的规定：建筑机械设备多数都是在露天作业，在寒冷地区如何使用好机械设备是一个重要课题。低气温及风雪等恶劣天气会给使用机械设备带来很多困难和麻烦，如启动困难，磨损加剧，燃料润滑油料消耗增加等。如果防冻措施不当，不仅不能保证设备正常运转，而且还会冻坏机械，影响设备使用寿命，造成经济损失。

(4)保养规程和安全操作规程：任何机械设备都有其特定的使用要求、操作方法和保养程序，只有遵循这些要求、方法和程序才能使设备充分发挥效能，减少损坏，延长使用寿命。反之，轻者机械出故障，效率降低，重者机械设备损坏，影响施工生产，甚至还会发生人身伤亡事故。

(三)机械设备的检查、维修和修理

1. 机械设备的检查

机械设备的检查，是对机械设备的运行情况、工作精度、磨损程度进行检查和校验，为制订预修制度提供依据。它是机械设备维护修理的基础和首要环节。

通过检查，可以及时地了解设备的运行情况和磨损情况以及机械、液压、电器、润滑系统的技术状况，并针对发现的问题，及早地提出修理的准备工作，以提高修理工作质量和缩短修理时间。

(1)设备的检查按时间可划分为日常检查和定期检查。

1)日常检查。主要是由操作工人每天对机械设备进行检查，可与日常保养结合起来，如果发现一般的不正常情况，可立即加以消除，如发现较大的问题，应立即报告，及时地组织修理。

2)定期检查。主要由专业的维修工人负责、操作工人参与的检查，一般应按计划规定的时间，一个月到三个月，全面检查设备的性能及实际磨损的程度，以便正确地确定修理的时间和修理的种类。

(2)按检查的技术性能可划分为机能检查和精度检查。

1)机能检查，就是对机械设备各项机能进行检查和测定。如检查机械设备的漏油、漏水、防尘密封等情况，以及检查和测定机械设备零件耐高温、高速、高压的性能等状况。

2)精度检查，就是对机械设备的精度指数进行检查和测定。它可以为设备的验收、修理和更新提供较为科学的依据。

2. 三级保养大修理

(1)日常保养，是由操作工人为主每个轮班进行一次。其工作内容：清扫、加油、调整、更换个别零件，并检查润滑、异声、漏油、安全，以及损伤等情况，它是一种不占用工时的保养。

(2)一级保养，一般以操作工为主，维修工为辅。其工作内容是设备内部清洁和润滑、设备局部解体、整修和调整。通常是500～700小时一次，需停机8小时，应尽量利用节假日的时间。

(3)二级保养，应以专业维修工人为主，操作工人参与。其工作主要内容是对机械设备的主体部分进行解体，进行检查和修正，相当于过去的小修和中修工作，一般需要停机24～32小时。

(4)大修理，就是对设备进行全面解体、检查、修理和调整，以全面恢复设备原有精度、性能和生产效率。设备的大修应与革新设备尽可能结合起来考虑。

3. 机械设备预防修理的基本方法

(1)检查后修理法。首先是建立严格的检查制度和检查计划,包括日常检查和定期检查,根据检查的情况、设备的精度指数,以及有关的修理资料,编制修理计划,确定修理的日期和内容。这种方法的最大优点是依据机械设备实际的磨损情况来确定的,可以避免过度修理,以降低修理费用。国外称之为以精度指数为基础的预防修理制。

要注意的是由于灵活性较大,如果检查制度不严,修理的准备工作比较仓促,可能导致修理停歇的时间较长,反而造成浪费。

(2)定期修理法。首先根据设备实际使用情况和机件磨损程度的资料制定修理计划,比较粗略地规定修理的日期和内容,而具体的修理日期、内容以及工作量,则应根据修理前的检查结果决定。

这种方法与检查后修理法相比,就是先制订一个大概的修理计划,计划性较强,有利于做好修理前的准备工作,是我国目前应用较广的一种方法。

(3)标准修理法。这是一种强制性的计划预修的方法,主要根据设备零件的使用寿命,预先编制具体的修理计划,明确规定修理日期和内容,不管设备的实际技术状况及零件的磨损情况如何,都严格地按照计划的规定进行强制修理。

此法的优点是计划性较强,能严格保证设备的安全运转和正常运行。但是,这种方法往往容易脱离实际情况,产生过度修理,造成浪费。一般地说,对于安全性要求很高的设备,可采用这种方法,以保证设备的绝对安全。

上述三种方法,企业应针对不同设备,根据不同的要求,来正确地选择不同的修理方法。

今后的机械设备维修随着科学技术的进步和零配件供应的改善,将朝着以下的科学的方向改革和发展。

(1)机械设备的早期保养可不作统一的规定,一律按原厂说明书的要求进行,而每班的例保则必须坚决执行。

(2)逐步采用现代机械故障诊断和监控技术,发展以状态监测为基础的预防维修制。采用先进的检测仪器,在机械不解体的情况下,能够掌握设备的磨损、老化、劣化腐蚀的部位、程度及其他情况。在此基础上进行早期预报和追踪监视,从而作出科学的判断,正确地决定需要修理的总成和部位。这样做,一方面可以在避免事故发生的情况下,减少由于不清楚设备磨损情况而盲目拆卸给设备带来的损伤,另一方面也可减少设备停车造成的经济损失。

(3)在采用先进诊断和监测技术的基础上,把现行的二级保养和大修理改成总成互换修理制和实行现场维修制,并且两者结合进行。总成互换修理制是以总成为单位根据定期检查情况,确定总成大修任务。现场维修制要以总成互换修理制为条件,同时要装备有能达到维修要求的工程车。这样,既有利于保证和提高修理质量,也有利于缩短修理时间,减少机械维修费用。

(4)积极推广项目修理(简称项修)和改善性修理。项修是在状态监测的基础上,针对机械性能劣化程度,进行局部修理,恢复机械某个部位的功能,以改善整机的性能,延长使用寿命。改善性修理是针对机械设备中故障高的部位,通过改善其结构、参数、材料和制造工艺等方法，提高零件的性能，使故障不再发生。改善性修理应纳入修理计划，可单独进行，也可以结合机械修理进行。

四、机械设备的更新改造

(一)设备更新

1. 设备更新的概念

设备更新是指用技术性能更完善、效率更高、经济效益更显著的新型设备替换原有技术上不能继续使用，或经济上不合算的陈旧设备。进行设备更新是为了提高建筑企业技术装备现代化水平，以提高工程质量和生产效率，降低消耗，提高建筑企业竞争力，获得较高的经济效益。机械设备更新的形式分为原型更新和技术更新。

原型更新又称简单更新，是指同型号的机械设备以新换旧。机械设备经过多次大修，已无修复价值，但尚无新型设备可以替代，只能选用原型号新设备更换已陈旧的设备，以保持原有生产能力，保证设备安全运行。

技术更新是指以结构更先进、技术更完善、效率更高、性能更好、能源消耗更少的设备来代替落后陈旧的设备。技术更新是建筑企业实现技术进步的重要途径。

2. 机械设备更新经济界限的确定

机械设备一般属于下列情况之一的应当更新。第一种情况是，设备损耗严重，大修理后性能、精度仍不能满足规定要求的；第二种情形是，设备在技术上已陈旧落后，耗能超过标准的20%以上的；第三种情形是，设备役龄长，已经过四次以上大修理或一次大修费用超过正常大修费用的一倍时。

机械设备的更新可分为以下两大类：

(1)有些设备在其使用期内，功能是突然丧失的，平时不必保养，事后也无法修理，这些设备更新的规律取决于一定的概率。

(2)为数很多的设备，在其使用期内功能是逐渐降低的，尽管产品所分摊的设备费用随着使用年限的增长而减少，但设备的使用费用，如燃料动力费、维修保养费等都是逐渐上升的。这类设备的使用期限取决于设备的经济寿命。

下面介绍怎样用设备使用费用劣化值方法计算机械设备的经济寿命。

设备使用费用劣化值方法的依据是设备随使用时间的延长，其有形磨损和无形磨损都在不断增加，其使用费用也不断增加，这种随设备使用时间的增长而增加的使用费用称为使用费用的劣化值。它对设备的经济寿命有着直接的影响。

假设使用劣化值的增大和使用时间的延长是线性关系，并且每年按 λ 元在变化，这时，设备每年的平均费用 C 用下式表示：

$$C = \frac{p}{T} + \frac{1}{2}\lambda T \tag{9-31}$$

式中　C——设备使用每年的年度平均费用；

　　　T——设备的使用年限；

　　　p——设备的原始价值；

　　　λ——设备使用费用劣化值(元/年)。

若要使 C 为最小，可对上式取导数，令其为零，解得

$$T_{opt}=\sqrt{\frac{2p}{\lambda}} \tag{9-32}$$

式中　T_{opt}——设备的经济寿命。

从图 9-6 中可以看出逐渐增大的使用劣化值和逐年减少的投资之间的平衡关系及设备的最佳更换器 T_{opt}。

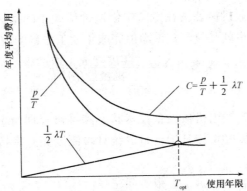

图 9-6　最佳更换期

如果掌握设备的年使用费用劣化值，就可利用公式计算出设备的经济寿命。

(二)设备的改造

为了更快地改变机械设备老旧的面貌，提高机械化施工水平，对现有的机械设备，既要采取以新换旧，也要改旧变新，即对老旧的设备进行改造。

机械设备改造分为简单改装和现代化改装两种形式。简单改装是通过改装扩大或改变设备的容量、功率、体积和形状，以提高设备产量或满足加工需求。这种设备简单改装可以充分利用现有设备，减少新设备购置费，节省投资，但不能提高设备现代化水平，不能实现企业的技术进步。设备现代化改装是应用现代化的技术成就和先进经验，根据生产的具体需要，改变旧设备的结构，或增加新部件、新装置和新附件，以改善旧设备的技术性能与使用指标，使原有设备局部达到或全部达到目前生产的新设备的水平。这种现代化改装可以提高原设备的加工质量和生产效率，降低消耗，全面提高经济效益。加强设备的现代化改装，是快速、经济、有效的更新改造方式。

设备现代化改装是企业技术改造的一般措施，其优越性体现为以下几点：

(1)在技术上能克服现有设备技术落后的状态，促进设备的技术进步，扩大设备生产能力，提高设备质量。

(2)设备现代化改装是在原有设备的基础上进行的，原有设备的许多零(部)件都可以继续使用，因此，所需投资往往比购置新设备要少，具有经济上的优越性。

(3)现代化改装有更强的针对性和适应性，能适应生产的具体要求，在某些情况下，改装后设备的适应性程度、某些技术性能甚至能达到或超过现代新设备的水平。

由此可见，设备现代化改装较设备更新更具有现实意义。然而，设备现代化改装并不是在任何情况下都适用的，当出现一种新的工作原理、一种新的加工方法时，这种先进的原理和方法使用原有设备改装，改装量太大，很不经济，此时应采用设备更新的办法，即用一种新的设备来代替原有设备更为经济。

五、机械设备的考核指标

机械设备的考核指标是反映机械设备的技术、经济工作状况和机械设备管理工作效果的一种尺度。常用的主要考核指标如下：

1. 装备生产率

装备生产率是考核企业机械装备在生产中创造价值大小的指标，是企业完成的年工作量与机械设备净值之比，也就是每台机械净值完成年度工作量的数值。其计算公式为

$$装备生产率 = \frac{年度完成工作量}{机械设备净值} \tag{9-33}$$

2. 设备完好率

设备完好率是反映报告期内机械设备技术状态和维修管理情况的指标，可分为日历完好率和制度完好率。日历完好率按日历台日数统计，制度完好率按扣除节假日的制度台日数统计。其计算公式为

$$日历完好率 = \frac{报告期完好台日数}{报告期日历台日数} \times 100\% \tag{9-34}$$

$$制度完好率 = \frac{报告期完好台日数}{报告期制度台日数} \times 100\% \tag{9-35}$$

3. 设备利用率

设备利用率是反映企业在报告期内对机械台日利用情况的指标，分日历利用率和制度利用率两种。其计算公式为

$$日历利用率 = \frac{报告期实作台日数}{报告期日历台日数} \times 100\% \tag{9-36}$$

$$制度利用率 = \frac{报告期实作台日数}{报告期制度台日数} \times 100\% \tag{9-37}$$

4. 施工机械化程度

施工机械化程度是指利用机械完成的工程量占总工程量的百分比。它反映企业在施工中使用机械化代替劳动力的程度，是考察企业施工机械化水平的一项重要指标，常用工种机械化程度和综合机械化程度指标来反映。

5. 维修费费率

维修费费率是指企业年维修费用总和与企业机械设备原值总和之比。它是从机械设备总投资角度反映企业机械设备耐用程度、质量、保养水平的一个指标。其计算公式为

$$维修费费率 = \frac{年维修费用总和}{机械设备原值总和} \times 100\% \tag{9-38}$$

本章小结

建筑企业从事施工生产经营活动，就要拥有一定数量的生产要素作为经营活动的基础。本章主要介绍了建筑企业生产要素管理的主要内容，包括建筑企业人力资源管理、建筑企业材料管理和建筑企业机械设备管理。

思考与练习

一、填空题
1. 人力资源规划的内容主要包括_____与_____两个层次。
2. _____是指在一定的生产技术组织条件下，完成一定计量单位的工程或生产单位合格产品所必须消耗的一定规格的建筑材料或构配件的数量标准。
3. 库存控制方法最基本的是_____和_____。
4. 材料管理评价一般分为_____、_____、_____和_____。
5. 建筑机械设备的使用形式有_____、_____、_____。
6. 设备的损耗有两种形式：_____和_____。
7. 设备的检查按时间可划分为_____和_____。
8. 机械设备改造分为_____和_____两种形式。

二、选择题
1. 人力资源规划工作程序不包括( )。
   A. 企业现有人力资源的状况分析
   B. 人力资源供求预测
   C. 人力资源配置计划
   D. 总体规划和所属各项业务计划的制订及平衡
2. 招聘工作的起点是( )。
   A. 发布招聘信息   B. 制订招聘计划
   C. 确定职位空缺   D. 实施招聘活动
3. 员工绩效考核的方法不包括( )。
   A. 主观评价法   B. 客观评价法
   C. 工作成果评价法   D. 绝对标准法
4. 以规范的形式出现，通过建立一些措施和制度，鼓励或限制某些行为的产生，如建立岗位责任制，对失职行为予以限制等的激励方式属于( )。
   A. 正激励   B. 负激励   C. 外激励   D. 内激励

三、简答题
1. 什么是人力资源管理？其作用主要体现在哪几个方面？
2. 人力资源管理的内容包括哪些？
3. 人力资源配置计划编制的方法有哪些？
4. 建筑材料消耗定额的制定方法主要有哪几种？
5. 机械设备管理的任务是什么？
6. 简述机械设备的磨损规律。

第十章 建筑企业财务管理

 知识目标

1. 了解建筑企业财务管理的基本概念；熟悉建筑企业资金筹集的分类与方式。
2. 了解资金成本定义及其不同的种类；熟悉财务管理中的杠杆原理；掌握各种资金成本的计算。
3. 了解资金结构的含义及影响资金结构的因素；掌握企业资金预测的内容与步骤。
4. 掌握财务预算的编制方法。
5. 掌握财务分析的内容与方法。

 能力目标

1. 能进行简单的企业资金预测。
2. 针对具体变化的环境做出合适的财务决策。
3. 能进行简单的资金结构调整。
4. 能进行固定资产折旧率的计算。
5. 能进行简单的企业成本费用计算。
6. 能进行简单的财务报表分析。

第一节 建筑企业财务管理概述

一、建筑企业财务管理的概念

建筑企业是从事建筑安装工程施工生产的企业。建筑企业财务是指建筑企业在生产过程中客观存在的资金运动及其所体现的经济利益关系。建筑企业财务管理是由建筑施工企业在生产过程中客观存在的财务活动和财务关系而产生的，是建筑企业组织财务活动和处理建筑企业与各方面的财务关系的一项经济管理活动。

建筑企业财务管理是建筑企业经营管理的一个重要组成部分，是一项综合性的经济管理工作,是从施工准备、工程施工到交工结算等一系列的资金运动过程。建筑企业财务管理就是遵循资金运动的客观规律,遵照国家的方针、政策、法规以及节约的客观需要,正确组织和监督各项经济活动,正确处理各方面的财务关系,有效地利用各项资金,提高资金利用效率,维护财经纪律,促进增产节约、增收节支,努力完成各项财务指标,以取得最佳经济效益。

二、建筑企业财务管理的目标

建筑企业财务管理的目标又称为建筑企业的理财目标,是指建筑企业组织财务活动、处理财务关系所要达到的根本目的,是建筑企业财务管理活动所希望实现的结果。关于建筑企业财务管理目标的综合表达主要有以下三种观点:

(1)利润最大化目标。这种观点认为,利润代表了企业新创造的财富,利润越多则说明企业的财富增加得越多,越接近企业的目标。但是,这种观点也存在着一定的缺陷:

1)利润最大化未能区分不同时间的报酬,未能考虑资金的时间价值;

2)利润最大化没有考虑所获利润和投入资本额的关系;

3)利润最大化未能考虑风险因素,高额利润往往需要承担过大的风险;

4)利润最大化往往会使企业财务决策带有短期行为的倾向,即只顾实现目前的最大利润,而不顾及企业的长远发展。

(2)每股收益最大化目标。每股收益最大化作为建筑企业财务管理的目标,可以解决利润最大化目标不能反映建筑企业获得的利润额与投入资本额之间的投入产出关系的问题,能够正确衡量建筑企业经济效益的水平,对于不同资本规模的建筑企业之间或同一建筑企业不同时期之间可以就营利水平进行比较,从而为管理者作出经营决策提供一定的依据。但是,和利润最大化目标一样,每股收益最大化目标仍然没有考虑资金的时间价值和风险因素,也没有能够避免建筑企业的短期行为,该目标也可能会导致与建筑企业长期发展的目标不一致。

(3)企业价值最大化目标。企业价值是指企业全部资产的市场价值,它是以一定期间内归属于投资者的现金流量,按照资本成本或投资机会成本贴现的现值。企业价值最大化是指通过企业的合理经营,采用最优的财务政策,在考虑资金的时间价值和风险报酬的情况下使企业的总价值达到最大。由于在股份经济条件下,股东的财富由其所拥有的股票数量和市场价格来决定,当股票价格达到最高时,股东的财富也达到最大。这种观点存在的问题是:第一,对上市公司而言,股价的高低不能完全体现企业价值的大小;第二,法人股东对股价的敏感程度较差;第三,非上市公司需进行专门的评估才能确定其价值,而评估又会受到评估标准及方式的影响。

三、建筑企业财务管理的对象及内容

(一)建筑企业财务管理的对象

财务管理是有关企业资金的筹集、投资和分配的管理工作,其对象是企业的资金及其流转过程。资金流转以现金为起点和终点,其他非现金资产都是现金在其流转过程中的转化形式,因此,可将企业财务管理的对象概括为现金及其流转过程。

建筑企业在设立时,首先必须筹集法定的资本金,再根据建筑生产经营的需要,向银行借款，或向社会发行债券或股票。将筹集的各种渠道的资本金皆表现为货币资金形态，即为现金。企业用现金购买各种生产资料，购置建筑机械、运输设备以及建筑生产所需材料、结构件等劳动资料和劳动对象，为建筑生产提供必要的物质条件。资金从现金形态转化为建筑生产所需的机械设备、材料等非现金的物质形态。在建筑生产过程中，资金从建筑用的机械设备、材料等物质形态经过未完建筑转化为已完工程形态。由此，企业也就完成了从货币形态垫支又恢复到货币形态的循环过程。

建筑企业资金的循环是复杂的，表现为在空间上多重循环并存，资金的循环按循环一周时间的不同可分为资金的长期循环和短期循环。资金的长期循环是指资金循环一周需要一年以上的时间。资金的短期循环是指资金循环一周不超过一年。

(二)建筑企业财务管理的内容

财务管理内容是企业资金活动所表现出来的各个具体方面。建筑企业财务管理的内容比较宽泛，主要内容为资金管理、投资管理、收入与利润分配管理，以及成本费用管理。

1. 资金管理

资金管理包括固定资金、流动资金和专项资金管理。首先，有计划地从正确的渠道筹措资金，及时组织资金供应，以保证各项财务活动的正常进行。企业筹措资金的渠道主要有国家财政拨款、银行贷款、企业留成等，此外，还可通过正常的手续发行公司债券和对外筹资等形式筹到必要的资金；其次，在资金使用上要做到有计划地安排和加强资金使用的监督和检查，做到资金使用合理化。

2. 投资管理

投资是指以收回现金并取得收益为目的而发生的现金流出。企业投资包括固定资产投资、证券投资和其他企业的直接投资等。投资管理的基本要求是建立严密的投资管理程序，充分论证投资在技术上的可行性和经济上的合理性。在收益和风险同时存在的条件下，力求做好预测和决策，减少风险，提高效益。投资是企业财务管理的重要环节。投资决策的成败，对企业未来经营成败具有根本性的影响。

3. 收入管理

在销售阶段，按建筑产品价格，通过一定的结算程序取得销售收入即工程收入。价格是价值的货币表现，按建筑产品价格取得的工程收入，实现了建筑产品的全部价值，完成了从成品资金形态向货币形态的转化。企业取得的工程收入包括成本、利润和税金三部分，用以进行资金的分配。

4. 利润分配管理

利润分配是指将企业赚取的利润总额，在与建筑企业有利害关系的各方中进行分配。对于利润分配管理的基本要求是采取各种措施，努力提高企业利润水平，合理分配企业利润。企业的利润分配关系到国家、企业、企业所有者和企业职工的经济利益。在分配时，一定要从全局出发，正确处理国家利益、企业利益、企业所有者利益和企业职工利益之间的关系，要统筹兼顾，合理安排。

5. 成本费用管理

成本费用是指建筑企业在一定时期内生产经营过程中的各种资金耗费，包括直接费用、间接费用和期间费用。费用的管理包括营业费用的管理、成本费用的确定及核算等内容。

四、建筑企业财务管理环境

建筑企业的财务管理环境又称理财环境,是指对建筑企业的财务活动产生影响作用的各种内外条件。企业财务管理环境涉及的范围十分广泛,其中最重要的是经济环境、法律环境和金融环境。

(一)建筑企业管理经济环境

企业财务管理的经济环境是指企业进行财务管理活动的宏观经济状况,主要指经济发展水平、通货膨胀、利息率波动情况、政府的经济政策及市场竞争状况等。

1. 经济发展水平

经济发展水平是指国家整个经济增长和发展的水平,其对企业调度资金、调整生产结构有很大影响。国家经济处在发展缓慢或不景气阶段,必然会使企业的经营和资金调度产生不平衡状况。企业财务人员应根据国家经济发展水平状况采取相应的调整措施,以满足经济发展水平对经济的需要。

2. 通货膨胀

通货膨胀将给企业财务管理带来很大困难。企业为了实现期望的报酬率,必须调整收入和成本,采用套期保值等办法减少损失。

3. 利息率波动情况

银行贷款利率的波动,将影响到证券价格的波动,既给企业以机会,也是对企业的挑战。企业应及时调整筹资结构和投资决策,以减少成本损失、增加收益。

4. 政府的经济政策

我国政府具有较强的调控宏观经济的职能,其制定的国民经济的发展规划、国家的产业政策、经济体制改革的措施、政府的行政法规等,对企业的财务活动具有重大影响。

5. 市场竞争

竞争广泛存在于市场经济中,是经济系统得以运行的动力。为了提高竞争地位,企业往往需要大规模地投资。竞争综合体现了企业的全部实力和智慧,经济增长、通货膨胀、利率波动所带来的财务问题,以及企业的对策都会在竞争中体现出来。

(二)建筑企业管理法律环境

企业财务管理的法律环境是指企业与外部发生经济关系时,所应遵守的各种法律、法规和规章。企业在其经营活动中,要和国家、其他企业或社会组织、企业职工或其他公民,及国外的经济组织或个人发生经济关系。在处理这些经济关系时,应当遵守有关的法律规范,包括企业组织法律规范、税务法律规范和财务法律规范等。

1. 企业组织法律规范

企业组织法律规范是指企业组建过程中所必须遵守的法律法规,是组织法规,又是行为法规。如《中华人民共和国公司法》《中华人民共和国全民所有制工业企业法》《中华人民共和国外资企业法》《中华人民共和国中外合资经营企业法》《中华人民共和国中外合作经营企业法》《中华人民共和国个人独资企业法》《中华人民共和国合伙企业法》等。

2. 税务法律规范

我国现行税收法律体系是在原有税制的基础上，经过1994年工商税制改革逐渐完善形成的。目前共有24个税种，按其性质和作用大致分为流转税类、资源税类、所得税类、特定目的税类、财产和行为税类、农业税类、关税七类。

(1)流转税类。流转税是对商品生产、商品流通和提供劳务的销售额或营业额征税的各个税种的统称。其主要包括增值税等。

增值税是对在我国境内销售货物或者提供加工、修理修配劳务，以及进口货物的单位和个人，就其取得的货物或应税劳务的销售额，以及进口货物的金额计算税款，并实现税款抵扣制的一种流转税。

(2)所得税类。所得税是指以单位(法人)或个人(自然人)在一定时期内的纯收入额为征税对象的各个税种的总称。其包括企业所得税、外商投资企业和外国企业所得税、个人所得税，主要是在国民收入形成后，对生产经营者的利润和个人的纯收入发挥调节作用。

企业所得税是指国家对境内企业生产经营所得和其他所得依法征收的一种税。企业所得税的纳税义务人是指在中国境内实行独立经济核算的企业或者组织，以其取得的生产经营所得和其他所得为征税对象，实行33%的比例税率。

企业在计算应纳所得税时，一般是在企业税前会计利润(利润总额)的基础上，根据所得税法的规定对税前会计利润进行调整，确定应纳所得税额。

(3)特定目的税类。特定目的税主要包括城市维护建设税、土地增值税、固定资产投资方向调节税(已停征)、筵席税、车辆购置税、耕地占用税等。其主要是为了达到特定目的，对特定对象和特定行为发挥调节作用。

1)城市维护建设税。其简称城建税，是专为筹集城市维护建设资金而征收的一种税，按增值税、消费税的税额和一定比例计算缴纳。

2)教育费附加。其是对缴纳增值税、消费税的单位和个人，就其实际缴纳增值税、消费税的税额为计算依据征收的一种附加费。它分别与增值税、消费税同时缴纳。

3)土地增值税。土地增值税是对转让国有土地使用权、地上建筑物及其附着物并取得收入的单位和个人，就其转让房地产所取得的增值额征收的一种税。土地增值税的纳税义务人为转让国有土地使用权、转让房地产并取得收入的单位和个人，包括各类企业、事业单位、国家机关和社会团体及其他组织、个体经营者。

3. 财务法律规范

财务法律规范主要有《企业财务通则》和行业财务制度。《企业财务通则》是各类企业进行财务活动、实施财务管理的基本规范，经国务院批准由财政部发布的《企业财务通则》于1994年7月1日起执行。2006年12月4日，财政部颁发了新的《企业财务通则》，于2007年1月1日起施行。《企业财务通则》主要对企业的建立资本金制度、固定资产的折旧、成本的开支范围及利润的分配等问题做出了规定。行业财务制度是根据《企业财务通则》的规定，为适应不同行业的特点和管理要求，由财政部制定的行业规范。

(三)建筑企业管理金融环境

金融环境是指资金融通的场所，是为资金需求和供应提供有效服务的中介。影响财务管理的主要金额环境因素有金融机构、金融市场等。

1. 金融机构

金融机构是指经营存款、放款、汇兑、储蓄等金融业务，承担信用中介的金融机构。我国主要的金融机构，按其业务范围、职能和服务对象等有不同的分类，如图 10-1 所示。

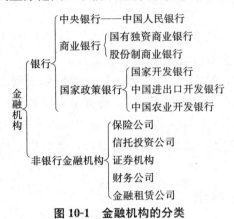

图 10-1　金融机构的分类

2. 金融市场

金融市场是资金融通的特定场所。金融市场的功能主要有五项：转化储蓄为投资；改善社会经济福利；提供多种金融工具并加速流动，使中、短期资金凝结为长期资金；提高金融体系的竞争性和效率；引导资金流向。金融市场的分类如图 10-2 所示。

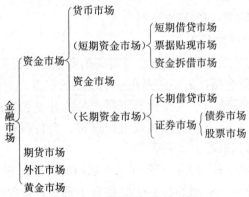

图 10-2　金融市场的分类

第二节　建筑企业资金管理

一、建筑企业资金预测

建筑企业资金预测主要是对未来一定时期内企业生产经营活动所需资金、资金利用效果,以及扩展业务需要追加的资金进行估计和测算。

1. 建筑企业资金预测的作用

(1)有利于确定各类资金的需用量及筹措量,以满足企业正常的生产经营活动的需要。

(2)建立合理的资金结构及其运行程序。

(3)减少资金占用。

(4)加快资金周转,提高资金使用效果。

2. 建筑企业资金预测的内容与步骤

建筑企业资金预测按其内容可以分为固定资金需用量预测、固定资金投资预测、固定资金使用效果预测、流动资金需用量预测、流动资金利用效果预测、专项资金预测和资金筹措预测等。

建筑企业资金预测的步骤一般是:①确定目标;②收集资料;③建立模型;④分析评价;⑤修订预测值。

二、建筑企业资金筹集

建筑企业资金筹集是指企业向资金供应者取得生产经营活动资金的一项财务活动。企业进行生产经营活动必须拥有一定数量的资金。无论是新建企业,还是已经建立起来的企业都将面临筹集资金的问题。筹集资金既是保证企业生产经营正常进行和获取营利的需要,也是企业财务管理的一项重要内容。

(一)建筑企业筹集资金的分类

建筑企业筹集资金可按不同的标准进行分类。

1. 按资金使用期限的长短分类

按照资金使用期限的长短划分,可把企业筹集的资金分为长期资金和短期资金。

(1)长期资金。长期资金是指需要期限在一年以上的资金,它是企业长期、持续、稳定地进行生产经营的前提和保证。它主要投资于新产品的开发和推广、生产规模的扩大、厂房和设备的更新等。长期资金主要通过吸收直接投资、发行股票、发行公司债券、取得长期借款、融资租赁和内部积累等方式来筹集。

(2)短期资金。短期资金是指需要期限在一年以内的资金,它是企业在生产经营过程中由于短期性的资金周转需要而引起的。它主要投资于现金、应收账款、存货等。短期资金主要通过短期借款、商业信用等方式来筹集。

2. 按所筹资金的性质分类

按所筹资金的性质划分,可把企业筹集的资金分为权益资金和负债资金。

(1)权益资金。权益资金是指资金占有者以所有者身份向筹资者投入非负债性资金而形成的企业的资本金或股东权益。权益资金可以吸收国家财政资金、企业内部形成资金、民间资金、境外资金等渠道的资金,可以通过吸收直接投资、发行股票、企业内部积累等方式进行筹集。

(2)负债资金。这是指筹资者以负债方式向投资者融通的各种债务资金。负债资金的来源主要有银行信贷资金、非银行金融机构资金、民间资金、境外资金等,可以通过银行借款、发行债券、商业信用、融资租赁等方式筹集。

(二)建筑企业筹集资金的原则

为了提高筹资的综合效益,建筑企业的筹资活动必须遵循以下原则:

1. 合理性原则

筹集资金的目的是保证生产经营所需的资金需要。资金不足,自然会影响生产经营发展;而资金过剩,则可能导致资金使用效益的降低。所以,企业在筹集资金之前,就要合理确定资金的需要量,在此基础上拟订筹集资金计划,"以需定筹",即按企业投资项目必不可少的资金需要量和保证生产经营正常、高效运行的最低需要量进行筹资。

2. 及时性原则

企业在不同时点上资金的需要量不尽相同,因此,企业的财务人员在筹集资金时,既要考虑数量因素又要熟知资金时间价值的原理和计算方法,还要合理安排资金的筹集时间,适时获取所需资金;既要避免过早筹集资金形成资金投放前的闲置,又要防止取得资金时间滞后,错过资金投放的最佳时机。

3. 经济性原则

在确定了筹资数量、筹资时间、资金来源的基础上,企业在筹资时还必须认真研究各种筹资方式。企业要筹集资金必然要付出一定的代价,不同筹资方式条件下的资金成本有所不同,因此,要对各种筹资方式进行研究、分析、对比,选择既经济又可行的最佳筹资方式,以降低综合资金成本,最大限度地避免和分散财务风险。

4. 合法性原则

我国法律规定,企业发行股票和债券必须符合《股票发行与交易管理暂行条例》及《中华人民共和国公司法》的有关规定。企业筹集资金必须遵守国家法律、财政法规,维护各方的经济权益。

(三)建筑企业筹资渠道

筹资渠道是指筹措资金来源的方向与通道,它体现资金的来源与流量。目前,我国建筑企业筹资的渠道主要包括:

1. 国家财政资金

国家对企业的直接投资历来是国有企业(包括国有独资公司)的主要资金来源。在现有国有企业的资金来源中,其资本部分大多是由国家财政以直接拨款方式形成的。除此以外,还有些是国家对企业"税前还贷"或减免各种税款而形成的。不管是因何种方式形成的,从产权关系上看,它们都属于国家投入的资金,产权归国家所有。

2. 银行等金融机构资金

金融机构是专门进行资金融通的机构,包括银行、信用社等。这些机构绝大多数可以贷款给企业货币资金,有的可以向企业提供委托代理、租赁、担保等服务。

3. 非银行金融机构资金

非银行金融机构包括信托投资公司、保险公司、金融租赁公司、企业集团的财务公司、基金公司等。虽然非银行金融机构财力比银行小,但资金供应比较灵活方便,而且还提供有关融资的服务,所以,这种融资渠道具有广阔的发展前景。

4. 其他企业资金

其他企业资金也可以为建筑企业提供一定的资金来源。建筑企业在生产经营过程中,往往形成部分暂时闲置的资金，并为一定的目的而进行相互投资。此外，企业间的购销业务可以通过商业信用方式来完成，从而形成企业间的债权债务关系，形成债务人对债权人的短期信用资金占用。企业间的相互投资和商业信用的存在，使其他企业资金也成为建筑企业资金的重要来源。

5. 社会闲散资金

企业职工和城乡居民的结余货币，作为"游离"于银行及非银行金融机构等之外的个人资金，可用于对企业投资，构成社会闲散资金的来源渠道，从而为企业所用。

6. 企业提留资金

企业提留资金是指企业内部形成的资金，主要是计提折旧、资本公积金、提取盈余公积金、未分配利润而形成的资金，还包括一些经常性的延期支付款项如应付工资、应交税金、应付股利等而形成的资金来源。这一渠道的资金除资本公积金外都由企业内部生成或转移，它一般并不增加企业资金总量，但能够增加可供周转的营运资金；它可以长期留用，无须偿还，无须支付筹资费用，也无须承担财务风险；它无须通过任何筹资活动，取得最为主动。

（四）建筑企业筹资的方式

建筑企业筹资的方式是指筹集资金所采取的具体形式。认识筹资方式的种类及其特点，有利于建筑企业了解不同筹资方式的筹资成本和筹资风险，从而选择适宜的筹资方式。在一个健全的金融市场上，建筑企业可以通过多种方式获得投资或发展所需要的资金，主要包括吸收直接投资、发行股票、银行借款、商业信用、发行债券、融资租赁等。

1. 吸收直接投资

吸收直接投资即企业按照"共同投资、共同经营、共担风险、共享利润"的原则直接吸收国家、法人、个人投入资金的一种筹资方式。

2. 发行股票

发行股票即股票公司通过发行股票筹措权益性资本的一种筹资方式。

3. 银行借款

银行借款是指企业根据借款合同向银行及非银行金融机构借入的、并按规定日期还本付息的款项，是企业筹集长、短期借入资金的主要方式。

4. 商业信用

商业信用是指商品交易中以延期付款或预收款方式进行购销活动而形成的借贷关系。它是企业之间的直接信用行为，是企业筹集短期借入资金的一种重要方式。

5. 发行债券

发行公司债券即企业通过发行债券筹措债务性资本的一种筹资方式。

6. 融资租赁

融资租赁也称资本租赁或财务租赁，是区别于经营租赁的一种长期租赁形式，是指出租人根据承租人对租赁物和供货人的选择或认可，将其从供货人处取得的租赁物，按融资租赁合同的约定出租给承租人占用、使用，并向承租人收取租金，最短租赁期限为一年的交易活动。它是建筑企业筹集长期债务性资本的一种方式。

三、资金成本

资金成本是指企业为筹集和使用资金而付出的代价,包括资金筹集费用和使用费用。资金筹集费用是指企业为筹集长期资金而付出的各种费用,包括委托金融机构代理发行股票或债券的注册费、代理费、印刷费、发行手续费、公证费、担保费、资信评估费、广告费等,以及向银行借款支付的手续费;资金使用费用是指企业为使用长期资金而付出的各种费用,包括银行借款、发行债券的利息,发行股票的股利、股息等。

资金成本是企业财务管理中的一个重要概念,资金成本的高低,通常用资金成本率表示。

资金成本率是以资金占用费与企业筹资总额扣除资本筹集费后的净额的比率。其计算公式为

$$资金成本率 = \frac{资金占用费}{筹资总额 \times (1-筹资费费率)} \times 100\% \tag{10-1}$$

资金成本按其计算的范围与界限划分,可分为个别资金成本、综合资金成本和边际资金成本。

1. 个别资金成本

个别资金成本是指各种不同形态的长期资金的成本,如长期借款资金成本、公司债券成本、优先股成本、普通股资金成本和留存收益资金成本等。

(1)长期借款资金成本。长期借款资金成本是指借款利息和筹资费。长期借款资金成本的计算公式为

$$借款成本 = \frac{借款年利息 \times (1-所得税税率)}{借款总额 \times (1-借款手续费费率)} \tag{10-2}$$

(2)债券成本中的利息在税前支付,具有减税效应。债券的筹资费用一般较高,这类费用主要包括申请发行债券的手续费、债券注册费、印刷费、上市费以及推销费用等。债券成本的计算公式为

$$债券成本 = \frac{债券年利息 \times (1-所得税税率)}{债券发行总额 \times (1-筹资费费率)} \tag{10-3}$$

(3)优先股成本。企业发行优先股,既要支付筹资费用,又要定期支付股利;它与债券不同的是股利在税后支付,且没有固定到期日。优先股成本的计算公式为

$$优先股成本 = \frac{优先股年利息}{优先股发行总额 \times (1-筹资费费率)} \tag{10-4}$$

(4)普通股的资金成本。普通股成本的计算,存在多种不同方法,其主要方法为估价法。这种方法是利用估价普通股现值的公式来计算普通股成本。其计算公式为

$$普通股成本 = \frac{预计第一年股利}{普通股发行总额 \times (1-筹资费费率)} + 股利年增长率 \tag{10-5}$$

$$普通股成本 = \frac{预计第一年每股股利}{普通股每股价格 \times (1-筹资费费率)} + 股利年增长率 \tag{10-6}$$

(5)留存收益资金成本。一般企业都不会把全部收益以股利形式分给股东,所以,留存收益是企业资金的一种重要来源。企业留存收益,等于股东对企业进行追加投资,股东对这部分投资与以前缴给企业的股本一样,也要求有一定的报酬,所以,留存收益也

要计算成本。留存收益成本的计算与普通股基本相同，但不用考虑筹资费用。其计算公式为

$$留存收益成本 = \frac{预计第一年股利}{普通股发行总额} + 股利年增长率 \qquad (10\text{-}7)$$

2. 综合资金成本

综合资金成本又称为加权平均资本，是指分别以各种资金成本为基础，以各种资金占全部资金的比重为权数计算出来的综合资金成本。它是综合反映资金成本总体水平的一项重要指标。其计算公式为

$$综合资金成本 = \sum (某种资本来源的资本比重 \times 该资本来源的个别资本成本) \qquad (10\text{-}8)$$

3. 边际资金成本

边际资金成本是指企业追加筹资的资本。企业在追加筹资和追加投资的决策中必须考虑边际资金成本的高低。

四、资本结构

(一)资本结构的概念

资本结构有广义和狭义之分。狭义的资本结构是指长期资本结构；广义的资本结构是指全部资金（包括长期资本、短期资本）的结构。本章所指资本结构是指狭义的资本结构。

(二)最佳资本结构的确定

1. 影响资本结构的因素
(1)企业销售的增长情况。
(2)企业所有者和管理人员的态度。
(3)企业的财务状况。
(4)资产结构。
(5)融资弹性。
(6)贷款人和信用评级机构的影响。
(7)行业因素。
(8)所得税税率的高低。
(9)利率水平的变动趋势。

2. 最佳资本结构的确定方法

(1)息税前利润—每股利润分析法，又称每股利润无差别点法。每股利润无差异点处的息税前利润计算公式为

$$\frac{(\overline{EBIT} - I_1)(1-T) - D_1}{N_1} = \frac{(\overline{EBIT} - I_2)(1-T) - D_2}{N_2} \qquad (10\text{-}9)$$

式中　$\overline{EBIT}$——每股利润无差别点处的息税前利润；
　　　I_1, I_2——两种筹资方式下的年利息；
　　　D_1, D_2——两种筹资方式下的优先股股利；
　　　N_1, N_2——两种筹资方式下的流通在外的普通股股数。

(2)比较资金成本法。企业在作出筹资决策之前,先拟定若干个备选方案,分别计算各方案加权平均的资金成本,并根据加权平均资金成本的高低来确定资本结构的方法,称为比较资金成本法。

五、财务杠杆与财务风险

建筑企业可以利用资金成本固定型的筹资方式筹集债务资金,进行负债经营,充分发挥财务杠杆的作用。杠杆利益是企业资本结构决策中的一个重要因素。企业进行资本结构决策时,应在杠杆利益与其相关的经营风险和财务风险之间进行合理的权衡。

1. 经营杠杆

经营杠杆是指企业在进行经营决策时对经营成本中固定成本的利用。运用营业杠杆,企业可以获得一定的杠杆利益,同时也承担着营业风险。

经营杠杆系数(DOL),也称营业杠杆作用程度,是指息税前利润的变动率相当于销售额变动率的倍数。其计算公式(10-10)为

$$
\text{经营杠杆系数(DOL)} = \frac{\text{息税利润变动率}}{\text{销售量变动率}}
$$

$$
= \frac{(\text{单价} - \text{单位变动成本}) \times \text{销售量}}{(\text{单价} - \text{单位变动成本}) \times \text{销售量} - \text{固定成本}} \tag{10-10}
$$

影响企业经营风险的因素主要有产品需求的变动、产品售价的变动、产品成本的变动、产品成本结构的变动等。

2. 财务杠杆

财务杠杆是指建筑企业在进行资本结构决策时对债务利息的利用。财务杠杆系数(DFL),是指普通股每股税后利润变动率相当于息税前利润变动率的倍数,表示财务杠杆程度。其计算公式为

$$
\text{财务杠杆系数(DFL)} = \frac{\text{每股利润变动率}}{\text{息税前利润变动率}}
$$

$$
= \frac{\text{息税前利润}}{\text{息税前利润} - \text{利息费用} - \frac{\text{优先股股利}}{(1 - \text{所得税费率})}} \tag{10-11}
$$

一般情况下,当建筑企业资本总额和息税前利润不变时,企业资本结构中债务比重越大,财务杠杆系数就越大,企业面临的财务风险也就越大,但预期的普通股每股股利也就越高;相反,企业负债比率越小,则财务杠杆系数就越小,企业面临的财务风险就越小,同时普通股每股股利也越小。

3. 杠杆

复合杠杆,又称杠杆或联合杠杆,是指对经营杠杆和财务杠杆的综合运用。复合杠杆系数(Degree of Combined Leverage,DCL),又称总杠杆系数(Degree of Total Leverage,DTL),是指普通股每股利润变动率相当于销售量变动率的倍数,也可以用经营杠杆系数与财务杠杆系数的乘积表示,其计算公式为

$$
\text{复合杠杆系数(DCL)} = \text{每股利润变动率}/\text{销售量变动率}
$$

$$
= \text{经营杠杆系数(DOL)} \times \text{财务杠杆系数(DFL)} \tag{10-12}
$$

复合杠杆系数的作用体现在:运用复合杠杆能够估计由于销售变动对普通股每股利润

的影响程度,同时能够了解经营杠杆和财务杠杆之间的关系,选择经营杠杆和财务杠杆的最优组合。

4. 财务风险的测量

财务风险是指由于利用财务杠杆而给企业带来的破产风险或使普通股每股利润发生大幅度变动的风险。财务风险可以通过期望权益资金利润率及其标准差来测量。期望权益资金利润率的计算式为

$$期望权益资金利润率 = \left[期望全部资金利润率 + \frac{借入资金}{权益资金} \times (期望全部资金利润率 - 借入资金利息率)\right] \times (1 - 所得税税率) \tag{10-13}$$

式(10-13)表明,当建筑企业经营状况良好时,期望全部资金利润率大于借入资金利息率时,企业资本结构中负债比率越大,期望权益资金利润率就越高,企业面临风险就适当;若企业经营状况较差时,即期望全部资金利润率低于借入资金利息率时,负债比率越大,财务风险越大,期望权益资金利润率就越低。

第三节 建筑企业资产管理

一、资产的概念与分类

资产是指企业过去的交易或事项形成的,并由企业拥有或者控制,预期会给企业带来经济利益的资源。资产包括企业的各种财产、债权和其他权利。资产可以按照不同的标准分类,主要分为流动资产、长期投资、固定资产、无形资产、递延资产及其他资产等。本节着重讲解流动资产、固定资产、无形资产及其他资产的分类和管理。

二、建筑企业流动资产管理

(一)流动资产的概念及特点

流动资产是指可以在一年或者超过一年的一个营业周期内变现或者耗用的资产,包括现金、短期投资、应收及预付款项和存货等。

流动资产管理主要包括现金管理、应收账款管理、存货管理等内容。

流动资产具有如下特点:

(1)流动资产投资周转速度快,回收期短。投资于流动资产的资金一般在一年或超过一年的一个营业周期内收回,相对于固定资产来说,其周转速度较快,回收期短。

(2)流动资产具有变现性。企业流动资产一般具有较强的变现能力,如遇到意外情况,企业出现资金周转不灵、现金短缺的情况时,便可迅速变卖这些资产以获取现金,这对财务上应付临时性资金需求具有重要意义。

(3)流动资产占用数量具有波动性。流动资产占用的资金并非一个常数。随着供、产、

销和其他因素的变化,其资金占用数量时高时低、起伏不定,季节性生产企业表现尤为突出。因此,企业在筹集和分配资金时要有一定的机动性和灵活性。

(4)流动资产具有并存性。在流动资产的周转过程中,流动资金要经历企业的全部生产经营循环,它将同时以货币资金、储备资金、生产资金和成品资金等不同形态并存于企业之中。

(二)流动资产的分类

1. 按照流动资产在周转过程中所处的领域划分

(1)生产性流动资产。生产性流动资产是指占用在企业生产领域中的各项流动资产,主要包括原材料、在产品、半成品等。

(2)流通性流动资产。流通性流动资产是指占用在流通领域的流动资产,包括产成品、应收账款、货币资金、短期证券等。

2. 按照流动资产的属性划分

(1)货币性资产。货币性资产是指企业以货币形态存在的那部分资产,包括现金、银行存款和其他货币资金。

(2)短期证券。短期证券是指企业准备随时变现,持有时间不超过一年的有价证券,以及不超过一年的其他投资。

(3)短期债权。短期债权是指企业在结算过程中形成的应收及预付款项。

(4)存货资产。存货资产是指企业在生产经营过程中为销售或耗用而储备的资产。

(三)现金管理

现金是指在生产过程中暂时停留在货币形态的资金,包括库存现金、银行存款、银行本票和银行汇票等。现金是立即可以投入流通的交换媒介。现金可用来满足生产经营开支的各种需要,也是还本付息和履行纳税义务的保证。拥有足够的现金对降低企业风险、增强企业资金的流动性具有重要意义。

1. 现金管理的内容

建筑企业现金管理的内容主要表现为:编制现金计划,合理估计现金需求;控制和调整日常现金收支,尽量做到收支匹配;确定理想的现金余额。

2. 现金管理的有关规定

按照现行制度,国家财政部门对建筑企业现金管理的有关规定主要有以下各项内容:

(1)库存现金的使用范围。库存现金的使用范围主要包括:支付职工工资、津贴;支付个人劳务报酬;根据国家规定颁发给个人的科学技术、文化艺术、体育等各种奖金;支付各种劳保、福利费用以及国家规定的对个人的其他支出;向个人收购农副产品和其他物资的价款;出差人员的差旅费;结算起点以下的零星支出;中国人民银行确定其他需要支付现金的其他支出。

(2)库存现金限额。建筑企业的库存现金数量应由其开户银行根据企业的实际需要予以核定,一般应以企业三至五天的零星开支数额为限。

(3)企业不得"坐支"现金。建筑企业从日常施工生产经营业务中取得的现金收入必须于当日或次日送存银行,而不得直接用于各种业务的现金支出。一般将由现金收入直接支付现金支出的行为称为"坐支"。

(4)企业不得出租、出借银行账户。
(5)企业不得签发空头支票和远期支票。
(6)企业不得套用银行信用。
(7)企业不得保存账外公款。企业不得将公款以个人名义存入银行和保存账外现金等各种形式的账外公款。

3. 现金的日常管理工作

为加速建筑企业现金的周转速度，提高现金的利用效率，就必须做好现金的日常管理工作。建筑企业现金的日常管理工作的内容主要包括以下几个方面。

(1)现金回收的管理。为了提高现金的利用效率，加速现金周转，企业应加快收账速度，尽量缩短账款的回收时间。一般来说，企业账款的回收需要经过四个时点，即客户开出付款票据、企业收到票据、票据交存银行和企业收到现金。

企业账款回收的时间包括票据邮寄时间、票据在企业停留的时间及票据结算时间，企业账款回收的时间示意如图10-3所示。

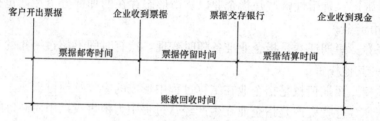

图10-3 企业账款回收时间示意

(2)现金的日常收支管理。建筑企业在施工生产经营过程中，应按照国家《中华人民共和国现金管理暂行条例》中有关货币资金的使用规定处理现金收支，完善企业现金收支的内部管理，做好现金收支凭证的保管、现金收支的职责分工与内部控制工作。

(3)银行存款的管理。企业超过库存现金限额的现金，应存入银行，由银行统一管理。企业应定期对银行存款进行清查，保证银行存款的安全完整；当存款结余过多，一定时期内又准备使用时，企业可将部分款项转入定期存款，以获取较多的利息收入；要与银行保持良好的关系，使企业的借款、还款、存款、转账结算能顺利进行。

(4)闲置现金的管理。在实际生产经营活动中，企业每天都有现金的流入，也有现金的流出，两者不可能同步同量。当现金流入量大于现金流出量时，企业现金余额就会增加，这些现金在用于投资或其他业务活动之前会闲置在企业。这时可将这些暂时闲置的现金用于短期有价证券投资，以期获取利息收入或资本收益，如果管理得当，可为企业增加较为可观的投资收益。

(四)应收账款管理

应收账款是指企业因对外销售产品、材料、供应劳务及其他原因，应向购货单位或接受劳务的单位及其他单位收取的款项，主要包括应收销售款和应收票据等。

1. 应收账款产生的原因

应收账款产生的原因主要有以下两方面：

(1)商业竞争。在市场经济条件下，存在着激烈的商业竞争。出于扩大销售的竞争需要，企业不得不以赊销或其他优惠方式招揽顾客，于是就产生了应收账款。由竞争引起的应收账款，是一种商业信用。

(2)销售与收款的时间差距。商品成交的时间和收到货款的时间常常不一致，也是产生应收账款的重要原因。虽然在现实生活中现金销售极为普通，但对于一般大量生产企业和批发企业而言，发货时间和收到货款的时间往往不同，这主要是因为货款的结算需要时间。结算的手段越落后，结算所需时间就越长，销售企业只能承认这种现实并承担由此而引起的资金垫支。需要指出的是，由此造成的应收账款不属于商业信用，也不是应收账款的主要内容，这里重点讨论属于商业信用的应收账款的管理。

2. 应收账款的作用

应收账款在企业生产经营中的作用主要体现在以下两个方面：

(1)促进销售。企业销售产品可以采用现销方式与赊销方式。现销方式既能避免呆账、坏账损失，又能及时收回货款，因而是企业期望的一种销售结算方式。但由于激烈的商业竞争，企业完全采用现销方式往往是不现实的。实行赊销的产品销售额将大于企业采用现销的产品销售额，这是因为顾客将从赊销中得到好处。因此，赊销对于企业扩大销售、开拓并占领市场具有重要意义。

(2)减少存货。由于赊销具有促销功能，可以加速产品的销售，从而可以降低存货中产成品的数额。这样，有利于缩短产成品的库存时间，降低产成品存货的管理费用、仓储费用和保险费用等各方面的支出。因此，无论是季节性生产企业还是非季节性生产企业，当产成品较多时，一般应采用较优惠的信用条件进行赊销，把存货转化为应收账款，减少产成品存货，节约各种支出。

3. 应收账款政策

企业的信用政策又称为应收账款政策，是建筑企业财务政策的一个重要组成部分。企业进行应收账款管理，必须制定合理的信用政策。企业的信用政策主要包括信用标准、信用条件和收款政策。

(1)信用标准。信用标准是指顾客获得企业的交易信用所应具备的条件。企业在设定某一顾客的信用标准时，通常要评价其信用品质。

1)品质(Character)：是指顾客的信誉，即顾客履行债务清偿的可能性。品质是评价顾客信用的重要因素。

2)能力(Capacity)：是指顾客偿付债务的能力，可以从其拥有流动资产的数量和质量及其流动比率、速动比率等指标加以考虑。顾客所拥有的流动资产数量越多、质量越好，其转换为现金的能力就强，偿付债务的能力也就越强。

3)资产(Capital)：是指顾客的财务实力和财务状况，反映顾客可能偿还债务的资产实力。

4)抵押(Collateral)：是指顾客若拒付货款或无能力支付所欠款项时，可以用作债务抵押资产状况。

5)条件(Conditions)：是指可能影响顾客付款能力的经济环境。企业应充分地了解顾客在过去困难时期的清偿债务历史，再向顾客提供相当的商业信用。

对于建筑企业来说，信用标准是企业同意向发包建设单位等客户提供商业信用而提出的基本要求，通常以预期的坏账损失率作为判别标准。企业确定信用标准时，既要考虑企业承担违约风险的能力,又要考虑同行业竞争对手所确定的信用标准,使企业在扩大工程承包和产品销售的同时,尽可能地降低违约风险,提高企业的市场竞争能力。

(2)信用条件。信用条件是指企业要求顾客支付赊销货款的条件,主要包括信用期限、折扣期限及现金折扣。

1)信用期限:是指企业为顾客规定的最长付款期限,即企业允许顾客从购货到付款之间的时间。如企业允许顾客在购货后的30天内付款,则信用期限为30天。

2)折扣期限:是指企业规定的顾客可以享受现金折扣的付款期限。企业规定折扣期限,促使顾客及时偿付货款,这样既可以及时收回资金,减少应收账款的资金占用,又可以避免相应的资金占用利息、管理费用及可能发生的坏账损失,增加企业效益。

3)现金折扣:是指顾客在企业规定的折扣期限内付款所享受的货款金额方面的优惠。

对于建筑企业来说,主要是信用期限,即企业为发包建设单位等客户规定的最长付款时间。对客户提供比较优惠的信用条件能增加工程承包和产品销售量,增加企业收益,但同时也会带来额外的费用负担,如应收账款占用资金的利息或机会成本、管理费用、坏账损失和现金折扣成本等。因此,企业需要比较分析因调整信用期限而增加的收益与成本,选择较好的信用条件。

4. 应收账款的日常管理

应收账款发生后,企业应该加强日常管理,采取各种措施,尽量争取按期收回款项,否则会因时间拖延太久而发生坏账损失。

应收账款日常管理工作内容主要包括应收账款追踪分析、应收账款账龄分析及应收账款收现保证率分析。

(1)应收账款追踪分析。应收账款一旦发生,企业就必须考虑如何按期足额收回的问题。要达到这一目的,企业就有必要对应收账款的运行过程进行追踪分析,分析的重点可放在客户的信用品质、现金持有量,以及现金的可调剂程度等影响客户付款的基本因素上。一般来说,客户能否严格履行信用条件取决于两个因素:一是客户的信用品质;二是客户的现金持有量与调剂程度。如果客户的信用品质良好,持有一定的现金余额,且现金支出的约束性较小,可调剂程度较大,那么,多数客户是不愿意以损失市场信誉为代价而拖欠账款的。如果客户信用品质不佳,或者现金匮乏,或者现金的可调剂程度低下,那么,企业的账款遭受拖欠也就在所难免。因此,一旦发现客户信誉不佳或现金匮乏等,应立即采取相应措施,促使账款尽快收回。

(2)应收账款账龄分析。企业已发生的应收账款时间有长有短,有的尚未超过信用期,有的则已逾期拖欠。一般来讲,逾期拖欠时间越长,账款催收的难度越大,成为坏账的可能性也就越高。因此,进行账龄分析,密切注意应收账款的回收情况,是提高应收账款收现率、加强应收账款日常管理的重要环节。

应收账款账龄分析就是考察研究应收账款的账龄结构。所谓应收账款的账龄结构,是指各账龄应收账款的余额占应收账款总计余额的比重。通常,企业通过编制账龄分析表对应收账款回收情况进行监督。应收账款账龄分析表见表10-1。

表 10-1　应收账款账龄分析表

应收账款账龄	账户数量	金额/万元	百分率/%
信用期内	90	300	60
超过信用期 1~30 天	30	100	20
超过信用期 31~60 天	20	45	9
超过信用期 61~90 天	8	25	5
超过信用期 90 天以上	15	30	6
应收账款总额	—	500	100

(3) 应收账款收现保证率分析。由于企业当期现金支付需要量与当期应收账款收现额之间存在着非对称性矛盾，并呈现出预付性与滞后性的差异特征。所以，企业必须对应收账款收现水平制定一个必要的控制标准，即应收账款收现保证率。

应收账款收现保证率是为适应企业现金收支匹配关系的需要所确定的有效收现的账款应占全部应收账款的百分比，是两者应当保持的最低比例。其公式为

$$应收账款收现保证率 = \frac{当期必要现金支付总额 - 当期其他稳定可靠的现金流入总额}{当期应收账款总计金额}$$

(10-14)

式中，当期其他稳定可靠的现金流入总额是指从应收账款收现以外的途径可以取得的各种稳定可靠的现金流入数额，包括短期有价证券变现净额、可随时取得的银行贷款额等。企业应定期计算应收账款实际收现率，看其是否达到了既定的控制标准，如果发现实际收现率低于应收账款收现保证率，应查明原因，采取相应措施，确保企业有足够的现金满足同期必需的现金支付要求。

(五) 存货管理

存货是指企业在生产经营过程中为销售或者耗用而储备的物资，包括材料、燃料、低值易耗品、在产品、半成品、产成品、协作件及库存商品等。企业增加存货可以节省采购时间和采购费用，避免生产和销售的中断，使企业在供产销方面都有一定的机动性。但同时也要看到，增加存货势必会增加存货的保管费用，增加存货资金的占用，从而提高存货的机会成本。另外，由于销售市场千变万化，企业存货越多，造成积压的风险也就越大。因此，企业应加强存货的计划与控制管理。

1. 存货的作用

存货在企业生产经营过程中的作用主要表现在以下几个方面：

(1) 防止停工待料。储备适量的原材料和在产品、半成品是工程建设正常进行的前提和保障。工程往往会因供货方的某些原因而暂停或推迟供应材料，从而影响企业材料的及时采购、入库和投产。另外，工程中有适量的半成品储备，能使各生产环节的生产调度更加合理，各生产工序步调更为协调，联系更为紧密，不至于因等待半成品而影响生产。可见，适量的存货能有效防止停工待料事件的发生，维持生产的连续性。

(2) 适应市场变化。存货储备能增强企业在生产和销售方面的机动性及适应市场变化的能力。企业有了适量的库存产成品，能有效地供应市场，满足顾客的需要。相反，

若某种畅销产品库存不足，将会错失目前或未来的推销良机，并有可能因此而失去顾客。在通货膨胀时期，适当地储存原材料存货，能使企业获得因市场物价上涨而带来的好处。

(3)降低进货成本。企业进行货物采购时，为了鼓励客户购买其产品，往往给购货方提供较优厚的商业折扣，即当客户的采购量达到一定数量时，便可以在价格上给予相应的价格折扣。所以，企业采取大批量的集中进货，就可以降低单位物资的买价。同时，由于采购总量一定，采购批量较大时，采购次数就会减少，从而可以降低采购费用的支出。

2. 存货的成本

企业在购入及储存存货过程中发生的各种费用成本，与存货有关的成本主要有以下三种：

(1)进货成本。进货成本是指为取得某种存货而支出的成本，包括订货成本和购置成本两部分。订货成本是指取得某种存货订单的成本。其中一部分属于固定成本，与订货次数无关，如常设采购机构的经费等。另一部分属于变动成本，与订货次数成正比，如差旅费、邮资等。购置成本是指存货本身的价值，包括买价、运杂费等。购置成本一般与采购数量成正比。

(2)储存成本。企业持有存货而发生的费用即为存货的储存成本，主要包括存货占用资金的利息或机会成本、仓储费用、保险费用、存货残损霉变损失等。一般而言，大部分储存成本随存货储存量的增减而成正比变化，即储存量越大，储存成本也越大。因此，大部分储存成本属于存货经济批量决策的相关成本，企业若想降低储存成本，则需要小批量采购，减少储存数量。

(3)缺货成本。缺货成本是一种机会损失，通常以存货短缺所支付的代价来衡量。缺货成本主要包括由于停工待料而发生的损失、为补足拖欠订货所发生的额外成本支出、因延迟交货而被处以的罚金，以及由于丧失销售机会而蒙受的收入损失和信誉损失等。

3. 存货的日常管理

为了保证企业在生产经营正常进行的前提下尽量减少库存、防止积压，需要加强存货的日常管理工作。实际工作中常用的存货日常管理方法主要有存货储存期控制法和存货ABC分类管理法。

(1)存货储存期控制法。为了加快存货的流转，企业应该尽量缩短存货的储存期，尤其应该缩短产品或商品的储存期。这是因为储存存货会占用资金和增加仓储管理费，而且在市场变化很快的情况下，储存期过长有可能导致企业的产品或商品滞销而给企业带来巨大的损失。因此，尽力缩短存货储存期、加速存货周转是提高企业经济效益、降低企业经营风险的重要手段。

存货储存期控制，应首先分析影响存货储存成本的相关因素。若将企业存货投资所发生的费用支出按照与储存时间的关系分类，可以分为与储存时间长短无直接关系的固定费用和与储存时间成正比例关系变动的变动费用两大类，再按照本量利分析原理，将成本、存储天数、利润三者间的关系式确定下来，进而可求出存货保本储存天数和存货保利储存天数等重要指标，将这些指标与存货实际储存天数相对比，即可知有多少存货尚未超过保利期、保本期，有多少存货已过保本期或保利期、金额多大、比重多高，以便针对不同情

况，采取相应的管理措施。其有关指标的计算公式为

$$存货保本储存天数=\frac{毛利－一次性费用－销售税金及附加}{日增长费用} \qquad (10-15)$$

$$存货保利储存天数=\frac{毛利－一次性费用－销售税金及附加－目标利润}{日增长费用} \qquad (10-16)$$

其中，一次性费用是指与存货储存期长短无直接关系的费用支出，如各项进货费用、管理费用等；日增长费用是随着存货储存期的延长或缩短成正比例增减变动的费用，如存货资金占用费、存货仓储管理费、仓储损耗等。

(2)存货ABC分类管理法。企业存货品种繁多，尤其是大中型企业的存货往往有成千上万种项目，实际上，不同的存货对企业财务目标的实现具有不同的作用。有些存货项目尽管品种数量很少，但金额巨大，如果管理不善，将给企业造成极大的损失；相反，有的存货虽然品种数量繁多，但金额很小，即使在管理中出现一些问题，也不至于对企业产生较大的影响。因此，无论是从能力还是从经济的角度，企业均不可能也没有必要对所有存货不分巨细地严加管理。存货ABC分类管理正是基于这一点而提出的，其目的在于使企业分清主次、突出重点，以提高存货资金管理的整体效果。

存货ABC控制法是将存货各项目按其品种数量和金额大小进行分类，区别重点和一般，实施不同的管理策略方法。存货ABC控制法分为以下几个步骤：

1)计算存货在一定时期内的耗用总额。主要的存货按品种计算，一般的存货可按类别计算。

2)计算每一种存货资金占用额占全部资金占用额的比重，并按顺序排列，编成表格。

3)根据事先测定好的标准，把存货分为A、B、C三类，A类为重点存货，B类为一般存货，C类为不重要存货。

4)存货管理的原则是，对A类存货进行重点规划和控制，对B类存货进行重点管理，对C类存货只进行一般管理。

三、建筑企业固定资产管理

固定资产是指使用期限在一年以上，单位价值在规定的标准以上，并且在使用过程中保持原有实物形态的资产。建筑企业的固定资产是从事建筑安装工程施工的重要物资条件，包括建筑企业的主要劳动资料和非施工生产经营用房屋设备等。

(一)企业固定资产管理的特点

企业投资于固定资产方面的资金具有以下特点：

(1)固定资产投资数额大，回收期长。固定资产投资的数量取决于企业生产规模的大小，其投资回收期取决于固定资产使用年限的长短。一般来说，企业固定资产投资规模越大，其资金回收期限越长。

(2)固定资产投资是一次性投入的，其回收是分次进行的。企业用于购建和更新固定资产的资金是一次性集中投放，而且投放量很大，但其资金回收是逐次通过销售过程实现的。

(3)固定资产投资的价值补偿与实物更新在时间上可以分离。固定资产的价值是随着其使用发生磨损，逐期计提折旧，计入当期成本费用，通过实现收入得以补偿。而固定资产的实物更新则是在固定资产报废或不宜再继续使用时进行。这就形成了固定资产投资价值

补偿与其实物更新在实践上的不同步。

(二)固定资产分类

企业的固定资产,根据不同的管理需要和核算要求以及不同的分类标准,可以进行不同的分类。按照固定资产的经济用途和使用情况,综合地将固定资产分为生产经营用固定资产、非生产经营用固定资产、经营性租出固定资产、不需用固定资产、未使用固定资产、土地等类别。企业可以根据各自的具体情况和经营管理、会计核算的需要进行必要的分类。

(三)固定资金需要量的预测

固定资金需要量预测是对企业未来一定时期内进行生产经营活动所需固定资产占用资金进行的预计和测算。一般可先预测固定资产需要量,再根据固定资产的原始价值计算出固定资金的需要量。固定资金需要量的预测既要保证生产经营的正常需要,又要尽可能地节约资金,减少固定资金占用;同时,既要考虑企业现有的技术条件,充分利用、挖掘现有生产经营能力的潜力,又要尽可能地采用先进的科学技术成果,不断提高企业生产经营的技术水平。

(四)固定资产折旧

固定资产折旧是指固定资产在使用过程中,由于损耗而减少的价值。固定资产的损耗主要包括有形损耗和无形损耗两种。建筑企业的固定资产由于受到有形损耗和无形损耗两个因素的影响,会发生价值损耗。这部分损耗价值,通过计提折旧费用,将其计入工程和产品的成本中,由当期取得的工程结算收入或产品销售收入予以补偿。

1. 固定资产折旧计提的范围

根据《企业会计准则第四号——固定资产》的规定,除下列情况外,企业应对所有固定资产计提折旧:

(1)已提足折旧仍继续使用的固定资产;

(2)按规定单独估价作为固定资产入账的土地。

2. 固定资产折旧的计提方法

固定资产折旧的计提方法主要有平均年限折旧法、工作量法、双倍余额递减法、年数总和法。

(1)平均年限折旧法。平均年限折旧法又称使用年限折旧法,是指按照固定资产的预计使用年限平均分摊固定资产折旧额的方法。平均年限法计提的固定资产折旧额及其折旧率的计算公式如下:

1)折旧额的计算。

$$固定资产年折旧额 = \frac{固定资产原值 - 预计净残值}{预计使用年限} \tag{10-17}$$

$$固定资产月折旧额 = \frac{固定资产年折旧额}{12} \tag{10-18}$$

$$固定资产年折旧率 = \frac{年折旧额}{原始价值} \tag{10-19}$$

$$固定资产月折旧率 = \frac{月折旧额}{原始价值} = \frac{年折旧率}{12} \tag{10-20}$$

2)折旧率的计算。

$$年折旧率 = \frac{(1-预计净残值率)}{预计使用年限} \times 100\% \quad (10-21)$$

$$月折旧率 = \frac{年折旧率}{12} \quad (10-22)$$

$$月折旧额 = 固定资产原价 \times 月折旧率 \quad (10-23)$$

上式中，预计净残值率应按照固定资产原值的 3%～5% 确定，当净残值率低于 3% 或者高于 5% 时，由企业自主确定，并报主管财政机关备案。

【例 10-1】 A 公司有机床 5 台，原始价值为 260 000 元，预计净残值率为 3%，预计使用寿命为 5 年，求年折旧率、月折旧率、月折旧额。

【解】 年折旧率 =(1-3%)÷5=19.4%

月折旧率 =19.4%÷12=1.62%

月折旧额 =260 000×1.62%=4 212(元)

(2)工作量法。工作量法是指按照固定资产施工生产过程中所完成的工作量计提折旧的一种方法。采用工作量法计算折旧额的计算公式为

$$单位工作量折旧额 = \frac{固定资产原值 \times (1-预计净残值率)}{预计总工作量} \quad (10-24)$$

$$月折旧额 = 月工作量 \times 单位工作量折旧额$$

$$年折旧额 = 年工作量 \times 单位工作量折旧额$$

(3)双倍余额递减法。双倍余额递减法是在不考虑固定资产残值的情况下，根据每期期初固定资产账面余额和双倍的直线法折旧率计算固定资产折旧的一种方法。其应提折旧额和折旧率的计算公式为

$$年折旧率 = \frac{2}{预计使用年限} \times 100\% \quad (10-25)$$

$$年折旧额 = 固定资产账面净值 \times 年折旧率$$

由于双倍余额递减法不考虑固定资产的残值收入，因此，在应用这种方法时，必须注意不能使固定资产的账面折余价值降低到它的预计残值收入之下。即实行双倍余额递减法计提折旧的固定资产，应当在其固定资产折旧年限到期以前两年内，将固定资产净值扣除预计净残值后的余额平均摊销。

(4)年数总和法。年数总和法又称合计年限法，是将固定资产的原值减去预计净残值后的净额乘以一个逐年递减的年折旧率计算每年的折旧额。其计算公式为

$$某年折旧率 = \frac{预计使用年数-已使用年数}{预计使用年限的年限总和} \times 100\% \quad (10-26)$$

$$某年折旧额 = (固定资产原值-预计净残值) \times 该年折旧率$$

$$月折旧率 = 年折旧率 \div 12$$

$$月折旧额 = (固定资产原值-预计净残值) \times 月折旧率$$

双倍余额递减法和年数总和法均为加速折旧法，也称为快速折旧法或递减折旧法，其特点是在固定资产有效使用年限的前期多提折旧，后期则少提折旧，从而相对地加快折旧计提的速度，以使固定资产转移成本在其有效使用年限中加快得到补偿。

建筑企业固定资产管理的要求

四、无形资产及其他资产管理

(一)无形资产管理

无形资产是指企业为生产产品、提供劳务、出租给他人或为管理目的而持有的、没有实物形态的非货币性长期资产。

无形资产分为可辨认无形资产和不可辨认无形资产。可辨认无形资产是指具有专门的名称,可以个别地辨认的无形资产,包括专利权、非专利技术、商标权、土地使用权等。不可辨认无形资产是指那些不能个别辨认的、存在于整个企业之中的无形资产,如商誉等。

1. 无形资产的计价

企业的无形资产在取得时,应按取得时的实际成本计价。

(1)购入的无形资产,按实际支付的价款作为实际成本;投资者投入的无形资产,按投资各方确定的价值作为实际成本。

(2)企业接受的债务人以非现金资产抵债方式取得的无形资产,按应收债权的账面价值加上应支付相关税费作为实际成本。

(3)以非货币性交易换入的无形资产,按换出资产的账面价值加上应支付的相关税费作为实际成本。

(4)接受捐赠的无形资产,应按捐赠方提供的凭据上标明的金额加上应支付的相关税费作为实际成本,或者以其同类无形资产的市价作为实际成本。

(5)自行开发并按法律程序申请取得的无形资产,按依法取得时发生的注册费、聘请律师费等费用,作为无形资产的实际成本。

2. 无形资产的摊销

无形资产的成本应当自取得当月起,在预计的有效使用年限内分期平均摊销,计入当期管理费用或其他业务支出等项目。

无形资产合同规定受益年限的,但法律没有规定有效年限的,摊销期不应超过合同规定的受益年限;合同没有规定受益年限,但法律规定了有效年限的,摊销期不应超过法律规定的有效年限;合同规定了受益年限,法律也规定了有效年限的,摊销期不应超过受益年限和有效年限两者之中较短者;如果合同没有规定受益年限,法律也没有规定有效年限的,摊销期不应超过 10 年。

无形资产采用直线法平均计算每年的摊销额,无残值和清理费用,其年摊销额的计算公式为

$$无形资产年摊销额 = \frac{无形资产的账面价值}{预计的有效使用年限} \tag{10-27}$$

$$月摊销额 = 年摊销额 \div 12$$

(二)其他资产管理

其他资产是指不能被包括在流动资产、长期资产、固定资产、无形资产等项目以内的资产,主要包括长期性质的待摊费用和其他长期资产。

1. 长期待摊费用

长期待摊费用是指企业已经支出,但摊销期限在 1 年以上(不含 1 年)的各项费用。长期待摊费用应单独核算,在费用项目的受益期限内分期平均摊销。

除购置和建造固定资产以外,所有筹建期间发生的费用,应先在长期待摊费用中归集,待企业开始生产经营起一次计入开始生产经营当期的损益。若长期待摊的费用项目不能使以后会计期间受益的,应当将尚未摊销的该项目的摊余价值全部计入当期损益。

2. 其他长期资产

其他长期资产一般包括国家批准储备的特准物资、银行冻结存款,以及临时设施和涉及诉讼中的财产等。其他长期资产可以根据资产的性质及特点单独核算和管理。

第四节　建筑企业成本管理

一、成本费用基本概念

(一)成本费用的概念及作用

成本一般是指为进行某项生产经营活动(如材料采购、产品生产、劳务供应、工程建设等)所发生的全部费用。成本可以分为广义成本和狭义成本两种。广义成本是指企业为实现生产经营目的而取得各种特定资产(固定资产、流动资产、无形资产和制造产品)或劳务所发生的费用支出,它包含了企业生产经营过程中一切对象化的费用支出。狭义成本是指为制造产品而发生的支出。狭义成本的概念强调成本是以企业生产的特定产品为对象来归集和计算的,是为生产一定种类和一定数量的产品所应负担的费用。

成本费用是一项重要的经济指标,它在企业经济核算和生产经营管理中的作用主要体现在以下几个方面:

(1)成本是补偿生产消耗的尺度。成本作为一个经济范畴,是确认资源消耗和补偿水平的依据。为了保证再生产的不断进行,这些资源消耗必须得到补偿,也就是说,生产中所消耗的劳动价值必须计入产品的成本。因此,可以说成本客观地表示了生产消耗价值补偿的尺度,企业只有使收益大于成本才可能有营利,而企业营利则是保证满足整个社会需要和扩大再生产的主要源泉。

(2)成本是制定价格的重要依据。商品的生产过程,既是活劳动和物质的消耗过程,又是使用价值和价值的形成过程。就整个社会而言,在产品价值目前还难以直接精确计算的情况下,成本为制定产品价格提供了近似的依据,使产品价格基本上接近于产品价值。

(3)成本是企业进行经营决策、实行经济核算的工具。企业在生产经营过程中,对一些重大问题的决策,都要进行技术经济分析,其中决策方案经济效果则是技术经济分析的重点,而产品成本是考察和分析决策方案经济效果的重要指标。企业可以利用产品成本这一综合性指标,有计划、正确地进行计算并反映和监督产品的生产费用,使生产消耗降到最低限度,以取得最好的经济效果。同时,可以将成本指标分层次地分解为各种消耗指标,以便于编制成本计划,控制日常消耗,定期分析、考核,促使企业不断降低成本消耗,增加营利。

(二)建设工程项目成本费用的概念

建设工程项目成本费用是指建筑企业以工程项目作为成本核算对象的施工过程中所耗费的生产资料转移价值和劳动者的必要劳动所创造的价值的货币形式;也可以说是,某项目在施工中所发生的全部生产费用的总和,包括所消耗的主辅材料、构配件、周转材料的摊销费或租赁费,施工机械的台班费或租赁费,支付给生产工人的工资、奖金以及项目经理部(或分公司、工程处)一级为组织和管理工程施工所发生的全部费用支出。项目成本费用不应包括劳动者为社会所创造的价值(如税金和计划利润),也不应包括不构成工程项目价值的一切非生产性支出。明确这些,对研究项目成本的构成和进行项目成本费用管理是非常重要的。

项目成本费用是建筑企业的产品成本,一般以项目的单位工程作为成本核算对象,通过各单位工程成本核算的综合来反映工程项目成本。

(三)成本费用的分类

为了明确认识和掌握项目成本的特性,做好成本费用管理,根据工程项目管理的需要,可从不同的角度进行考察,将项目成本费用划分为不同的形式。按项目成本费用目标划分,项目成本可分为生产成本、质量成本、工期成本和不可预见成本。

1. 生产成本

生产成本是指完成某工程项目所必须消耗的费用。工程项目部进行施工生产,必然要消耗各种材料和物资,使用的施工机械和生产设备也要发生磨损,同时还要对从事施工生产的职工支付工资,以及支付必要的管理费用等,这些耗费和支出就是项目的生产成本。

2. 质量成本

质量成本是指项目部门为保证和提高建筑产品质量而发生的一切必要费用,以及因未达到质量标准而蒙受的经济损失。一般情况下,质量成本分为以下四类:工程项目内部故障成本(如返工、停工、降级、复检等引起的费用)、外部故障成本(如保修、索赔等引起的费用)、质量检验费用与质量预防费用。

3. 工期成本

工期成本是指工程项目部为实现工期目标或合同工期而采取相应措施所发生的一切必要费用以及工期索赔等费用的总和。

4. 不可预见成本

不可预见成本是指工程项目部在施工生产过程中所发生的除生产成本、工期成本、质量成本之外的成本,如扰民费、资金占用费、人员伤亡等安全事故损失费、政府部门罚款等不可预见的费用。此项成本可发生,也可不发生。

(四)成本费用的构成

工程项目成本费用由生产成本和期间费用构成,见表10-2。

表10-2 成本费用的构成

总成本费用	生产成本	直接费用	直接材料(在生产中用来形成产品主要部分的材料)、直接工资(在产品生产过程中直接对材料进行加工使之变成产品的人员的工资)和其他直接费用
		制造费用	为组织和管理生产所发生的各种间接费用,包括生产单位(车间或分厂)管理人员工资、职工福利费、折旧费、修理费及办公费、差旅费、劳动保护费等

续表

总成本费用	期间费用	营业费用	在销售产品、自制半成品和提供劳务过程中发生的费用，包括应由企业负担的运输费、装卸费、包装费、保险费、差旅费、广告费以及专设销售机构人员工资、福利费、折旧费及其他费用
		管理费用	企业行政管理部门为管理和组织经营活动发生的各项费用，包括管理部门人员工资及福利费、折旧费、修理费、物料消耗、办公费、差旅费、保险费、工会经费、职工教育经费、技术开发费、房产税、车船税、土地使用税、无形资产和其他资产摊销费、业务招待费等
		财务费用	筹集资金等财务活动中发生的费用，包括生产经营期发生的利息净支出、汇兑净损失、银行手续费以及为筹集资金发生的其他费用

二、成本费用管理的原则

对成本费用进行管理应遵循以下原则：

(1) 领导者推动原则。企业的领导者是企业成本的责任人，也是工程项目施工成本的责任人。领导者应该制定项目成本管理方针和目标，组织项目成本管理体系的建立和保持，创造使企业全体员工能充分参与项目施工成本管理、实现企业成本目标的良好内部环境。

(2) 以人为本、全员参与原则。项目成本管理的每一项工作、每一个内容都需要相应的人员来完善。抓住本质，全面提高人的积极性和创造性，是搞好项目成本管理的前提。项目成本管理工作是一项系统工程，项目的进度管理、质量管理、安全管理、施工技术管理、物资管理、劳务管理、计划统计、财务管理等一系列管理工作都关联到项目成本，项目成本管理是项目管理的中心工作，必须让企业全体人员共同参与。只有如此，才能保证项目成本管理工作的顺利进行。

(3) 目标分解、责任明确原则。项目成本管理的工作业绩最终要转化为定量指标，而这些指标的完成是通过上述各级各个岗位的工作实现的，为明确各级各岗位的成本目标和责任，就必须进行目标分解。企业确定工程项目责任成本指标和成本降低率指标，是对工程成本进行了一次目标分解。企业的责任是降低企业管理费用和经营费用，组织项目经理部完成工程项目责任成本指标和成本降低率指标。项目经理部还要对工程项目责任成本指标和成本降低率目标进行二次目标分解，根据岗位的不同、管理内容的不同，确定每个岗位的成本目标和所承担的责任，把总目标进行层层分解，落实到每一个人，通过每个指标的完成来保证总目标的实现。事实上每个项目管理工作都是由具体的个人来执行的，执行任务而不明确承担责任等于无人负责，久而久之就会形成人人都在工作，谁也不负责任的局面，使得企业无法顺利发展。

(4) 管理层次与管理内容的一致性原则。项目成本管理是企业各项专业管理的一个部分。从管理层次上讲，企业是决策中心、利润中心，项目是企业的生产场地，是企业的生产车间，由于大部分的成本耗费在此发生，因而它也是成本中心。项目完成了材料和半成品在空间和时间上的流水，绝大部分要素或资源要在项目上完成价值转换，并要求实现增值，其管理上的深度和广度远远大于一个生产车间所能完成的工作内容，因此，项目上的生产责任和成本责任是非常大的，为了完成或者实现工程管理和成本目标，就必须建立一套相应的管理制度，并授予相应的权力。因而管理层次与它所对应的管理内容和管理权力必须相称和匹配，否则会发生责、权、利的不协调，从而导致管理目标和管理结果的扭曲。

(5)动态性、及时性、准确性原则。项目成本管理是为了实现项目成本目标而进行的一系列管理活动，是对项目成本实际开支的动态管理过程。由于项目成本的构成是随着工程施工的进展而不断变化的，因而动态性是项目成本管理的属性之一。进行项目成本管理是不断调整项目成本支出与计划目标的偏差，使项目成本支出基本与目标一致的过程。这就需要进行项目成本的动态管理，它决定了项目成本管理不是一次性的工作，而是项目全过程每日每时都在进行的工作。项目成本管理需要及时、准确地提供成本核算信息，不断反馈，为上级部门或项目经理进行项目成本管理提供科学的决策依据。如果这些信息的提供严重滞后，就起不到及时纠偏、亡羊补牢的作用。项目成本管理所编制的各种成本计划、消耗量计划，以及所统计的各项消耗、各项费用支出，必须是实事求是、准确的。如果计划的编制不准确，各项成本管理就失去了基准；如果各项统计不实事求是、不准确，成本核算就不能反映真实情况，出现虚盈或虚亏，从而导致决策失误。

因此，确保项目成本管理的动态性、及时性、准确性是项目成本管理的灵魂，否则，项目成本管理就只能是纸上谈兵。

(6)过程控制与系统控制原则。项目成本是由施工过程的各个环节的资源消耗形成的。因此，项目成本的控制必须采用过程控制的方法，分析每一个过程影响成本的因素，制定工作程序和控制程序，使之时时处于受控状态。

项目成本形成的每一个过程又是与其他过程互相关联的，一个过程成本的降低，可能会引起相关过程成本的提高。因此，项目成本的管理，必须遵循系统控制的原则，进行系统分析，制定过程的工作目标必须从全局利益出发，不能为了小团体的利益而损害了整体的利益。

三、成本费用管理的内容

企业成本费用管理的内容包括成本预测、成本计划、成本控制、成本核算、成本分析和成本考核等。项目经理部在项目施工过程中对所发生的各种成本信息，通过系统地、有组织地预测、计划、控制、分析和考核等，使工程项目系统内各种要素按照一定的目标运行，从而将工程项目的实际成本控制在预定的计划成本范围内。

1. 成本预测

项目成本预测是指通过成本信息和工程项目的具体情况，运用一定的专门方法，对未来的成本水平及其可能的发展趋势作出科学估计，其实质就是在施工以前对成本进行核算。通过成本预测，可以使项目经理部在满足建设单位和企业要求的前提下，选择成本低、效益好的最佳成本方案，并能够在项目成本形成过程中，针对薄弱环节加强成本控制，克服盲目性，提高预见性。因此，项目成本预测是项目成本决策与计划的依据。

2. 成本计划

项目成本计划是项目经理部对项目施工成本进行计划管理的工具。它是以货币形式编制工程项目在计划期内的生产费用、成本水平、成本降低率，以及为降低成本所采取的主要措施和规划的书面方案，它是建立项目成本管理责任制、开展成本控制和核算的基础。一般来说，一个项目成本计划应包括从开工到竣工所必需的施工成本，它是降低项目成本的指导性文件，是设立目标成本的依据。

3. 成本控制

项目成本控制是指在施工过程中，对影响项目成本的各种因素加强管理，并采取各种有效措施，将施工中实际发生的各种消耗和支出严格控制在成本计划范围内，随时揭示并及时反馈，严格审查各项费用是否符合标准，计算实际成本和计划成本之间的差异并进行分析，消除施工中的损失浪费现象，发现和总结先进经验。通过成本控制，使之最终实现甚至超过预期的成本节约目标。项目成本控制应贯穿在工程项目从招标投标阶段开始直到项目竣工验收的全过程中，它是企业全面成本管理的重要环节。

4. 成本核算

项目成本核算是指项目施工过程中所发生的各种费用和形成项目成本的核算。一是按照规定的成本开支范围对施工费用进行归集，计算出施工费用的实际发生额；二是根据成本核算对象，采用适当的方法，计算出该工程项目的总成本和单位成本。项目成本核算所提供的各种成本信息是成本预测、成本计划、成本控制、成本分析和成本考核等各个环节的依据。因此，加强项目成本核算工作，对降低项目成本、提高企业的经济效益有积极作用。

5. 成本分析

项目成本分析是在成本形成过程中，对项目成本进行的对比评价和剖析总结工作，它贯穿于项目成本管理的全过程。也就是说，项目成本分析主要将工程项目的成本核算资料（成本信息）与目标成本（计划成本）、预算成本，以及类似的工程项目的实际成本等进行比较，从而了解成本的变动情况，同时也要分析主要技术经济指标对成本的影响，系统研究成本变动的因素，检查成本计划的合理性，并通过成本分析深入揭示成本变动的规律，寻找降低项目成本的途径，以便有效地进行成本控制。

6. 成本考核

成本考核是指在项目完成后，对项目成本形成中的各个责任者，按项目成本目标责任制的有关规定，将成本的实际指标与计划、定额、预算进行对比和考核，评定项目成本计划的完成情况和各责任者的业绩，并据此给予其相应的奖励和处罚。通过成本考核，做到有奖有惩、赏罚分明，才能有效地调动企业的每一位职工在各自的工作岗位上努力完成目标成本的积极性，为降低项目成本和增加企业的积累作出自己的贡献。

综上所述，项目成本管理中每一个环节都是相互联系和相互作用的。成本预测是成本决策的前提，成本计划是成本决策所确定目标的具体化。成本控制则是对成本计划的实施进行监督，保证决策的成本目标实现，而成本核算又是成本计划是否实现的最后检验，它所提供的成本信息又对下一个项目成本预测和决策提供基础资料。成本考核是实现成本目标责任制的保证和实现决策目标的重要手段。

第五节 建筑企业收益管理

企业在经营期内实现的利润，应根据企业所有权的归属及各权益者占有的比例进行分配。收益管理是通过制定合理的利润分配政策，利用财务手段，确保利益的合理归属和正确分配的管理过程。

一、建筑企业利润总额的构成

建筑企业利润总额是企业在一定时期内生产经营的最终成果,主要包括营业利润、投资净收益和营业外收支净额。净利润则是由利润总额减去应纳所得税额之后的余额,其计算公式为

$$利润总额=营业利润+投资净收益+营业外收支净额$$
$$净利润=利润总额-应纳所得税额 \tag{10-28}$$

(一)建筑企业营业利润

建筑企业的营业利润为营业收入减去营业成本、营业税金及附加(包括增值税、城市维护建设税、教育费附加),再减去期间费用后的余额,其计算公式为

$$营业利润=工程结算利润+其他业务利润-管理费用-财务费用 \tag{10-29}$$

1. 工程结算利润

工程结算利润是指企业及其内部独立核算的施工单位已向工程发包单位办理工程价款结算而形成的利润。其计算公式如下:

$$工程结算利润=工程结算收入-工程结算成本-工程结算税金及附加$$

式中,工程结算收入是指建筑企业已完工程或竣工工程向发包单位结算的工程价款收入。工程结算收入除包括工程合同中规定的工程造价外,还包括因合同变更、索赔、奖励等形成的收入。这部分收入是在执行合同过程中,由于合同工程内容或施工条件变更、索赔、奖励等原因形成的追加收入,经发包单位签证同意后,构成建筑企业的工程结算收入。

工程结算成本是建筑企业为取得工程价款结算收入而发生的工程施工成本,包括工程施工中的材料费、人工费、机械使用费、其他直接费和分摊的间接费用。

工程结算税金及附加包括按工程结算收入计征的增值税,以及按增值税计征的城市建设维护税和教育费附加。

2. 其他业务利润

建筑企业的其他业务利润是指企业在一定时期内除工程施工业务以外的其他业务收入减去其他业务支出和其他业务税金及附加后的余额。其计算公式为

$$其他业务利润=其他业务收入-其他业务支出-其他业务税金及附加 \tag{10-30}$$

建筑企业的其他业务利润主要包括:

(1)产品销售利润:指施工企业内部独立核算的工业企业等销售产品所实现的利润。

(2)机械作业利润:指施工企业及其内部独立核算的机械施工运输单位,进行施工运输作业所实现的利润。

(3)材料销售利润:指施工企业及其内部独立核算单位、材料供应部门销售材料所实现的利润。

(4)对外工程承包利润:指施工企业承包(或分包)国外工程、国内外资工程所实现的利润。

(5)多种经营利润:指建筑企业为了拓宽业务、增加效益,举办一些与工程施工无直接联系的其他行业的经营业务,如餐饮服务、服装加工、商品贸易等,其营业收入减去营业成本、营业税金后形成的利润。

(6)机具设备租赁利润：指施工企业对外单位或企业内部其他单位出租施工机具形成的利润。

(7)其他利润：指施工企业除上述列举利润外的其他利润，如无形资产转让利润等。

(二)投资净收益

建筑企业的投资净收益是指企业对外股权投资、债权投资所获得的投资收益减去投资损失后的净额。其计算公式为

$$投资净收益＝投资收益－投资损失 \tag{10-31}$$

投资收益包括对外投资分得的利润、股利和债券利息；到期收回投资或中途转让投资取得的款项超过原投资账面数额的差额；股权投资按权益法核算时，在被投资企业增加的净资产中所拥有的数额。

投资损失包括到期收回投资或中途转让投资取得的款项低于原投资账面数额的差额；股权投资按权益法核算时，在被投资企业减少的净资产中所拥有的数额。

(三)营业外收支净额

建筑企业营业外收支净额是指企业所获得的与企业施工生产经营活动没有直接关系的各项营业外收入减去各项营业外支出的余额。其计算公式为

$$营业外收支净额＝营业外收入－营业外支出 \tag{10-32}$$

营业外收入主要包括固定资产盘盈、清理的净收益、罚款收入、确实无法支付的应付款、教育费附加返还等。

营业外支出主要包括固定资产盘亏、清理的净损失，以及各种罚款损失、非常损失、公益救济性捐赠支出、职工子弟学校经费和技工学校经营支出等。

二、建筑企业利润分析

企业利润分析是指从企业的实际情况出发，在认真分析研究未来时期企业内外主客观情况变化的基础上，运用一定的科学方法，预计企业计划年度可能达到的利润数额。通过利润分析，进而编制企业利润计划，分解落实企业利润指标，以保证目标利润的实现。

建筑企业利润分析主要是对工程结算利润的预测。下面介绍几种常用的利润分析方法。

1. 量本利分析法

量本利分析法是利用企业在一定时期内成本与业务量(产量或销售量)和利润之间的依存关系预测产品销售利润。其计算公式为

工程结算利润＝预计工程数量×(单位结算价格－单位税金－单位变动成本)－固定成本总额

其中，单位结算价格－单位税金－单位变动成本＝单位边际贡献(单位贡献毛益)。

2. 因素测算法

因素测算法是以上年度主营业务利润水平为基础，充分考虑计划期影响主营业务利润变动的各因素后，测算出企业计划年度主营业务利润的数额。其具体测算步骤如下：

(1)确定上年度成本利润率。

$$上年度成本利润率＝\frac{上年度主营业务利润总额}{上年度销售成本总额}×100\% \tag{10-33}$$

(2)测算计划年度由于销售量变动对主营业务利润的影响。

$$\text{销售量变动影响主营业务利润增减额} = \left(\text{按上年度成本计算的计划年度产品销售成本总额} - \text{上年度预计销售成本总额} \right) \times \text{上年度成本利润率} \tag{10-34}$$

(3) 测算计划年度由于产品品种结构变化对主营业务利润的影响。

$$\text{产品品种变动影响主营业务利润增减额} = \text{按上年度成本计算的计划年度产品销售成本总额} \times \left(\text{计划年度主营业务平均利润率} - \text{上年度主营业务平均利润率} \right)$$

其中,

$$\text{计划年度主营业务平均利润率} = \sum \left(\text{某产品上年度主营业务利润率} \times \text{该产品计划年度销售比重} \right) \tag{10-35}$$

(4) 测算由于制造成本的变动对主营业务利润的影响。

$$\text{成本变动影响主营业务利润增减额} = \text{按上年度成本计算的计划年度产品销售总额} \times \text{产品成本变动率} \tag{10-36}$$

(5) 测算计划年度由于期间费用的变动而对主营业务利润的影响。

$$\text{期间费用变动影响主营业务利润增减额} = \text{上年度期间费用总额} \times \frac{\text{按上年度成本计算的计划年度产品销售成本总额}}{\text{上年度销售成本总额}} - \text{计划年度预计期间费用总额} \tag{10-37}$$

(6) 测算由于计划年度销售价格变动对主营业务利润的影响。

$$\text{销售价格变动影响主营业务利润增减额} = \sum \left[\text{价格变动的某种产品销售量} \times \left(\text{计划年度变动的单位售价} - \text{上年度产品单位售价} \right) \times \left(1 - \text{上年度消费税税金} \right) \right] \tag{10-38}$$

(7) 测算由于计划年度产品消费税税率的变动对主营业务利润的影响。

$$\text{消费税率变动影响利润增减额} = \sum \left[\text{消费税税率变动的产品按计划年度单价计算的销售收入} \times \left(\text{该产品上年度消费税税率} - \text{该产品计划年度消费税税率} \right) \right] \tag{10-39}$$

(8) 计划期主营业务利润总额测算公式为

计划期主营业务利润 = 上年度主营业务利润总额 ± 计划期由于各种因素变动而影响主营业务利润的增减额 (10-40)

3. 相关比率法

建筑企业工程结算利润的多少,与工程产品结算收入、资金占用等指标有着密切的关系。正常情况下,工程结算收入越多,资金占用量越多,企业的工程结算利润就越多。相关比率法就是根据工程结算利润与这些指标之间的内在联系,先求出相关比率,然后据以计算计划期工程结算利润。其计算原理如下:

方式一:

工程结算利润 = 预测期工程结算收入 × 工程结算利润率

工程结算利润 = 预测期全部资金占用额 × 全部资金利润率

方法二:

工程结算利润 = 上年工程结算利润 × (1 + 计划年度工程结算收入增长率)

三、利润分配管理

利润分配是指企业按照国家财经法规和企业章程,对所实现的净利润在企业与投资者之间、利润分配各项目之间和投资者之间进行分配。

企业利润分配必须遵守国家财经法规,兼顾国家、投资者和企业各方面的利益,尊重企业的自主权,加强企业的经济责任,使利润分配机制发挥利益激励与约束功能以及对再生产的调节功能,充分调动各方面的积极性,处理好企业长远利益与近期利益、整体利益与局部利益的关系,促进企业经济效益的不断提高和企业的长期发展。

(一)利润分配的原则

建筑企业在进行利润分配时应遵循以下原则:

(1)依法分配的原则。国家对企业利润分配的内容、比例和程序都作了原则性规定,企业应按照有关规定的要求,合理确定税后利润的分配项目、分配程序和分配比例,进行利润分配。

(2)兼顾各方面利益的原则。利润分配是利用价值形式对社会产品的分配,直接关系到有关各方的切身利益,因此,要坚持全局观念,兼顾各方利益,既要满足国家集中财力的需要,又要考虑建筑企业自身发展的要求;既要维护投资者的合法权益,又要考虑员工的长远利益。

(3)分配与积累并重的原则。企业获得的净利润一部分分配给投资者,一部分留存在企业形成积累。这部分留存收益(盈余公积金和未分配利润之和)仍归投资者所有,能为企业扩大再生产提供资金,并增强企业抵抗风险的能力,有利于投资者的长远利益。因此,企业在进行利润分配的过程中,应兼顾近期利益和长远利益,处理好积累和分配的比例关系。

(4)投资与收益对等的原则。企业在进行利润分配时,应当体现"谁投资谁受益",受益大小与投资比例相适应,即投资与受益对等原则。企业的投资者在企业中只以其股权比例享有合法权益,不得在企业中牟取私利,这样才能从根本上维护投资者的利益,鼓励投资者投资。

(二)利润分配的项目

按《中华人民共和国公司法》的规定,公司企业利润分配的项目主要包括:

(1)提取盈余公积金。盈余公积金是从税后净利润中提取形成的。其主要用途是弥补亏损、扩大公司生产经营或转增公司资本。盈余公积金分为法定盈余公积金和任意盈余公积金。

(2)提取公益金。公益金也是从公司的税后利润中提取形成的,专门用于职工集体福利设施的建设。

(3)分派股利。公司向股东(投资者)分配利润,要在提取盈余公积金、公益金之后进行。股利(利润)分配应以股东(投资者)持有股份(投资额)的多少为依据。每一股东(投资者)取得的股利(分得的利润)与其持有的股份数(投资额)成正比。

(三)利润分配的顺序

利润分配的顺序是指企业按照国家财经法规和企业章程,对所实现的净利润在企业与投资者之间、利润分配各项目之间和投资者之间进行分配所必须经过的先后步骤。

1. 股份制企业利润分配的顺序

按照《中华人民共和国公司法》等法律、法规的规定，股份制企业当年实现的利润总额，应在按照国家有关规定作相应调整后，依法交纳所得税，然后按下列顺序进行分配：

(1)弥补以前年度亏损(指超过用所得税前的利润抵补亏损的法定期限后仍未补足的亏损)。

(2)提取法定公积金。法定公积金按照净利润扣除弥补以前年度亏损后的10％提取，法定公积金达到注册资本的50％时可不再提取。

(3)提取法定公益金。法定公益金按照净利润扣除弥补以前年度亏损后的5％～10％提取，主要用于职工住宅等集体福利设施支出。

(4)提取任意盈余公积金。任意盈余公积金按照公司章程或股东会议决议提取和使用，其目的是控制向投资者分配利润的水平和调整各年利润分配的波动，通过这种方法对投资者分配利润加以限制和调节。

(5)向投资者分配利润或股利。净利润扣除上述项目后，再加上以前年度的未分配利润，即为可供普通股分配的利润，公司应按同股同权、同股同利的原则，向普通股东支付股利。

2. 股份制企业股利支付的程序

股份制企业向股东支付股利，前后要经历一个过程，依次为股利宣告日、股权登记日、除息日和股利支付日。

(1)股利宣告日。股利宣告日是公司董事会将股利支付情况予以公告的日期。公告中将宣布每股股利、股权登记日、除息日和股利支付日等事项。我国的股份公司通常一年派发一次股利，也有在年中派发中期股利的。

(2)股权登记日。股权登记日是有权领取股利的股东资格登记截止日期。凡在登记日之前(含登记日当天)列于公司股东名册上的股东，都将获得本次发放的股利，而在登记日之后的股东，则无权领取本次股利。证券交易所的中央清算系统一般在营业结算的当天即可打印出股东名册。

(3)除息日。除息日领取股利的权利与股票相互分离的日期，也叫无股息日或除息基准日。在除息日前，股利权从属于股票，持有股票者享有领取股利的权利；除息日开始，股利权与股票分离，新购入股票的不能分享股利。在我国上海、深圳两证券交易所目前采用T+1交割方式或成交当天即能完成过户手续，所以股权登记日的下一个营业日为除息日。

(4)股利支付日。股利支付日是向股东发放股利的日期，也称发放日和派息日。

3. 股利支付方式

常见的股利支付方式主要有以下几种：

(1)现金股利，是以现金支付的股利，它是股利支付的主要方式。公司支付现金股利除了要有累计盈余(特殊情况下可用弥补亏损后的盈余公积金支付)外，还要有足够的现金，因此，公司在支付现金股利前必须筹备充足的现金。

(2)财产股利，是以现金以外的资产支付的股利。通常是以公司所拥有的其他企业的有价证券，如债权、股票，作为股利支付给股东。

(3)股票股利，是以公司增发的股票作为股利的支付方式。

(4)债权股利，是公司以负债支付的股利。通常以公司的应付票据支付给股东，不得已的情况下也有发行公司债券抵付股利的。

常见的股利
分配政策

第六节　建筑企业财务分析

一、财务分析的概念

财务分析是以企业的财务报表及其他核算资料为依据，采用一系列分析方法，对一定期间的财务活动的过程和结果进行研究和评价，借以认识财务活动规律，促进企业提高经济效益的财务管理活动。

财务分析的起点是财务报表，分析使用的数据大部分来自企业发布的财务报表。因此，财务分析的前提是正确理解财务报表，了解报表各个项目的含义，理解不同的财务决策对报表的影响，并通过财务分析，对企业营利能力、偿债能力及抵御风险的能力做出评价。

二、财务分析的目的

企业财务分析的目的是了解过去、评价现在、预测未来，帮助财务信息使用者改善决策。财务分析的最基本功能是将大量的报表数据转换成对特定决策有用的信息，减少决策的不确定性。财务分析使用的数据大部分来源于公开发布的财务报表，财务报表的使用者主要有投资者、经营者、债权人以及其他相关利益主体，他们进行财务分析的目的有所不同，具体可概括如下：

1. 投资者

作为投资者，会高度关心被投资企业资本的保值和增值状况，对投资的回报极为关注。因此，投资者通过分析被投资企业的营利能力、营运能力及发展趋势，可以评价投资风险和报酬，作出是否投资、是否转让股份、采用何种股利分配政策等决策。

2. 债权人

债权人最关注的是分析贷款的报酬和风险，以决定是否给企业贷款；分析资产的流动性，以了解债务人的短期偿债能力；分析其盈利状况，以了解债务人的长期偿债能力；评价债权的价值，以决定是否出让债权。

3. 企业经营管理人员

企业经营管理人员最关注的是企业财务状况的好坏、经营业绩的大小，以及现金的流动情况。为此，依据企业财务会计信息，着重分析有关企业某一特定日期的资产、负债及所有者权益情况，以及某一特定经营期间经营业绩与现金流量方面的信息，并作出合理的评价，从而总结经验，找出问题，改善经营管理，提高企业的经济效益。

4. 政府

政府对国有资源的分配和运用，需要通过财务分析了解企业纳税的情况，了解企业遵守法规和市场秩序的情况，了解企业职工收入和就业状况。

5. 供应商

供应商通过对企业实施财务分析,以了解其销售信用的水平,以便作出是否长期合作、是否对企业延长付款期等决策。

6. 企业职工

企业职工可通过财务会计信息所反映的情况,了解自身应有的权利和所获报酬是否公平合理。

7. 中介机构

社会中介机构通过财务分析,可以确定审计工作的重点,为各类报表使用人提供专业咨询。

三、财务分析的内容

企业财务分析的内容主要包括营利能力分析、偿债能力分析、营运能力分析和发展能力分析。

(1)营利能力分析。企业的营利能力是企业赖以生存和发展的基础,是兴办企业的根本目的。企业盈利能力强,自有资金的增加就有保证,资金充裕,就有利于生产经营活动的顺畅,有利于投资,也有利于如期偿还债务和筹集新的资金。

(2)偿债能力分析。企业的偿债能力也称支付能力,是企业能用于支付的资产抵补需要偿付的债务能力。企业偿债能力的强弱,直接影响着筹集资金的能力和信誉,对企业的生存和发展极为重要。

(3)营运能力分析。企业的营运能力是指企业资金的运用效率。营运能力的大小决定着企业经营水平的高低。企业资金的多少可以表现为经营规模的大小,而资金能否有效运用、流转是否顺畅、快速,能否使企业增加收入,则表现为企业经营理财水平的高低。

(4)发展能力分析。企业的发展能力是指企业经营规模不断扩大,以及企业资本积累的能力。较高的发展能力通常体现为营业收入、资本积累、财务成果等指标的增长。通过对企业发展能力的分析,可以发现问题,规划和调整企业的市场定位目标与策略,提高企业经营管理水平,增强市场竞争能力。

四、财务分析的方法

企业财务分析的方法主要包括财务比率分析法、趋势分析法、因素分析法和杜邦分析法。

(一)财务比率分析法

财务比率分析法是把某些彼此存在关联的项目加以对比,计算出比率,据以确定经济活动变动程度的分析方法。比率是相对的,采用这种方法,能够把某些条件下的不可比指标变为可比指标,以利于进行财务分析。比率分析法是企业财务分析中应用最广泛的一种方法。

财务比率分析的基本计算公式如下:

$$财务比率 = 项目A \div 项目B \qquad (10\text{-}41)$$

其中,项目A、项目B代表利润表和资产负债表中的任何项目,即它们可以都取自资产负债表或利润表,也可以分别取自这两张表。

(二)趋势分析法

趋势分析法又称水平分析法,是对两期或连续数期财务报告中相同的指标进行对比,确定其增减变动的方向、数额和幅度,揭示企业财务状况和经营成果变动趋势的一种方法。它可以分析引起变化的主要原因、变动的性质,并预测企业未来的发展前景。趋势分析法的具体运用主要有以下三种方式:

(1)重要财务指标的比较。重要财务指标的比较是将不同时期财务报告中相同的指标或比率进行比较,直接观察其增减变动情况及变动幅度,考察其发展趋势,预测其发展前景。对于不同时期财务指标的比较,可采用定基动态比率和环比动态比率。

(2)会计报表的比较。会计报表的比较是将连续数期的会计报表的金额并列起来,比较其相同指标的增减变动金额和幅度,据以判断企业财务状况和经营成果发展变化的一种方法。会计报表的比较具体包括资产负债表比较、利润表比较、现金流量表比较等。比较时,既要计算出表中有关项目增减变动的绝对额,又要计算出其增减变动的百分比。

(3)会计报表项目构成的比较。会计报表项目构成的比较是在会计报表比较的基础上发展而来的。它是以会计报表中的某个总体指标作为100%,再计算出各组成项目占该总体指标的百分比,通过数期数据,以此来判断有关财务活动的变化趋势。这种方法既可以用于同一企业不同时期财务状况的纵向比较,又可用于不同企业的横向比较,同时还能消除不同时期、不同企业之间业务规模差异的影响,有利于分析企业的耗费水平和营利水平。

(三)因素分析法

因素分析法是依据分析指标与影响其因素的关系,从数量上确定各因素对分析指标影响方向和影响程度的一种方法。因素分析法的基本程序如下:

(1)确定分析对象。

(2)确定影响指标变动的各因素,按照各因素之间的依存关系编制成分析公式,并以基期数(计划数或前期数)为基础。

(3)按照分析公式所列因素顺序,依次运用各因素的实际数替换基期数,有几个因素就替换几次,直到把所有因素都替换成实际数为止,并计算出每次替换的结果。

(4)将每次替换所得结果与前一次计算的结果相比较,两者之差便是此因素变动对经济指标的影响程度。

(5)将各因素变动对经济指标的影响额相加,所得代数和应等于实际指标与基期指标的总差异。

(四)杜邦分析法

杜邦分析法是由美国杜邦公司的财务经理创造的,其是一种利用各个主要财务比率之间的内在联系,通过建立财务比率分析的综合模型——杜邦模型,来综合地分析和评价企业财务状况和经营成果的综合分析方法。

杜邦模型主要由杜邦延伸等式和杜邦修正图两部分内容组成。其显著特点是将若干个用以评价企业经营效率和财务状况的比率按其内在联系有机地结合起来,形成一个完整的指标体系,并最终通过净资产利润率来综合反映。

1. 杜邦延伸等式

一般认为,净资产利润率(ROE)是所有比率中综合性最强、最具有代表性的一个指标。

杜邦延伸等式即是对该指标进一步分解展开的一个等式，借此可以找出影响该指标变化的具体原因，并制定出针对性的决策。

杜邦延伸等式的分解展开过程如下：

$$净资产利润(ROE) = \frac{税后利润}{平均净资产}$$

$$= \frac{税后利润}{平均总资产} \times \frac{平均总资产}{平均净资产}$$

$$= \frac{税后利润}{销售收入} \times \frac{销售收入}{平均总资产} \times \frac{平均总资产}{平均净资产}$$

式中，第一项是销售利润率(ROS)，是反映销售的效果指标；第二项是总资产周转率，是反映总资产的效率指标；而第三项称为权益系数（或权益乘数），它实际上是反映企业财务杠杆运用程度的一个指标。由此得出杜邦延伸等式为

$$净资产利润率(ROE) = 销售利润率(ROS) \times 总资产周转率 \times 权益系数$$

杜邦延伸等式显示了销售利润率、总资产周转率和杜邦杠杆是怎样相互作用从而确定净资产利润率的。通过这样的分解，就能把净资产利润率这一综合性指标发生升降的原因具体化。

2. 杜邦修正图

杜邦修正图也是一种指标分解的方法，只不过它是通过图形分解的方式来进行，因而较杜邦延伸等式更直观，分解的也能更彻底。

五、财务报表分析

财务报表分析是指以财务报表和其他资料为依据和起点，采用专门方法，系统分析和评价企业的过去和现在的经营成果、财务状况，为改进企业的财务管理工作和优化经济决策提供重要的财务信息。

(一)财务报表分析方法

企业财务报表分析的方法主要有比较分析法和因素分析法。

1. 比较分析法

比较分析法又称对比分析法，是通过对两个或几个有关的可比数据进行对比，揭示差异和矛盾的一种分析方法。

(1)按照比较对象（与谁比）的不同，可分为趋势分析（与本企业不同时期的指标比）、横向分析（与同行业平均数或竞争对手的指标比）、差异分析（实际执行结果与计划指标比）。

(2)按照比较内容（比什么）进行分类，可分为比较会计要素总量（即比较报表项目的总金额，如利润总额、净利润、净资产、总资产等）、比较结构百分比（即比较结构百分比报表）、比较财务比率（即比较财务比率指标，如流动比率、速动比率等）。

2. 因素分析法

因素分析法是依据分析指标和影响因素之间的关系，从数量上确定各因素对指标的影响程度的一种分析方法。它主要包括连环替代法（即依次用分析值替代标准值，测定各因素对指标的影响）、差额分析法（是对差额即增加额的分析）、指标分解法（即将一个指标分解为几个指标，分析影响原因）等。

(二)财务报表及其结构

企业财务报表主要包括资产负债表、利润表、现金流量表三种。

1. 资产负债表

资产负债表反映企业经过一段时间的经营以后,期末所有资产、负债和所有者权益数额以及与当期的变化情况,反映的是时间点的概念,所以,又称为静态报表。资产负债表主要提供有关企业财务状况方面的信息。

通过资产负债表,可以提供某一日期资产的总额及其结构,表明企业拥有或控制的资源及其分布情况,即有多少资源是流动资产,有多少资源是长期投资,有多少资源是固定资产等;可以提供某一日期的负债总额及其结构,表明企业未来需要用多少资产或劳务清偿债务及清偿时间,即流动负债有多少,长期负债有多少,长期负债中有多少需要用当期流动资金进行偿还的等;可以反映所有者所拥有的权益,据以判断资本保值、增值的情况以及对负债的保障程度。

资产负债表一般有表首、正表两部分。其中,表首概括地说明报表名称、编制单位、编制日期、报表编号、货币名称、计量单位等。正表是资产负债表的主体,列示了用以说明企业财务状况的各个项目。资产负债表正表的格式一般有两种:报告式资产负债表和账户式资产负债表。报告式资产负债表是上下结构,上半部列示资产,下半部列示负债和所有者权益。账户式资产负债表是左右结构,左边列示资产,右边列示负债和所有者权益,并且左右两边最后一行的总计所显示出的数字金额必须是相等的。但不管采取什么格式,资产各项目的合计等于负债和所有者权益各项目的合计这一等式不变。这种关系以"资产=负债+所有者权益"为平衡基础。资产负债表的基本格式见表10-3。

表 10-3 资产负债表

编制单位: 年 月 日 单位:元

资产	行次	年初数	年末数	负债及所有者权益	行次	年初数	年末数
流动资产:				流动负债:			
货币资金	1			短期借款	42		
短期投资	2			应付票据	43		
应收票据	3			应付账款	44		
应收股利	4			预收账款	45		
应收利息	5			应付工资	47		
应收账款	6			应付福利费	48		
减:坏账准备				应付股利	49		
应收账款净额				应交税金	50		
其他应收款	11			其他应交款	51		
预付账款	12			其他应付款	52		
应收补贴款	13			预提费用	53		
存货	16			预计负债	54		
待摊费用	17			一年内到期的长期负债	55		

续表

资产	行次	年初数	年末数	负债及所有者权益	行次	年初数	年末数
流动资产：				流动负债：			
一年内到期的长期债权投资	19			其他流动负债	56		
其他流动资产	20						
流动资产合计	21			流动负债合计	57		
长期投资：				长期负债：			
长期股权投资	22			长期借款	58		
长期债权投资	23			应付债券	59		
长期投资合计	24			长期应付款	60		
				其他长期负债	61		
固定资产：							
固定资产原值	27						
减：累计折旧	28			长期负债合计	62		
固定资产净值	29						
减：固定资产值准备				递延税项：			
固定资产净额				递延税项贷项	63		
工程物资	30						
在建工程(专项工程支出)	31			负债合计	64		
固定资产清理	32						
固定资产合计	34			所有者(股东)权益：			
				实收资本(股本)	65		
无形资产及其他资产：				资本公积	66		
无形资产	35			盈余公积	67		
长期待摊费用	37			其中：法定公益金	68		
其他长期资产	38			未分配利润	69		
无形资产及其他资产合计	39						
递延税项：							
递延税项借项	40			所有者权益(股东权益)合计	70		
资产总计	41			负债和所有者(股东)权益总计	75		

2. 利润表

利润表是反映企业在一定时期内经营成果的会计报表。它从销售收入开始直到最终的税后利润总额为止，表达这一期间内各种收入及费用(或成本)的累积金额。利润表的构成内容及等式关系可以简单表述如下：

税后利润＝销售收入±营业外收支－费用－损失－所得税额

利润表可以看成是由四种类型的活动所构成：出售产品或提供劳务所获得的收入；生产或获得所出售产品或劳务应付出的成本；销售费用和管理费用；企业经营中的财务费用（如债权人的利息费用）。其中，前三类活动属于正常的经营活动，第四类活动则是融资活动的结果。

利润表分析的主要目的是评估和预测企业的获利能力、偿债能力，评价企业的管理绩效以及发展的后劲。利润表的基本格式见表10-4、表10-5。

表10-4　利润表

编制单位：　　　　　年度　　　　　　　　　　　　　　　　　　　　　　单位：元

项目	行次	本月数	本年累计数
一、主营业务收入	1		
减：主营业务成本	4		
主营业务税金及附加	5		
二、主营业务利润	10		
加：其他业务利润	11		
减：营业费用	14		
管理费用	15		
财务费用	16		
三、营业利润	18		
加：投资收益	19		
补贴收入	22		
营业外收入	23		
减：营业外支出	25		
四、利润总额	27		
减：所得税	28		
五、净利润	30		

补充资料：		
项目	本年累计数	上年实际数
1. 出售、处置部门或被投资单位所得收益		
2. 自然灾害发生的损失		
3. 会计政策变更增加（或减少）净利润		
4. 会计估计变更增加（或减少）净利润		
5. 债务重组损失		
6. 其他		

表 10-5　利润表

编制单位：　　　　年度　　　　　　　　　　　　　　　　　　　　　　　　　　　单位：元

项目	本月数（上年实际数）	本年累计数
一、工程结算收入		
减：工程结算成本		
工程结算税金及附加		
二、工程结算利润		
加：其他业务利润		
减：财务费用		
管理费用		
三、营业利润		
加：投资收益		
营业外收入		
减：营业外支出		
四、利润总额		
减：所得税		
五、净利润		

3. 现金流量表

现金流量表是企业主要会计报表之一。编制现金流量表的目的，是为会计报表使用者提供企业一定会计期间内现金和现金等价物流入和流出的信息，以便于会计报表使用者了解和评价企业获取现金和现金等价物的能力，并据以预测企业未来现金流量。

现金是指企业库存现金及可以随时用于支付的存款。现金等价物指企业持有的期限短、流动性强、易于转换为已知金额现金、价值变动风险很小的投资。现金流量表应分别根据经营活动、投资活动和筹资活动报告企业的现金流量。现金流量一般应分别按现金流入和现金流出总额反映。现金流量表的基本格式见表 10-6。

表 10-6　现金流量表

编制单位：　　　　年度　　　　　　　　　　　　　　　　　　　　　　　　　　　单位：元

项目	行次	金额
一、经营活动产生的现金流量：		
销售商品、提供劳务收到的现金	1	
收到的税费返还	3	
收到的其他与经营活动有关的现金	8	
现金流入小计	9	
购买商品、接受劳务支付的现金	10	
支付给职工以及为职工支付的现金	12	
支付的各项税费	13	
支付的其他与经营活动有关的现金	18	
现金流出小计	20	
经营活动产生的现金流量净额	21	

续表

项目	行次	金额
二、投资活动产生的现金流量：		
收回投资所收到的现金	22	
取得投资收益所得到的现金	23	
处置固定资产、无形资产和其他长期资产所收回的现金净额	25	
收到的其他与投资活动有关的现金	28	
现金流入小计	29	
购建固定资产、无形资产和其他长期资产所支付的现金	30	
投资所支付的现金	31	
支付的其他与投资活动有关的现金	35	
现金流出小计	36	
投资活动产生的现金流量净额	37	
三、筹资活动产生的现金流量：		
吸收投资所收到的现金	38	
借款所收到的现金	40	
收到的其他与筹资活动有关的现金	43	
现金流入小计	44	
偿还债务所支付的现金	45	
分配股利、利润和偿付利息所支付的现金	46	
支付的其他与筹资活动有关的现金	52	
现金流出小计	53	
筹资活动产生的现金流量净额	54	
四、汇率变动对现金的影响	55	
五、现金及现金等价物净增加额	56	
补充资料：		
1. 将净利润调整为经营活动现金流量：		
净利润	57	
加：计提的资产减值准备	58	
固定资产折旧	59	
无形资产摊销	60	
长期待摊费用摊销	61	
待摊费用减少(减：增加)	64	
预提费用增加(减：减少)	65	
处置固定资产、无形资产和其他长期资产的损失(减：收益)	66	
固定资产报废损失	67	
财务费用	68	
投资损失(减：收益)	69	

续表

项目	行次	金额
递延税款贷项(减：借项)	70	
存货的减少(减：增加)	71	
经营性应收项目的减少(减：增加)	72	
经营性应付项目的增加(减：减少)	73	
其他	74	
经营活动产生的现金流量净额	75	
2. 不涉及现金收支的投资和筹资活动：		
债务转为资本	76	
一年内到期的可转换公司债券	77	
融资租入固定资产	78	
3. 现金及现金等价物净增加情况：		
现金的期末余额	79	
减：现金的期初余额	80	
加：现金等价物的期末余额	81	
减：现金等价物的期初余额	82	
现金及现金等价物净增加额	83	

本章小结

财务管理是企业经营管理的重要组成部分。本章主要介绍建筑企业财务管理的对象和内容，建筑企业资金预测、筹集，建筑企业固定资产折旧，建筑企业成本费用管理，建筑企业收益管理以及建筑企业财务分析。

思考与练习

一、填空题

1. 建筑企业筹集资金按资金使用期限的长短分为_____、_____。
2. _____是指企业为筹集和使用资金而付出的代价，包括资金筹集费用和使用费用。
3. _____成本中的利息在税前支付，具有减税效应，其筹资费用一般较高。
4. 企业在追加筹资和追加投资的决策中必须考虑_____的高低。
5. _____是指建筑企业在进行资本结构决策时对债务利息的利用。
6. 建筑企业流动资产管理主要包括_____、_____、_____等内容。
7. 固定资产是指使用期限在_____以上，单位价值在规定的标准以上，并且在使用过程中保持原有实物形态的资产。

8. 企业财务分析的内容主要包括_____、_____、_____和_____。

二、选择题

1. 财务管理的对象是( )。
   A. 财务关系　　　　　　　　B. 货币资金
   C. 实物资产　　　　　　　　D. 现金及流转过程

2. 我国现行税收法律体系是建立在原有税制的基础上的，目前共有( )个税种。
   A. 15　　　　B. 20　　　　C. 24　　　　D. 28

3. 一般情况下，个别资金成本最低的是( )。
   A. 短期借款　　B. 短期债券　　C. 优先股　　D. 普通股

4. 以下不属于企业信用政策的是( )。
   A. 信用标准　　B. 信用条件　　C. 信用额度　　D. 收款政策

5. 无形资产的摊销可采用( )。
   A. 快速摊销　　B. 三七摊销　　C. 一次性摊销　　D. 分期平均摊销

6. 流动资产管理不包括( )。
   A. 现金管理　　B. 应收账款管理　　C. 存货管理　　D. 预收账款管理

7. 企业财务分析的方法不包括( )。
   A. 利润率分析法　　　　　　B. 比率分析法
   C. 趋势分析法　　　　　　　D. 因素分析法

8. 在杜邦分析体系中，综合性最强的财务比率是( )。
   A. 净资产收益率　　　　　　B. 净资产利润率
   C. 总资产周转率　　　　　　D. 营业净利率

9. 反映企业在一定时期内经营成果的报表是( )。
   A. 资产负债表　　　　　　　B. 利润表
   C. 现金流量表　　　　　　　D. 成本收入明细表

三、简答题

1. 什么是建筑企业财务管理？其目标是什么？
2. 建筑企业财务管理的内容有哪些？
3. 什么是建筑企业资金预测？建筑企业资金预测的作用是什么？
4. 建筑企业筹资的渠道和方式有哪些？
5. 应收账款产生的原因主要有哪几个方面？
6. 固定资产折旧的计提方法有哪些？
7. 企业成本费用管理的内容包括哪些？

参考文献

[1] 田金信.建筑企业管理学[M].4版.北京:中国建筑工业出版社,2015.
[2] 刘心萍.建筑企业管理[M].2版.北京:清华大学出版社,2016.
[3] 桑培东,纪凡荣.建筑企业经营管理[M].2版.北京:中国电力出版社,2017.
[4] 张涑贤,姜早龙.建筑企业经营管理[M].北京:人民交通出版社,2007.
[5] 尤建新.管理学概论[M].4版.上海:同济大学出版社,2015.
[6] 陈茂明,代新.建筑企业经营管理[M].北京:化学工业出版社,2008.
[7] 刘颖.建筑企业管理[M].2版.大连:大连理工大学出版社,2014.
[8] 孙兴民.建筑企业管理[M].2版.北京:科学出版社,2015.